“十二五”国家重点图书
出版规划项目

国家出版基金项目
NATIONAL PUBLICATION FOUNDATION

陕西出版传媒集团
2011年重大出版项目

中国少数民族法史通览

ZHONGGUO SHAOSHU MINZU FASHI TONGLAN

总主编
张晋藩

作　者
卢明威　汤伶俐

第五卷

壮　族

陕西出版传媒集团
陕西人民出版社

丛书主编
张晋藩

张晋藩，男，汉族，1930年7月出生，辽宁省沈阳市人。1952年中国人民大学研究生毕业，历任该校法律系讲师、副教授、教授。1983年至1994年任中国政法大学副校长兼研究生院院长、中国法律史研究所所长。现为中国政法大学终身教授、法律史学研究院名誉院长。

1983年被评为中国法制史博士生导师，1988年被评为国家重点学科法制史学带头人，1991年享受国务院特殊贡献津贴。曾兼任：国务院学位委员会第二届法学评议组成员，中国法律史学会常务副会长、名誉会长，中国老教授协会副会长，全国人大常委会内务司法委员会特约研究员，中国法学会理事，等等。现兼任：中国法律史学会专业顾问，中国教育家协会名誉会长，最高人民检察院特约研究员，等等。

曾出版《中国法制史》《中国法律史论》《法史鉴略》《中国古代法律制度》《中国古代政治制度》《中国法律的传统与近代转型》《中国近代社会与法制文明》《中国宪法史》《中国监察法制史稿》《中华法制文明史》等30余部学术专著，主编《中国法制通史》（十卷本）大型学术著作。其中，有的已译成英、日、韩等国文字出版。迄今已发表专业论文200余篇。

2012年，被中国法学会授予“全国杰出资深法学家”称号。

本卷作者

卢明威

卢明威，男，1971 年 11 月出生，副教授，中南民族学院法学学士、中南财经政法大学经济法学硕士、博士，西南政法大学博士后流动站在站研究人员，硕士生导师，广西师范学院政法学院法律系主任，广西师范学院马克思主义创新社会管理研究中心副主任，广西壮族自治区人大常委会立法专家顾问。主持国家社科基金项目 1 项，主持广西壮族自治区教育厅、广西壮族自治区旅游发展委员会科研项目共 4 项，出版专著 1 部，参编著作 4 部，发表学术论文 20 余篇。

汤伶俐

汤伶俐，女，1979 年 6 月出生，武汉大学经济学学士、硕士，中南财经政法大学经济学博士，重庆理工大学经贸学院讲师。承担教育部人文规划课题及重庆市团市委、重庆市科委等省部级项目 8 项，出版专著 2 部，发表学术论文 10 余篇。

《中国少数民族法史通览》
总 序

早在公元前2世纪，中国便初步形成了多民族的统一国家，无论国家疆域、社会的物质文明和精神文明，都是由各民族共同开发、共同创造的，其中也包括辉煌的法制文明。在20世纪80年代中国法律史年会上，我首次提出了研究民族法史。在我的倡导与主持下，法史界的一些同道发宏愿纂修一部信而有征的少数民族法制史。希望借此传承与弘扬各民族法文化的优秀传统，展示少数民族的法律智慧，保存存在于少数民族地区的珍稀法制史料，进一步巩固以汉族为主体的中华民族大家庭。同时也可以充实中国法制史学的内容，提高中国法制史学的世界地位。

一、中华民族是统一的、多样性的伟大民族

在世界历史上的文明古国中，由于种种原因，多已失去独立自主的民族生命，或已沦丧其固有的文化传统，唯有中国历经五千多年的历史发展过程，始终绵永其独立的民族生命与文化。这和以汉族为代表的先进文化为基础所形成的统一的中华文化是分不开的。虽然古代有过华夏文化中心论的华夷之辨，有过“非我族类，其心必异”的狭隘民族观，也有过按民族划分社会等级的民族等级观，但并没有妨碍自秦汉以来中华民族便已形成的稳定共同体的绵延与发展。正像发源于巴颜喀拉山下的涓涓细流一样，中华民族也都发源于一个共同的文化传统，尽管血缘上有异，地域上有别，但不存在严格对立的民族隔阂与阻止交流的壁垒。

“中华民族”作为一个整体，不仅有着同源的文化，而且在漫长的发展过程中，不同程度地进行着相互渗透、相互亲和、相互同化。只是由于所处的地域不同、生产过程与方式不同、习俗不同而表现出“族”的特有的形式而已。

数千年来，各民族经过不断的迁徙、杂居、通婚、互市，在文化上互相学习，在血统上互相融合，你中有我，我中有你，民族畛域逐渐消弭，统一的民族精神日益凸

现，这个民族精神，早已超越了一族的界限。正是这种超越一族的磅礴之气，以及各民族在文化同源的背景下的多样性发展，才形成了绚烂多彩的中华文明，凝聚成厚重的“中华魂”。法律作为中华文化的一部分，也有其源与流、干与支的相互关系及内在联系，并由此形成了多样性的统一体。这是我们在探究中华少数民族法制历史时首先应该注意到的。

二、中华法系是集各族法律智慧共同缔造而成的

中国是世界法制文明的古国，具有四千余年从未中断的法制历史。中华法系是世界公认的特色鲜明的一大法系，其中也汇聚了中华各族的法律智慧。早在法律形成时期便表现出了民族间的相互吸收与传承。根据史书记载，上古时期，华夏族以外的苗民，便已开始制定法律，所谓“苗民弗用灵，制以刑……爰始淫为劓、刵、椓、黥。越兹丽刑，并制罔差有辞”①。其后黄帝灭其族而用其刑，使苗民的刑制发展成为整个夏商周三代通行的奴隶制五刑：墨、劓、刖、宫、辟，并沿用至汉初。

特别需要指出的是由战国末期至秦汉逐渐兴盛的匈奴族，是中国历史上北部游牧民族建立的第一个统一的军事政权，并且适应游牧民族调整内部生活与秩序的需要，开始设范立制。史书说：其法，拔刃尺者死，坐盗者没入其家；有罪小者轧，大者死。狱久者不过十日，一国之囚不过数人。②

自秦汉迄南北朝，在中华民族的大家庭中，又融入匈奴、鲜卑、氐、羌、羯等诸民族。从西晋末年开始的“五胡内迁”，到东晋时期与江南东晋政权抗衡的北方“十六国”，再到南北朝时期的北方五朝，少数民族相继在广大的中原地区建立了政权。同时根据统治广大地区的需要，结合本民族的习惯，制定了使用范围不同的法律，丰富了中华法文化的内容，甚至创造了为隋唐时期所直接取法的法律范本。例如，鲜卑族统治的北魏时期，自道武帝拓跋珪至孝文帝拓跋宏，都较为注重法制建设，经历了从习惯法过渡到成文法，再发展到引礼入法的几个阶段。在儒家思想的引导下，并经过汉族律学家的具体帮助，以“齐之以法，示之以礼”③为指导思想，终于在太和五年（481）颁布了著名的《太和律》。这部律典既融汇了汉魏晋以来法制建设的成果，同时也保留了某些元魏旧制，可以说是这个时期游牧文化与农耕文化大融合的产物。从程树德先生辑录的魏律遗文中可以看出儒家人本主义对魏律的影响：“世祖定律，

① 《尚书·吕刑》。
② 《史记·匈奴列传》。
③ 《魏书·刑罚志》。

妇人当刑而孕，产后百日乃决，盖本元魏旧制。”① 至于鲜卑后裔建立的北齐王朝，其在法制上的贡献具有承前启后的历史地位，程树德先生评论说：“南北朝诸律，北优于南，而北朝尤以齐律为最。”②《北齐律》开创的新体例，与隋唐律的传承关系十分明晰：“盖唐律与齐律，篇目虽有分合，而沿其十二篇之旧；刑名虽有增损，而沿其五等之旧；十恶名称，虽有歧出，而沿其重罪十条之旧。”③由于各民族坚持不懈地进行法制的创造和法文化的交流，才有隋唐时期中华法系的定型。历史雄辩地说明了中华法系是以汉族为主体，各族共同缔造的。

隋唐时期中国的法律文化、典章制度远播海外，中华法系成为相邻国家和地区的母法。而建立在祖国边陲的吐蕃、突厥、南诏等地方民族政权，各自有着一套行之有效的法律体系。尽管这些法律带有浓厚的地域色彩，并杂有民族习俗和宗教规条，但是不可否认，它们都包括在中华法文化的大法苑中，都是中华法制文明的重要组成部分，都体现了当时少数民族对法制的重视和思考。

唐朝统治者对少数民族的法律和习俗也持认同态度，《唐律疏议》在处理化外人相犯时就提出这样的原则，“诸化外人，同类相犯者，各依本俗法，异类相犯者，以法律论。”在此条的疏议中就特别提出：“‘化外人’谓蕃夷之国，别立长君者，各有风俗。制法不同。其有同类自相犯者，须问本国之制，依其俗法断之。”④ 由此开创了在统一的多民族国家中，不同的民族在特定条件下可以适用本民族法律的先河。这条规定也从一个侧面反映了各族法律的发展状况，以及在互相交流中不断地得到演进的原因。近年来随着考古的发现，隋唐时期各少数民族政权的法律文件已部分地公之于世，为我们认识这一时期少数民族法制状况提供了第一手资料。

由于唐朝对边疆少数民族实行“恩惠抚和”的政策，使众多的少数民族相继内附，而且由于统治者开明的民族观念，使得各民族关系更为和谐，唐太宗曾提道：“夷狄亦人耳，其情与中夏不殊。人主患德泽不加，不必猜忌异类。盖德泽洽，则四夷可使如一家。”⑤ 以致有唐一代，在内附的民族区域建立的羁縻府州县多达856个，“羁縻，犹言维系也”⑥。在这些羁縻府州县中，政权事务由当地少数民族首领世袭管理，原有风俗一概保留，中央政府不加过问。地方仅在军事上“奉征调”，在赋税上

---

①②③　程树德著：《九朝律考》，中华书局2003年版，第383、391、391页。

④　《唐律疏议》卷六“化外人相犯”条。

⑤　《资治通鉴》卷一九七，贞观十八年十二月。

⑥　《纲鉴易知录·唐纪》卷四十三，中华书局本。

纳贡。许多民族还制定了地方性法规。

宋朝是面对民族问题最多的朝代，宋朝统治者运用法律的手段调整与西北蕃族的关系，制定了《蕃官法》、《蕃兵法》、《蕃丁法》、《茶马法》等法规。在宋朝统治期间，契丹族、党项族、女真族先后崛起，建立了辽、西夏、金等国，分别制定了既吸收中原地区传统法律文化，又具有本民族特色的辽《重熙新定条例》、金《泰和律义》、西夏《天盛改旧新定律令》等。辽金律已佚，只有西夏国天盛年间制定的《改旧新定律令》保存完好。① 《天盛改旧新定律令》是中国历史上第一部用少数民族文字印行的法典，其详细程度为现存中古法律之最。法典总计二十余万言，没有注释和案例，全部是律令条文，其内容包括刑法、诉讼法、民法、经济法、军事法，多方位地反映了西夏社会生活的各个方面。②

至元代，在蒙古族的统治下，天下又合而为一，元朝统治的疆域空前辽阔，其法制的创造性则更加明显，譬如独具特色的刑罚体系，平反律目的创立、民事诉讼的程序化、行政法律规范的细化等等，都反映了法制的民族性与创新性。目前存留的《大元通制条格》，既是中华民族法制史上一部重要的法典，又是蒙古族法制文化所达到的高度的表征。

综上可见，隋唐以来各民族的融合和文化上的交流，为封建社会后期法律体系的趋于完备和法律制度的不断完善创造了条件。至清代，民族立法已臻于完备和成熟。

至清代发源于白山黑水的满族早在关外开国肇基时期，便通过颁布《盛京定例》的形式，与蒙古结成巩固的联盟，并促使蒙古族社会关系的法律调整。此外，还采用“参汉酌金”的立法路线，创造了民族特色鲜明而又迅速封建化的关外法制。1644 年入关以后，更将“参汉酌金”的立法路线推向全国。顺治三年的《大清律集解附例》其实是大明律的翻版，随着汉满法文化交流的深化，至乾隆五年修订的《大清律例》已经成为与唐明律相同的正统封建法典。

清朝统治者为了统治疆域辽阔的统一多民族国家，实行“因族制宜、援俗而治”的政策，一方面确认各族的习惯法在该民族地域内继续发挥效力；另一方面，为了巩固多民族统一国家，制定了一系列民族立法，如《蒙古律例》、《理藩院则例》、《回疆则例》、《青海蕃夷成例》、《西藏章程》以及适用于苗疆地区的条例等。《大清会

---

① 《天盛改旧新定律令》（史金波、聂鸿音、白滨译注，法律出版社 2001 年版），该法典从俄国引至国内，原文献藏于俄国科学院东方研究所圣彼得堡分所写本部。

② 史金波、聂鸿音、白滨译注：《天盛改旧新定律令》，法律出版社 2001 年版，第 3—4 页。

典》里也汇编了有关适用于少数民族的诉讼、审判、定罪、量刑等方面的律例近百条。这都标志着民族立法进入了前所未有的辉煌时期。

以上可见，自从中华民族进入文明时代起，在中华大地上便孕育了包括汉族在内的众多民族。尽管他们在不同的时代由于文化、经济、政治发展的差别而处于不同的历史地位，对于缔造中华法系所起的作用也有所不同，但无论如何，中华法系是各族人民共同缔造的，凝聚了各族人民的法律智慧，是各民族法律文化与法制经验相互交流与吸收的综合结果。

三、习惯法和民间法是少数民族法律体系中的重要组成部分

在悠久的历史长河中，建立独立政权的少数民族毕竟是少数，而建立全国性政权的少数民族也仅有元清两朝而已。绝大部分的少数民族依然固守在世代生活的一隅之地，遵循着传统的习俗和共同推崇的权威，维持着社会的秩序。在政治、经济和文化发展不平衡的统一多民族中国，这种状况是较为普遍的。这些民族的生产和生活如何维持，相互间的矛盾与纠纷如何解决，对财产的侵犯与人身的伤害如何制裁等，都需要依靠约定俗成的规则。这些规则有些是成文的习惯法，有些是不成文的习俗。虽然简陋，但却具有很高的权威性与约束力，发挥着对该族内部生活的调整作用，这是我们研究与撰写少数民族法制史所不可忽视的。事实上在国家大法难以完全覆盖到的角落，家族法、习惯法、民间法，或者其他风俗习惯都对建立与维持一定的秩序起了重要的乃至主要的作用。韦伯在论中国传统皇权治理模式时说："出了城墙以外，统辖权威的有效性便大大地减弱，乃至消失。"① 这论断虽然稍嫌绝对，但却揭示了一个现象：在乡土中国，确实存在王法难以达到的真空，何况在少数民族聚居的边远地区。所以在研究与撰写少数民族法制历史的时候，需要探究在该民族地区起着实际作用的法源；需要了解在该民族生活秩序中，法与情、法与理是如何统一的；尤其是需要掌握具有共同性的法律意识的生成、发展及其作用。毕竟一部法典的生命力是有限的，而内蕴在少数民族内心的法律意识是世代相沿的，尤其是在相对闭塞的角落中更是如此。

在20世纪50年代以前，独龙、怒、傈僳、德昂、阿昌、景颇、阿瓦、拉祜、纳西、基诺、黎、布朗、赫哲等十几个民族或这些族群所在的部分地区，原始社会色彩还相当浓厚。不仅不可能拥有成文法，甚至连本民族文字都没有，它们的法律还处在

---

① 韦伯著，洪天富译：《儒家与道教》，江苏人民出版社1993年版，第109页。

世代相传的祖先训谕与原始宗教规条以及部落首领的训诰层次上。如景颇族的“通德拉”，即属于早期习惯法的范畴，对于这些习惯法的解释和执行，由部族头人和巫师负责。正如前文所阐明的各少数民族之间的发展是不平衡的，譬如凉山的彝族在新中国成立初期还处于奴隶社会，头人作为奴隶主行使着处罚大权，运用习惯法（彝语称“节威”），来维护奴隶主的特权和对奴隶的剥削压迫。较之彝族发达的西藏的藏族、云南西双版纳的傣族在当时已经处于农奴制社会。

藏族是一个具有悠久历史的古老的民族，从吐蕃初期制定的教法戒律，到松赞干布根据佛教“十善”制定的“法律二十条”称为吐蕃成文法的母法，无论是《王朝准则之法》还是《伤人赔偿律》、《盗窃追赔律》，都以它为基准，逐渐形成了在历史上典型的地方少数民族的成文法体系和丰富的法律内容。至清朝统治时期，清政府还通过制定“则例”“章程”“条例”等部门法的形式对西藏进行全面的管理。与中央立法相对应，西藏地方政府也制定了一些重要的法规，主要有五世达赖时期的《十三法》、青海果洛地区的《红本法》、德格土司的《法律十三条》，毛垭土司的《十三条禁令》等。藏族法律形成的多样性以及宗教戒律、道德规范与法律规范的结合，构成了藏族独具特色的、多元的法律文化。

聚居在西南边陲的傣族，长期以来就适用本民族习惯法。远在12世纪，首领叭真统一各部建立勐泐政权，随后历代宣慰司和勐泐土司为了维持封建领主的地位，颁布了一系列封建法规，如西双版纳傣族的民刑法规、礼仪规程和孟连宣抚司法规等。此外，壮、布依、侗、苗、瑶、土家、畲、白、回、维吾尔、蒙古、满等30多个民族则处于封建社会的中前期。如在苗族地区，基本上是按宗支建立自己的社会组织，即所谓“立鼓为社”，各鼓社均有自己的民主议事制度，并根据古礼和传统习惯制定规约。明清时期，苗疆各民族的习惯法经过长期的演化，逐渐丰富起来，成为具有普遍约束力的“苗例”。它涉及社会生活各个方面，内容相当广泛。经过历代中央政府的认可，苗例在苗疆地区长期适用。

再如侗族，其习惯法为“约法款”，其中的法律条文成为“款词”。款词原本是靠侗族人民口耳相传，后来采用汉字记录语音的方式辑录下来，成了现在的成文形式的侗族习惯法。

总之，少数民族习惯法和民间法的数量是众多的，形式是多种多样的，其内容主要是对贼盗犯罪的惩治和以罚牲畜作为刑罚的主要手段；在审判上运用多种形式的神明裁判。① 这些少数民族的习惯法与民间法，历史悠久，特色鲜明，它密切联系社会生活，服务于社会生活，具有深厚的群众基础和较高的权威，起着相当有效的调整作用。它们的存在有其必要性与合理性，是需要以理性的态度对待的。

需要指出的是，有些少数民族经过一番斗争，才获得了适用本民族习惯法的法定权利。以苗疆各族为例，苗疆各族人民多次进行争生存、反压迫的武装起义，迫使清朝在立法中确认苗疆少数民族习惯法的法律效力。据《清高宗实录》卷一三九载："若苗与苗非聚众而自相杀伤、偷盗，苗人愿照苗例完结者，免其相验解审。""一切（苗人）自相诉讼之事，俱照苗例完结，不治以官法。"《大清律例》卷三七"条例"："苗人与苗人自相争讼之事，俱照苗例归结，不必绳之以官法，以滋扰累。"

随着社会的发展进步，少数民族间的习惯法与民间法也处于由粗俗趋向细密，由野蛮趋向"文明"的进步过程中。正因为如此，整理少数民族固有的习惯法、民间法对于保存传统的法文化资料是十分紧迫的。

四、"通古今之变"是研究少数民族法制史应有的态度

由于历史的发展具有连续性，所以研究少数民族法制史时不能只局限于特定的历史时期，还需要纵向地考察法律内容的嬗变与联系、法律思想的传承与发展，总之要通古今之变。但绝不意味着仅仅是为了叙述其发展过程，厘清其发展轮廓。首先，是为了抽象各少数民族法制历史发生发展的规律性。譬如，秦汉以降在统一多民族的中国，各个民族大小不同、强弱不同、语言不同、居住环境不同、经济类型不同、文化和社会发展程度不同，这些都必然反映在各族群的实际生活与思想意识当中，由此形成了不同民族的法观念和立法的特点，它们在共同性中又存在着明显的差异性。又如，少数民族在取得政权以后（无论是全国性的还是地方性的），法制建设都会出现跳跃式的发展，往往从简单、落后的习惯法跃升到封建性的成文法典，北齐律可以看作是一个最明显的典型。这不是偶然的，是适应先进的汉族的生产方式与社会生活借以存在的需要，同时也和法文化的交流融合分不开。恩格斯说："文明较低的征服者，在最绝大多数的场合上，也不得不和那个国度被征服以后所保有的较高的经济情况相

① 民族志研究者根据田野调查，发现时至今日，在我国一些少数民族地区，对一些纠纷仍然保留传统神判方法，如景颇族，村里的仲裁者在证据不足又不能排除犯罪可能的情况下，就运用神判，目的是借助于神的意志来判定告发人和嫌疑者谁是谁非。其常用的办法有闷水、捞沸油锅、煮米、鸡蛋清卦、斗田螺、捏鸡蛋、诅咒、叫天等等。

适应；他们为被征服的人民所同化，而且大部分甚至还采用了他们的语言。”① 法律的发展也是如此，中华民族内部法文化的交流与融合一直未曾停止过。

其次，是为了总结中央政府在处理民族关系上的历史经验与借鉴。譬如在汉族中原王朝“大一统”思想的主导下，从少数民族政治、经济、文化的差异性以及与内地发展水平的不平衡性出发，采取一定的因族因俗制宜的自治方式或原则。强调“修其教不易其俗，齐其政不易其宜”②，“以其故俗治”③，“各依本俗治”④，“天子之于夷狄，其义羁縻勿绝而已”⑤，“荡佚简易，宽小过，总大纲”⑥，“临时制宜，略依其俗，防其大故，忍其小过”⑦。既强调其因俗制宜，赋予一定的民族自治权，又强调中央政权的管辖与法律的统一适用。这两者结合，是中国古代治理少数民族地区成功的经验，对于今天加强民族关系的法律调整都有历史的借鉴意义。

除此之外，为了维护和巩固统一的多民族国家，中央政府还采取必要措施保证国家对少数民族地区的立法权和司法管辖权，从而形成了中国各民族多元一体的法律发展格局。如何发掘和利用民族法文化的本土资源，使民族的习惯法与国家法律有效地衔接并逐渐一体化，将会促进依法治国的方略在广大疆域的实施。

最后，通过深入挖掘整理民族法文化遗产，将会极大地丰富中华民族的法律文化宝库，繁荣民族法学。由于少数民族发展本身具有不平衡性，无论法律意识、法律思想、法律实践、法律表达在不同的少数民族间存在很大的差距。有的少数民族没有自己的文字，民族的形成又比较晚；而有的民族虽然显赫一时，如契丹族，却早已经消亡以至难觅其踪迹。所以要编写出少数民族法制史，必须要进行广泛的田野调查，收集散失在民间的珍稀法律史料，由今及古复原出少数民族最真实的法制发展进程中的图景。法国史学家马克·布洛赫提到历史学家的技艺时曾谈道：“史学家所要把握的正是它在每个阶段中的变化，但是在历史学家审阅的所有画面中，只有最后一幅才是清晰可辨的。为了重构已经消逝的景象，他应该从已知的景象着手，由今及古地伸出

① 恩格斯：《反杜林论》，载《马克思恩格斯选集》第3卷，人民出版社1972年版，第222页。

② 《礼记·王制》。

③ 《汉书》卷四二。

④ 《唐律疏议·刑名》。

⑤ 《史记》卷一一七。

⑥ 《资治通鉴》，卷四八。

⑦ 《后史记》卷八七。

掘土机的铲子。”①

系统地编纂中国少数民族法制史是一项前无古人的事业，它的出版必将深化已有的民族法制史研究成果，全面弘扬中华民族的法律文化，使原先隐藏在历史烟尘中的明珠能够在世界法制舞台上熠熠生辉！由于中国少数民族传统法律文化内容极其丰富，而且处于不断发展变化之中，所以编纂这套《通览》并不意味着对少数民族法制史研究的结束，而只能说是一个阶段性成果。“路漫漫其修远兮，吾将上下而求索。”屈子的吟唱同样适用于我们对于少数民族法制历史的探求。

早在 1983 年，我于中国法律史学会西安年会上第一次提出编写中国少数民族法制史的意见，其后在论及中华法系的特点时，也一再强调中华法系是由汉族为主体的中华民族共同缔造的，但是编纂少数民族法制史的想法一直未能落实。直到 1999 年岁末，在时任中共云南省委常委、政法委书记秦光荣同志的支持下，我于昆明召开了全国相关学者参加的编写《中国少数民族法史通览》研讨会，后又争取到多项基金的支援，才使得这个计划得以逐步实现。

编写这样一部卷帙浩繁的、前人所未做过的文化工程，困难是很多的。我们虽然勉力以赴，但缺点与不足之处，甚至错误都难以避免。敬请读者批评指正。

张晋藩

2014 年 9 月

---

① 〔法〕马克·布洛赫著，张和生、程郁译：《历史学家的技艺》，上海社会科学出版社 1997 年版，第 38 页。

[目录]

前　言

（一）本书所使用的资料

法律史研究讲究论点有理有据，由于论述历史上所发生的法律事实，因此研究必须建立在史料的基础之上。本书所使用的参考材料包括《宋史》、《明史》、《清实录》、历代《广西通志》及广西部分地方县志等正史资料。但法律史研究只有正史资料尚不完整——正史所记载的制度更多的是中央政府在壮族地区所适用的制度，如官秩、行政机构沿革、土司制度等。除了正史，本书还参考了《桂海虞衡志》《岭外代答》《粤西丛载》《赤雅》《粤述》《峤南琐记》等史籍资料。这些史料非官方所撰，但其作者不是曾在岭南担任官职，就是有曾在岭南生活、游历的经历，对于壮族民间社会的观察与描写内容也非常丰富，可以从中获得壮族社会法律制度的许多资料。当然，对这些史料的使用需要鉴别。例如，明代邝露的《赤雅》所载内容有些过于离奇，接近神话传说，在“蛮不出境，汉不入峒”的禁令之下可能存在虚构的成分。同时，《赤雅》作为一部作品，既非史书，也非方志，在历史典籍中以文学作品见长，《广西金石略》的辑注者曾斥曰“露言多不足据”。因此，这些资料不能搬即用之，须以旁证佐之。本书还参考了民国时期刘锡蕃所著的《岭表纪蛮》等近代作品。而在本书所使用的诸多资料中，尤以 1953 年全国人民代表大会民族委员会和中央民族事务委员会进行的民族识别调查所获资料，1956 年进行的少数民族语言、少数民族社会历史调查所获得资料基础上编撰而成的《广西壮族社会历史调查》（全七册）、《广西少数民族地区碑文、契约资料集》、《广西少数民族地区石刻碑文集》最为重要。由于壮族社会历史调查所获得的资料是以壮族为对象，不仅反映了清末民初及新中国成立前后壮族社会的基本概貌，也因为在此之后的广西法制建设中的各项统计资料不再特别以某个民族为统计对象，因此这些资料是反映壮族法制历史的珍贵历史素材，是本书最为倚重的资料。

（二）本书所使用的研究方法

法律史使用史学的研究方法，而史学研究使用最多的是文献研究方法。法律史研究是建立在史料基础之上的研究，是在史料基础上对历史的重现。没有历史资料，法史研究将成为无米之炊，所获得的成果也只能是凭空臆想。本书在写作过程中尽可能地以正史为据，尽可能地以可以佐证的资料为据。但鉴于自身法史学基础薄弱，难免存在许多谬误之处。除了文献研究法，本书在论述一些壮族习惯法在现代社会的状态时还使用了田野调查法。田野调查广泛使用于人类学、民族学等学科，这些学科通过使用田野调查方法，抵近观察研究对象并参与研究对象日常生活，以获得第一手的资料。近年来，由于其本身具有的科学性，田野调查法作为一种科学研究方法也越来越多地为其他学科所使用。如在历史学领域，因使用田野调查法而出现了“历史人类学”。田野调查法的使用，使史学走出书斋，获得更多的现实资料。本书在写作过程中也使用了田野调查法，通过访谈、记录、观察等方法感知现代壮族社会中包括国家法、习惯法等各种法律制度的现今存在、适用情况，以获得壮族法制史更为完整的全貌。

（三）本书的写作思路及内容

笔者认为，既是法制史通览，就应为壮族法律从早期形成时期直至现代的法律制度及其存在样态进行描述，因此写作的内容不仅包括古代和近代壮族社会的法律制度，还应包括法律在当今壮族社会中的存在与适用情况。壮族法律制度不仅仅是壮族在社会发展中所形成的具有自身区域特色的制度，即不同地区及不同时期壮族社会形成的习惯法制度是壮族法制史研究的重要构成部分，还应包括历代中央政府在壮族社会中适用的法律。前者在今天的学术划分中被视为习惯法，后者在今天被视为国家法，国家法效力及于国家的全部疆土，而壮族法律制度与文化则适用民族内部，在壮族地区两种法律体系就产生了交会，中央政权在壮族地区“以其故俗治”是壮族法律制度和文化发挥作用的大背景，从民族文化平等性来说，不能否定壮族法律文化作用机制的独立性。

习惯法作为一个概念，尽管不同学者有不同看法，但无论对它如何定义，它都是对一种现象的抽象总结，以简练的语言进行描述。在许多人看来，习惯法形成前提是先有习惯存在，然后经过长期不断的遵循与重复，人们确认其有一定的效力，才能由习惯演变为习惯法。正如德国历史法学派的代表人物萨维尼所认为的，习惯法是民族意志的直接和纯真的表现，是从具体的民族的习俗和信仰发展而来的，具有自发性、民族性、地域性、规范性、稳定性等特征。民族习惯法这一概念本身由民族与习惯法两个子概念构成，对民族习惯法的研究本身其实涵盖了法学与民族学这两个学科的对话。

宋代静江府通判周去非的《岭外代答》中有“广西俗字甚多”的记载，但由于壮族在形成过程中很早就与中原汉文化发生接触，在记事与表意时更多地使用汉字，加之壮族所形成与发展的岭南地区自秦时便已纳入中原政权的版图（其间曾出现过宋代侬智高的民族地方割据势力出现，但在更长的历史时期里，壮族地区一直处在中央政权“以夷制夷”的土司制度控制之下），为此壮族在形成历史中也产生过被称为“俗字”或“土俗字”的文字，但其使用范围并不广，也未能形成类似西夏《天盛改旧新定律令》或在西藏实施300余年的《十三法典》《十六法典》那样的少数民族成文法典。在壮族社会中，法律的存在形式一种是中央政府在壮族地区实施的法律（它是以汉文字记录并存世的各种成文法律），另一种则更多的是未成文但长期形成并不断传承的各种习惯或习惯法（它们对国家法来说是习惯法，而对壮族来说就是日常生活中适用的法律）。因此，除了国家法律，其他以各种形式存在的能够调整社会中人与人之间关系的社会规则均是壮族法制史所研究的对象。它们是壮族人民在长期生产生活中所形成的调整人与人之间关系的社会规则，是壮族人民在历史长河中生产、生活经验规则的积累，也是我国优秀民族文化传统的组成部分。

壮族作为一个南方农耕少数民族，其特点是民风淳朴、民族习俗丰富、民族文化深厚、民众生活多彩多姿。日常生活中四时八节、婚丧礼仪、饮食服饰及道德信仰，诸如山歌对唱，哭嫁风俗；喝酒传令，唱丧鼓歌，祭奠亡灵，祈求康福；等等，各式各样的习俗或制度几乎无时不刻都在影响着壮族人民的日常生活。相对于国家成文法，民族习惯法的存在形式更加丰富多样，可能以乡规民约、家规族谱、碑刻铭文、民间契约等物质形式存在，但大多情况下更体现在人们的思想观念、行为习惯和处事规则之中，具有无形性特征。

本书不仅对历史上壮族社会中实施与形成的法律制度进行研究，同时也对当今壮族社会中法律实施的真实现状进行研究。因此，近代及新中国成立前后国家、地方政府对壮族社会法律制度的改造情况，也纳入本书内容。

（四）本书中壮族民族识别的介绍

民族是指人们在历史上形成的一种具有共同语言、共同地域、共同经济生活以及在共同文化上的共同心理素质的稳定的共同体。壮族作为一个民族，是按其共同语言、共同文化和民族特征作为划分标准的。壮族的先民是岭南地区最早的开拓者，他们能歌善唱，歌圩、铜鼓、花山壁画等是其共同的民族文化符号。壮族也是一个富于开放性的民族，它的形成历史也是不同部族之间相互吸纳、不断融合并在接触与汲取中原华夏文明中逐渐形成与发展的。壮族法律文化，是中国法律制度的组成部分。

从一个民族社会发展历史中发现其具有法律性质和特征的行为体系，是法制史研究的一项重要使命。"社会变迁—法律发展—人类进步"这一规律已为法学界所普遍认同，研究社会变迁、法律发展和人类进步三者之间的互动关系及发展脉络也是法史学的中心议题之一。

对于壮族的形成与最终的民族识别，有的国外学者并不认同，认为壮族是政府人为地把分散的不同民族划入壮族这一统一民族之中。如，美国学者白荷婷（K. Palmer kaup）2000年在《创造壮族：中国的族群政治》（*Creating The Zhuang*：*Ethnic Politics in China*）一书中写道："在共产党之前，没有一个制度承认壮族是一个民族，共产党在中国西南部执政后，承认壮族是一个独特民族，并承认广西是中国五个自治区中的一个。这似乎是把南部分散的民族融入统一的中华民族体系中的最好办法，也是唯一的办法。"① 白荷婷认为，壮族是一个口袋，根据党的需要将南方不同民族装进而形成。她实际上将不同地区的壮族确认为不同民族，忽视了壮族文化的统一性。在新中国成立初期，我国在进行民族社会历史调查时对不同地区的壮族也有过不同认识。如，《广西壮族社会历史调查》（七）中就将广西龙津（崇左市龙州县）的壮族作为"傣人"归入中越边境的傣族，将平果县的部分壮族归入"陇人"，将防城县的一部分壮族归入"偏人"。在后来的民族识别时，我国政府高度重视共同的历史来源和文化特征，在对广西平果"陇人"、防城"偏人"、龙州金龙峒"傣人"及大新县第八区板价、板渌、念典等三乡公民的历史来源、语言、风俗习惯进行深入调查研究后，最终将这些人归入壮族。新中国成立初期，广西自报壮族在1952年达到五六百万人。1953年6月30日，全国第一次人口普查以自报为依据，全国僮族有661万人，

① 李富强：《壮族认同自古有之》，载《中国民族报》2008年12月5日，第10版。

其中广西有649.6万人，占广西总人口的33.21%。但1952年政府根据自报所公布的壮族民族名称中尚有僮族、依族、沙族、偏族，表明有不少支系或小群体不认同于壮族。但是这部分不认同于“壮族”的人也将自己与苗族、瑶族区分开，甚至自称“说壮语的汉人”①。这种情况也说明了壮族分支及文化的繁杂性。

虽然不同地区的壮族，其自称不同、名目繁多；在语言上，有的地方的壮族群众使用汉语，即使是同样使用壮族的桂北壮族和桂南壮族，口音上也有很大区别，但文化多样性与统一性是并存的，即壮族具有群体认同，族体认同，而且具有国家认同意识，但在文化上存在和而不同的情况。

（五）本书中土司与土官的称谓

在历代史书中，不同朝代对边疆少数民族的世袭官职授权称谓有所不同，“土司”与“土官”均见诸记载。“土官”相对应的是“流官”，应始于元朝。土官在获得中央政府授权后父子相袭，而流官则到期更替，不能世袭。元朝使用“土官”称谓，形成制度，依制应三年朝觐进贡一次，由布政司给文起送。如，明洪武七年（1374）规定：“西南诸蛮夷朝贡，多因元官授之，稍与约束，定征徭差发之法。”不同时期、不同地方所设置的土司衙门或土官衙门称谓不一，如有的使用“土司衙门”，有的称为“土州”“土府”“土县”，但共同的指向都是与流官相区别，官职能够世袭的当地首领。因此，本书所使用的“土司”或“土官”，都是指在壮族地区代表国家实行统治的壮族首领。此外，特别需要指出的是，由于壮族除了分布在广西，广东、云南也有聚居区，因此本书所涉内容自然指向整个壮族法制史。

由于壮族法制史的发展历史离不开壮族以及所在的地域范围及其历史沿革，因此本书的内容编排首先从广西历史沿革出发，介绍壮族的形成与发展历史。由于广西历史上大部分地区都实行土司制，因此第二章介绍壮族土司制度，第三章介绍壮族社会控制具有关键作用的军事制度，其后分别是自治制度与乡规民约、土地与其他物权制度、婚姻家庭制度、诉讼与刑罚、国家对壮族法律的影响，最后介绍法律在现代壮族地区的作用与影响。

---

① 2000年Lynne Rienner出版社出版了美国学者白荷婷（K. Palmer kaup）的著作《创造壮族：中国的族群政治》（*Creating The Zhuang*：*Ethnic Politics in China*）。这是近些年来国外为数不多的壮族研究的重要专著之一。参见李富强：《壮族认同自古有之》，载《中国民族报》2008年12月5日，第10版。

第一章

广西历史沿革与壮族历史

一、广西壮族自治区民族构成

广西是一个多民族聚居区，有汉、壮、苗、瑶等12个世居民族，还有满、白、藏、蒙古、朝鲜、黎族等其他民族人口。根据2010年全国第六次人口普查，广西壮族自治区常住人口4603万人，居中国大陆各省、自治区、直辖市第11位，人口密度为194人/平方千米。① 另据广西壮族自治区统计局2014年统计年鉴，到2013年，广西壮族自治区常住人口4719万人，农业人口4248万人，少数民族人口2004万人，性别比为110∶42。②在常住人口中，少数民族人口总数位居全国第一位。其中，壮族常住人口约有1444.8万人（户籍人口1658.7万人），占广西总人口的31.39%，约占全国壮族总人口的86%，是中国人口最多的少数民族。壮族的自称有20多种，新中国建立后统一称为“僮”，后改为“壮”。主要分布在南宁、柳州、百色、河池、来宾、崇左、防城港、贵港、钦州等市。③ 语言上，壮语属汉藏语系壮侗语族壮傣语支，分北部方言和南部方言。历史上，壮族曾仿汉字创造了方块壮字，称“土俗字”。

二、广西历史沿革

研究壮族法制史，离不开历代中央政府在壮族地区的行政机构及其适用法律，因此有必要了解广西地方行政区划及机构的历史沿革。广西所属地域在80万年以前已有人类活动；距今10万至2万年，在广西地域上活动的古人类已进入母系氏族公社早期；距今5万年，广西古人类进入旧石器时代晚期；距今1万至6000年，广西境内的古人类出现原始农业、畜牧业等人类分工。

进入有记载的人类文明以来，广西以蛮荒之地、“百粤之地”载入史册。

春秋时，越国讨伐吴国，占其领土，往北攻伐齐国，向西攻打楚国，疆域不断扩大，自荆州以南都属于越国属地。其后，楚国灭越、吴两国，向南兼并越族各部，占

---

①② 数据来源：广西壮族自治区统计局网站 http：//www. gxtj. gov. cn/tjsj/tjgb/rkpc/201107/t20110701_ 2168. html。访问日期：2015年3月7日。

③ 数据来源：广西壮族自治区政府网 http：//xxgk. gxzf. gov. cn：8080/govinfo/documentAction. domethod = toDocView&docId = 5fd7054b - e1f8 - 4bc9 - 9f50 - 4c26b5a823be&moduleId = dffb3d8d - aa50 - 4af8 - b047 - f97a169395de&orgId = 335。访问日期：2015年5月28日。

据洞庭、苍梧，从此越国这些疆域都归属楚国。① 据《大明一统志》记载，广西乃楚越之交，自古属“百粤”之地。越人分散在江南、海岛，各有其首领，活动在扬州以南地区的为扬越，此外还有瓯越、骆越等很多分支，因此号称“百粤”。其中，瓯越、骆越等百越族中的一部分经过不断演变，逐渐形成与发展成为后来的壮族。

在诸多正史中，均有广西版图并入中原王朝过程的记载。如，《粤述》记载了秦征服岭南的过程：“广西楚越之交，春秋时，越伐吴，并有其地，北伐齐，西伐楚，与中国争疆，自荆以南皆属粤。后楚来越，吴起相楚，南并蛮越，遂有洞庭、苍梧，是时越诸边疆皆属楚。其后越人散处江南海上，各为君长，有瓯越、雒越之属，甚蕃，故曰百粤。秦始皇利粤之犀象珠玑，及使尉屠睢统五军，监禄灵渠以通粮道，杀西瓯君译吁宋。越人皆入丛薄中，与禽兽处，莫肯为秦者，阴置桀骏以为将，夜攻秦人，杀尉屠睢，秦乃发适戍备之。后王剪灭楚，乘胜略定扬越，为南海、桂林、象郡。粤以东属南海郡，粤以西属桂林郡，而庆远、思恩、太平以远交州，俱属象郡。”

秦始皇时屠睢领兵杀西瓯越君译吁宋，是中原政权征服岭南的开始。② 其后秦设立南海、桂林、象郡，粤西属于桂林郡，而庆远（治所位于今广西宜州）、思恩（治所位于今广西平果县）、太平（治所位于今广西崇左市）以及交州（今越南属地）俱属南海郡，广西地域正式纳入中央王朝版图。广西在汉代时受荆、交二州刺史管辖。汉元鼎六年（前 111），汉武帝平定南越，以南越国属地设立苍梧、郁林、合浦诸郡，归广州管辖。

三国两晋南北朝时，广西地域先后归属吴国、晋及南朝宋、齐、梁、陈等政权。广西地域在唐朝时隶属岭南道，由桂、容、邕三管节制。唐代宗广德年间（763—764），设桂管都防御观察等使；咸通三年（862），岭南道分为东、西两道，并以邕管经略使为岭南西道节度使。此后，又在此地的一些少数民族地区设立数十个羁縻州、郡。③

五代时，广西归属南汉。北宋政权平南汉后，属广南西路，设经略安抚司，以静江府（府治在桂林）守臣管辖。元朝初年，在静江设广西两江道宣慰司以及岭南广西道肃政廉访司，都隶属湖广行省。至道三年（997），广南路被分为广南东路和广南西路；元至正年间（1341—1368），在静江设广西等处行中书省。明改元制，撤行省为

① 《大明一统志》卷八三。

② 《淮南子·人间训》。

③ 《广西通志》。

布政使司。明洪武九年（1376）设广西承宣布政使司，成为当时13个布政使司之一，管辖桂林、柳州、庆远、平东、梧州、浔州、南宁、太平、思恩、思州、思明、镇安等12府。① 按清康熙年间《广西通志》的记载，明改广西省后，清朝因之，地域“东至湖广道州界，西至云南特磨界，南至广东高州界，北至湖广道武岗界，横袤万余里，山川险要，雄峙西南，为中州之捍蔽”。

清末，太平天国起义于1851年在广西爆发，广西各民族处在风起云涌之中。1911年辛亥革命爆发后，广西革命党人宣告独立。民国期间，广西因袭清朝称谓，号称“省”，其地域与清朝时大致相同，在省行政区内形成以陆荣廷为代表的旧桂系军事集团。1919年“五四”运动爆发后，李宗仁、白崇禧等形成新桂系集团。1929年至1930年，邓小平等在百色、龙州发动武装起义，创建红七军、红八军和左右江革命根据地。“九一八”事变后的1939年和1944年，日军两次入侵广西。1949年11月7日，中国人民解放军发起解放广西战役，于1949年12月11日解放广西。中华人民共和国建立初期，设广西省。1952年12月9日，在广西西部地区成立桂西僮族自治区。1956年，桂西僮族自治区改为自治州。1958年3月5日，广西壮族自治区成立。除了广西壮族自治区，壮族还在广东和云南有聚居区——1958年4月1日，建立云南文山壮族苗族自治州；1962年9月26日，建立广东连山壮族瑶族自治县。

三、壮族先民部落与族称变化

壮族先民来自百越，百越中又有很多的部落和分支，历朝历代对其有不同的称谓。这些不同部落和分支最终形成广西境内的汉族、壮族及其他南方少数民族。秦汉时，对活动在广西境内的越族称为“西瓯”“骆越”。如，《汉书·地理志》曰：“自交趾至会稽七八千里，百越杂处，各有种姓。”《新唐书》对居住在今天广西西部之一部称为“西原蛮”，其“居广、容之南，邕、桂之西”。②

西瓯、骆越二部落在东汉后，逐渐演变为乌浒、俚人、僚人、僮人、狼人等。“僮”这个民族名称，是南宋时出现的。③ 如，宋人朱辅在《溪蛮丛笑》中所指南方“洞民”有“曰苗，曰瑶，曰僚，曰僮，曰仡佬”五种。

---

① 《大明一统志》卷八三。

② 唐朝对左右江地区少数民族的统称。

③ 黄现璠、黄增庆、张一民：《壮族通史》，广西民族出版社1988年版，第4页。

宋代范成大在《桂海虞衡志》中记载，广西经略使所领共有25郡，此25郡之外就是西南诸蛮，其部落无法全部记载清楚，以其口音相近者大致有“曰羁縻州洞，曰瑶，曰蛮，曰黎，曰蜒”，都称之为“蛮”。其中，右江一带的古越人有很多种类，“獠人，在右江溪洞之外，俗称山獠。他们依山林而居，无酋长，也无版籍，也无年龄姓名，村中有能力的人叫郎火。与其同类的有飞头、凿齿、鼻饮、白衫、花面、赤挥之属二十一种。今在江西南一带甚多，大概百余种”。该书还记载，南方之蛮部落连绵直到西戎，因种类特殊，难以记载，但其靠近桂林的宜州有“西南蕃、大小张、大小王、龙石、滕谢等部分”①。这些人“椎髻赤足”，有的穿木鞋，着青色花斑衣服，以打猎为生。

《桂海虞衡志》中还载：“庆远、南丹、溪洞之人呼曰僮。”宋代周去非所编撰的地理学名著《岭外代答》中的“序”亦记载，钦民有五种：“一曰土人，自昔骆越种类也。居于村落，容貌鄙野，以唇舌杂为音声，殊不可晓，谓之蒌语。二曰北人，语言平易，而杂以南音。本西北流民，自五代之乱，占籍于钦者也。三曰俚人，史称俚獠者是也。此种自蛮峒出居，专事妖怪，若禽兽然，语音尤不可晓。四曰射耕人，本福建人，射地而耕也。子孙尽闽音。五曰蜑人，以舟为室，浮海而生，语似福、广，杂以广东、西之音。蜑别有记。”“钦”，即今广西钦州属地。

周去非所指的五种先民中，第一种土人及第三种俚人均为越族，而北人为西北流民、射耕人来自福建，皆为广西地域之外迁徙而来，反映了宋代及其之前的民族迁徙情况。曾任明朝广西右参军、驻守右江流域的田汝成（1503—1557）在随笔《炎徼纪闻》中记载，獠人古称“天竺、咳首、僬侥、跛踵、穿胸、儋耳、狗轵、旁脊，谓之八蛮。其支而尤异者，则有飞头、凿齿、鼻饮、花面、白衫之属。今岭表左右及海外诸国在在有之”。

明朝时，壮族先民已广泛分布在广西中部和西部地区。“广西瑶、僮居多，盘万岭之中，当三江之险，六十三山倚为巢穴，三十六源踞其腹心。其散布于桂林、柳州、庆远、平乐诸郡县者，所在蔓衍。而田州、泗城之属，尤称强悍。种类滋繁，莫可枚举”②。

明顾炎武在《天下郡国利病书》中曰“僮，旧越人”；“僮人花衣短裙”。田汝成在《炎徼纪闻》中也说：“僮人，五岭以南皆有之。”对于南宁地区的壮族人，《南宁

① 《桂海虞衡志·志蛮》。

② 《明史·广西土司列传》。

府志》则记载为元朝期间迁入，“（僮人）自元至元间方入省地（广西），近日编入版图者，谓之熟僮，性略驯。其远者谓之生僮，性硬化不制服”。

《明史·广西土司列传》中载“广西瑶、僮居多，盘万岭之中”；“永宁獞韦狼要与其党黄银成有隙，相仇杀。常安巡检欲穷治之，狼要遂与右江荔浦山湾诸獞称乱”。①

据《粤西丛载》记载，世宗嘉靖二十五年（1546）广西御史冯彬尚说：“广西一省，狼人居其半，其三瑶人，其二居民。以区区二分之民，介蛮夷之中，事难猝举。”②

《贺县志》中说：“僮者，撞也。其人性善好斗，善攻击突撞，故谓之僮。”

《桂海虞衡志》中的“猺”，即应为今天的瑶族先民。此外，无论是《汉书·地理志》中的“西原蛮”，《桂海虞衡志》《炎徼纪闻》中的“僮”“獠”，《粤西丛载》《明史·广西土司列传》中的“狼”，还是《天下郡国利病书》《炎徼纪闻》《贺县志》中的“僮”，其称谓具体繁衍变化已难以考证。诚然，史书中所载壮族部落历史悠久、种类众多，但从其活动地域来说，自宋后的历代对这一地区活动的少数民族使用“僮”或“獞”的称谓越来越多。至清时，“僮”这一名称已经普遍使用于广西，所指的这些少数民族已经基本可确认为今天的壮族。

黄现璠在《壮族通史》中对壮族名称发展源流做了梳理：“百越—西瓯骆越—乌浒（东汉）—俚僚（魏晋隋唐）—宋后的僮、俍、沙、侬—壮。”③ 新中国成立前，广西各地方的壮族仍然在使用不同的称谓。在广西凌乐县，当地壮族群众自称为“卜多”，称汉人为“客人”（其中，称讲普通话的汉人为“卜哈”，称讲白话的汉人为“卜广”），称瑶族为“卜瑶”（其中，称“蓝靛瑶”为“卜烘”，称盘古瑶和苗族为“卜氓”）。瑶族自称为“路奴”，称壮族为“路姜”，称汉人为“奴哈”。汉人称壮族为“土人”，称瑶族为“瑶人”。④ 广西上思县那荡乡壮族则自称为“板人”“本地人”“土人”。⑤ 在广西那坡县，壮族群众则自称为“杜叔”，亦叫“布隆安”。⑥ 广西天峨县下老区的白定乡，地处天峨县西北境，是广西和贵州的交界，丛林密布，地

---

① 《明史·广西土司列传》。

② 《粤西丛载》卷二六。

③ 黄现璠、黄增庆、张一民：《壮族通史》，广西民族出版社1988年版，第39页。

④ 《广西壮族社会历史调查》（四），民族出版社2009年版，第316页。

⑤ 《广西壮族社会历史调查》（三）《广西上思县那荡乡壮族社会历史调查》，民族出版社2009年版，第75页

⑥ 《广西壮族社会历史调查》（一），民族出版社2009年版，第134页。

广人稀，仅仅有白定、八王、百西、上牙、圭里、祥旺、纳翁、纳良、落里、纳立等10个小屯，最大的屯不过50户，最小的屯只有三五家人，屯和屯的距离近的有八九里，远的竟达30里以上，居住着268户、1213人。这里的壮族人自称为“布哥”。①

当然，有学者在探讨壮族族源时，曾追溯到最早的公元前473年越并吴。后越（前323）为楚所灭，越人更从南转向西南迁徙，与沿途土著融合，有“百越”之称。三国时，古吴越地区的“山越”大部分为孙吴俘掠而融于汉族，其余演变为蜒、俚、僚等“南蛮杂类”，即现在汉藏语系壮侗语族的壮、傣、布依、侗、水、仫佬等民族的主要族源。②

1956年，根据周恩来总理的倡议，把“僮”改为“壮”，把“僮族”改为“壮族”。壮族的族名从此确定。

四、民族迁徙融合与壮族的形成

岭南各民族在长期历史形成中，其活动地域并非一成不变，汉族中央王朝的政治军事活动尤其是驻军、屯田给岭南民族的发展带来重大影响。从政权版图视角看，秦始皇挥师南下平定南越是标志性事件。从秦军大规模南下，到东汉马援征交趾、宋狄青平侬智高，这些军事、政治行动及其带来的族群迁徙对岭南民族的生产技术发展、文化传播乃至民族融合都产生了巨大影响。

由于大批军队南下并屯驻岭南，随之而来的是大批运送物资的役人，中央政府还分批将大批的妇女、农民、罪犯和其他类型的民众迁徙而来。如，《史记·秦始皇本纪》载：“三十三年，发诸尝逋亡人、赘婿、贾人略取陆梁地，为桂林、象郡、南海，以适遣戍。”《史记·淮南衡山列传》载：“秦使尉佗逾五岭，攻百越……使人上书，求女无夫家者三万人，以为士卒衣补，秦皇可其万五千人。”三十四年（前213），秦王朝又将“治狱吏不直者”发配至岭南。

据《元志》记载，狄青平侬智高之后留下许多士兵镇守南疆，这些人融入南宁地区的壮族先民。“宋狄青平侬贼后，留兵千五百人镇守，皆襄汉子弟，至今邕人皆其种类，故语言类襄汉”。

《资治通鉴》卷十五《汉纪七》说：“先发吏有谪及赘婿、贾人，后以尝有市籍

---

① 《广西壮族社会历史调查》（一），民族出版社2009年版，第12页。

② 《百越民族史论丛》，广西人民出版社1985年版，第18页。

者，又后以大父母、父母尝有市籍者，后入闾取其左。”可见，秦时已大量将兵卒和民众南迁。宋代，出于维护岭南安宁的需要，在广西戍边屯兵的进程并未停止。如，李焘《续资治通鉴长编》卷一七五记载：“皇祐五年（1053）秋七月，癸卯，招广南西路安抚使司，比留禁兵四千戍邕州。”

征战、屯田、迁徙对于壮族的形成具有重要意义。南迁而来的大批民众大多在岭南安家落户，在与当地少数民族的接触中逐渐演化、相互影响，也成为后世眼中的“土人”。刘锡蕃在《岭表纪蛮》中认为，“僮人”在元朝至元年间来自巴蜀、鄂辰沅。他认为，北僮来自荆湖；南僮来自滇黔，由庆远旧城迁来，故祖堂奉祀河池莫一大王、南丹武异大王（皆庆远府属）。除了《岭表纪蛮》，还有其他的记载也认为僮人由荆、黔而来。如，明《广西通志》记载：“国初有湖北獞者，由黔中入柳桂，性剽悍。其后党类日滋，浸肆侵剽，村落之间，几无宁宇。”①

明隆庆三年（1569），广西人张翀在《乞处广西地方并甄别两广人林疏》中说：“臣请言广西之害。广西自秦汉以来，只有土人，土人皆不为盗，为盗者獞也。獞人入粤西，自国初开始。国初取贵州之地而府卫之，刘南征之兵而屯田之，贵州之夷，势不能敌，其大伙名獞家者，相率二万余徒，徙于广西之西南界。此獞人入粤西之始也。”② 清初，汪森在《粤西丛载》中说：“湖北獞，原自湖广靖州，由怀远流来，浸没古田境土，与南獞异。弘治年间，来本县，杀逐良猺，并有其土。”

嘉靖时的《广东通志》中说：“獞，性质粗悍。自耕而食，又谓之山人。出湖南溪洞，后稍入广西古田等县，佃种荒田，聚种稍多，因逼胁田主，占据乡，逐蔓延广东。其初来，尚以听招名色，佃田纳租，与猺人种类不同。时相仇杀，有司及管田之家，颇赖其力，以悍猺人。及后势众，亦与猺人无异。”

从以上明代的几段文字记载可以看出，“獞人”从湖北湖南而来，又由贵州进入柳州、桂林两地，其后又有部分进入广东，这些外来的“獞人”与广西南部的僮族有所区别。

《永宁州志》明确记载：“今之里獞，非其土著也。先是柳庆岁大饥，有奸民者，招诸猺（獞），就粟千计，继而种落蕃衍，逐驱屠居民，雄踞其境。”《粤西丛载》云：“初柳庆边山居民，苦于猺寇，募獞人耕种，且以御猺。久之，獞与猺通，逐通

---

① 《广西通志》。

② 转引自张廷兴：《刘三姐文化的生态考查报告》，http://blog.sina.com.cn/s/blog_507de1780102ebuq.html。

民田产，掳民子女，掠民财畜，危害尤甚。今考居宜山之边境与隶各州县者，此种为多。”《明通志》曰：“凡山寇皆谓之獠，盖山寇亡命为乌合，未必种传，无从究考。”

清吴方震在《岭南杂记》中说：“獞种与猺异类，而跳梁桀骜之性一也。花衣短裙，鸟言兽行，产自湖南溪峒，先入广西，蔓延至广东。初亦听役输租，与猺为雠，有司田主颇藉以捍猺，及后势众，与猺人无二。其人不薙发，俱黑色，广西最多，负药草出市，男女衣制如一不可别。獠即蛮之别种，出自梁益之间，其在岭南则隋唐时为患。然是时不言有猺，宋以后又不言獠，意其类分合无定，故随代异名。”

清陆祚蕃在《粤西偶记》中说：“粤地外连交趾，内杂僮瑶，古来安置迁客之地。宾州（今广西宾阳）诸处土彝，有瑶、僮、伶、狼四种，伶人最巧，可买为僮仆；狼妇独美，尝绣衣骑牛，入市贸易。粤西瑶人服化最早，僮人之出，自元至正始也；狼人之戍，自明弘治始也。有板瑶者，妇人黄蜡泥发为木板为髻，形似今之扇面，平置于顶上，覆以绣帕，缀以琉璃球。有箭瑶者，妇人横箭于顶。此等种类，不啻十数种。”① 从吴方震的记载可以看出，僮人从湖南进入广西，以花衣为特征，用以防御瑶人，而“獠人”为隋唐时对某个族群的称谓，宋时已不再称“獠”。

陆祚蕃《粤西偶记》则说明，“僮”这一称谓源自元朝至正年间，“狼人”则源自明弘治年间。“修仁南北东西四乡，民壮杂居。民皆异地之人，寄籍年久遂成土著”②。嘉庆七年（1802）的《临桂县志》卷一二说：“广西之境，大约狼人半之，瑶僮三之。”狼、僮同种异名，都是当时壮族人民。③

由此，民国时期刘锡蕃在《岭表纪蛮》中得出结论：“僮人散播于广西全省，有侬、僚、沙、洋、狼土人……种种不同之名称。其人口之繁殖，较他族为最。合广西所有蛮族而统计之，僮族实居十分之八以上，故其在广西之历史上，实占最重要之一页。而汉蛮两族血统上混合之多，亦以此族为首。”④

这些宋、明、清所编撰的典籍，有的是正史，有的则是随笔，但都有僮、獠等族群自外地进入广西地区的记载。然而，这些记载又不足以说明壮族由湖湘而来。早在秦始皇南征、汉马援平交趾前，广西已有古越人居住，这些先民与北方来的部分族群相互交融。虽然各族群的具体、详细衍化足迹由于“分合无定，随代异名”的原因，

---

① ［清］陆祚蕃：《粤西偶记》。

② 《修平乐府县志·风土部·风俗》。

③ 黄现璠、黄增庆、张一民：《壮族通史》，广西民族出版社 1988 年版，第 357 页。

④ 刘锡蕃：《岭表纪蛮》，商务印书馆 1934 年版，第 11 页。

正如《明通志》所说的已“无从究考”，但已消失的群体称谓表明这些族群的后裔已经逐渐演化成今天的某个民族而存在，既有部分汉族迁徙融合于广西当地土著民族，也有部分壮族先民融合于汉族。各民族、族群之间相互同化、互通有无，这是民族融合与当代民族形成的必经之路。

在中国历史上，民族迁徙和融合是中华民族历史长河中的一朵绚丽浪花。在长期的多民族交往中，有许多历史上曾经存在的民族在与中原汉族交往中融入汉族。同时，中国南北各民族交往中，不同少数民族之间也在不断发展，有的得以存续，有的融入其他民族，也有的汉族群众在迁徙到边疆少数民族地区后经过长期融合成为当地少数民族的组成部分。换言之，各民族之间有迁徙、有交往，就会有融合，长期历史形成的文化上的开放、包容成为中华民族形成历史的一个源远流长的重要规律。

ZHUANGZU TUSI ZHIDU

第二章

壮族土司制度

一、中央政府对岭南的治理方式

土司制度主要适用于南方及西南少数民族地区。其起源于唐宋，盛于元明，明代后期部分地区开始改土归流，到了清代逐渐衰落，从兴起到终结近千年。它是在少数民族地区长期施行的统治制度，影响巨大而深远。壮族土司制度及壮族土司在统治当地少数民族过程中形成的诸多制度，是壮族法制史的重要组成部分。

历代中央王朝对广西少数民族地区的控制与治理，长期以来一直采取“以夷制夷”的策略。自秦始皇在广西设置桂林、象郡将岭南纳入中央版图后，汉、唐、宋、明、清都基本沿袭前朝的制度，重视借助当地少数民族首领的力量“以其故俗治”①。因此，壮族的发展历史也是我国国家意识及疆域形成与确定的组织部分，论及壮族法制史，当离不开中央政府在岭南、在广西的统治方式、措施及制度，尤其是唐代开始实施的羁縻制及宋代的土司制。自宋开始，就在广西桂林以西、以南的广大地区，即除了广西东部的静江府、苍梧等几个州府，都以土司制进行统治。

秦汉朝代的更替，并未导致岭南制度的变化。还在秦尚未灭亡前，秦南海尉赵佗便已趁中原战乱“稍以法诛秦所置长吏，以其党为假守”，没有废除秦在岭南的制度。秦灭后，赵佗于公元前203年兼并桂林、象郡，建立南越国，并以“财物赂遗西瓯、骆”的方式控制了岭南西部。

二、采取羁縻制和土司制的原因

所谓“羁縻”，“羁，马络头也；縻，牛蚓也”②。其意为“牵制”“控制”。用之于制度，则喻为对少数民族的统治就像对牛马的牵引、控制一样。《汉官仪》中说得更为贴切：“马云羁，牛云羁，言制四夷如牛马之受羁縻也。”唐时，称为“羁縻”。到宋朝时，改为土司制度。

中央政府在广西推行土司制度的原因：

---

① 《资治通鉴》卷二一《世宗孝武皇帝下之上》。
② 《史记·司马相如列传》。

（一）地处偏远，政令不通

南方少数民族对中原统治者来说，所处地理位置偏远，又往往生活在崇山峻岭之中，一直难以找到合适的控制方式。这些南方少数民族之间要么相互寻仇劫杀，要么因饥荒或自然灾害所逼“长啸而起”，出则攻击州县，追则遁入山林，朝廷不得不经常兴师讨伐进行围剿追捕，当地几无宁岁。除此之外，中央政府派往岭南的官员也面临政令难行的困境。如，南朝时南梁高凉太守冯业说：“三世为守牧，他乡羁旅，号令不行。”① 冯业即便三代在岭南担任太守，仍然无法在当地少数民族地区推行其政令。要实现对南方少数民族地区的统治，还需要借助当地民族首领的力量。

（二）兵力不足，动乱不断

从《宋史》《明史》等记载中可知，历史上广西少数民族地区长期不断地出现“叛”“乱”的情况，一些地方“几无宁岁”。

如广西武鸣县（古称“武缘县”，现为广西南宁市武鸣区），从其县志记载可以看出，这个紧靠邕州府治，壮族人口占绝大多数的县份，由于地方政府兵力不足，对于一些农民暴乱或盗匪作乱几乎无法及时镇压，因此兵连祸结，要么承认当地土官的统治，要么不得不征调大量兵力进行强压，耗资甚巨。以下从清代修撰的《武缘县志》中简要摘录其“乱”之频繁：

明弘治三年，土官岑浚率部进攻县境，县人死伤不可胜数。

明正德十三年六月，思恩土官王受率众攻打县城。

明嘉靖十八年，安定土司头目卢回、黎德、刘现聚众三千人占据府城。

明嘉靖十九年二月，卢回等率土兵入县境，广西总兵张经迎击，官军大败。

清顺治十七年十二月，土官头目张常率土兵盘踞永宁一图。

清道光三十年四月，宣化县堂会一千余人进攻县南部（今双桥一带）。

清道光三十年七月，堂会首领陶八（又名陶昌培）、丁四等率领两千余人从宾州而来，攻打县城三昼夜。

清道光三十年，丁四余部数股攻陆斡、和圩、龙母等团。

清道光三十年九月，丁四又联合杨在福等从上林县来攻县北路。

清咸丰元年二月，李彩强等堂会聚众，攻打龙母、和圩、马头一带。

---

① 《北史·烈女·谯国夫人冼氏传》。

清咸丰元年二月，恒胜堂堂首张父赞加入凌亚东部，从归德土州来攻打渌谷村。

清咸丰元年三月，宣化县堂会约一千余人分数股人马进攻锣圩、英圩。

清咸丰元年四月，宣化县的萧大、林日昌等率领一千余人，由玎当入境，屯扎于锣圩的滙村，与团练交战于定寇桥。团练溃败，壮丁死数十人。

清咸丰元年六月初二，萧大率部进攻仙湖，攻占福吉村。

清咸丰元年十月，宣化县周耀大聚众数千人进攻县南路。

清咸丰元年十月，宣化县周耀大聚众数千人进攻县南路。

这些战事要么由土官挑起，要么是流民作乱。一旦广西地方有事，中央政府不得不频繁劳师远征，兵马劳顿。而朝廷在广西地区往往兵边有限，到处弹压，力有不逮。

中央王朝力有不逮的原因，一者是兵力不足，二者从中原向南方所调遣的士兵往往水土不服，损失严重。如，宋熙宁年中，王安石进言："募兵未可全罢，民兵则可渐复，至于二广，尤不可缓。今中国募禁军往戍南方多死。"① 宋元丰六年（1083），提点广西路刑狱彭次云言："邕苦瘴疠，请量留兵更戍，余用峒丁，以季月番上，给禁军钱粮。"② 又如，明时"庆远、郁林等州县蛮寇出没，必宜剿除，而兵力不足"。由于兵力不足，地方兵连祸结，历代中央政府不得不因地制宜，更多使用当地少数民族的上层力量进行"以夷制夷"。这便是在岭南及其他少数民族地区实行"羁縻"和土司制的原因之一。

（三）边费巨大，粮饷不足

广西地区经济发展水平相对落后，钱粮军饷不足是必然面临的问题。如，唐咸通五年（864）三月，南诏军队60000人进逼并围困邕州，朝廷派禁军5000会诸道大军赴邕管驰援。从咸通至乾符的十余年间，由于南诏频频进攻，邕管等地屯兵运粮，以致"天下疲惫"、国库耗竭。又如，宋绍兴六年（1136）广西大旱，朝廷令拨米赈济。绍兴七年（1137）广西大饥荒，朝廷令常平仓发放赈贷。

明洪武二十三年（1390）朝廷赈济广西水驿、递运所伕共57089户，钞108099锭。明洪武二十九年（1396），广西布政司言："新设南丹等三卫及富川千户所，岁用

---

①② 《宋史》。

军饷二十余万石，有司所征，不足以给。"①

因此，中央政权以当地壮族首领统治其部族从而减少军饷官银开支是必然的选择。"以夷攻夷，边费可减"，是历代封建王朝选择土司制度的另一原因。明正统四年（1439），广西土司莫祯向明英宗上奏，说他所管辖的东兰三州历年来平安无事，而宜山六县由于流官所治，只能管治周边的良民，对于居住于山上险要之处的溪峒诸蛮则无能为力，请求委任其为土州知府，专门应付诸蛮，编户造册进行管理，同时将聚居在险峻群山中的迁出平地，使其无险可守，并选择有威望的人担任其首领。明英宗认可其建议，认为"以夷攻夷"可为朝廷节省军费，"以蛮攻蛮，古有成说。今莫祯所奏，意甚可嘉，彼果能效力，省我边费，朝廷岂惜一官?"②粮饷不足时从节省边防经费角度出发，为了地方靖宁授职封官，是历代中央政府实施土司制的重要原因。

三、土司制度形成及设置方式

唐朝在选任岭南官员时，通常采用"南选"的方式，即用当地"土人"担任"五管"官员，而非以其才任命。在广西，从唐太宗时便开始设置隶属于都督府的"羁縻州县"，并"以其首领为刺史"③，由此而形成的制度称为"南选"。如，《旧唐书·职官二》载："其岭南、黔中，三年一置补先使，号为南选。"《新唐书·选举志》载："以岭南五管、黔中都督府，得任土人，而官或非其才，乃遣郎官，御史为选补使，谓之南选。"

宋时，参照唐朝的制度，将广西少数民族地方部落大的设置为州，小的为县，更小的设为峒，"推其雄者为首领，籍其民为壮丁"，管理部族内部事务，而且其"蛮长皆世袭，分隶诸寨"④。宋朝通过委任岭南当地俚、僚等蛮夷的少数民族首领担任土司、土官、土州官员，"使自镇抚"，允许蛮夷首领对其域内少数民族自行管理。这一制度得到地方少数民族首领的支持。⑤ 由唐的羁縻制开始，广西壮族的土司制度到宋时已经确立，初时担任土司、土官的都是僚、俚的酋长，但其后部分土司又由汉人易之。

明初，对于西南归附朝廷的西南夷族首领，允许其担任原来的官职，土官分别称

---

①② 《明史·广西土司列传》。

③④ 《广西通志》

⑤ 《宋史》。

“宣慰司”“招讨司”“安抚司”“长官司”。土司的世袭与更替必须经中央政府的任命，即便远隔万里也须赴京朝见，以示臣服。后因广西距离京城太远，觐见不便，广西土官遂可呈表代替朝觐。①

四、广西适用土司制度的地区

在宋代，土司制度未建立之前，除桂林、柳州、平南、梧州、浔州、郁州等郡县隶属流官治理外，广西其他地方皆为僚、俚、瑶属地。“在庆远者，曰抚水蛮；在邕、太、恩、泗、镇、色各属者，曰西原蛮。西原蛮东接柳梧，西连南诏，有兵二十余万，势甚雄强。侬黄两氏，操其大政，而侬氏尤盛。自狄青征平其酋侬智高之后，其将士有功者，皆裂土分封。于是酋长之制度推翻，而土司之制度建立，其政治之根本组织，完全改造。……各土酋，杂非客籍从征之人，而亦受支配于此等制度之下，与客籍土司冶化而为一炉。此等土官悉受邕州都督节制。其时为都督者，即为田州始祖之岑仲淑。其后岑氏据有田州、泗城、镇安、归顺、思恩之地，广西之西半，几完全为土司区域——此区域中，亦几乎完全为岑氏区域”②。

可见，宋代在广西境内设置土司的地区非常广泛。由于广西各地壮族、瑶族的先民僮、瑶分布广泛，因此很多地方都设置有土官，尤其是左右江流域、红水河流域长期以来皆为壮族土司所控制。据《明史》列传中的“广西土司”记载，宣德六年（1431），都督山云奏：“广西左、右两江设土官衙门大小四十九处，蛮性无常，仇杀不绝。”至宋代，据不完全统计，在壮族地区聚居的左右江、红水河流域设置土州府44个、县5个、峒11个。③ 狄青平侬智高对宋土司制度的形成至关重要，壮族酋长制推翻后，本地土司与分封的客籍土司都成为土司制度的组成部分。

明朝时，因袭元朝之旧制，多设土司，以统治广西地区。“瑶、僮多于汉人十倍，盘万山之中，踞三江之险。明时，因元之旧，多设土司”④。“广西全省唯苍梧一道无土司，瑶患亦稀”⑤。广西唯有桂林与平乐、浔州、梧州未设土官，而无地无瑶、僮。明朝初年，广西行省向朝廷奏报：庆远府地接八番溪洞，所辖南丹、宜山等处，宋、

---

① 《明史》。
② 刘锡蕃：《岭表纪蛮》。
③ 覃芳：《广西土司城研究》，http：//www. gxmuseum. com/a/science/31/2011/1019. html。
④ 《清史稿》。
⑤ 《明史·广西土司列传》。

元皆用其土酋安抚使统之。明太祖朱元璋下诏，将庆远府改为庆远南丹军民安抚司，置安抚使、同知、副使、经历、知事等官职，任命归附明朝的元朝安抚使莫天护为同知（知府副职）。①

广西部分地方为土官与流官共同治理。自宋土司制度实施以来，并非全部少数民族地方的土司、土官都由壮族、瑶族首领担任，除了“土酋”，还有很多汉人担任土官。即便是由“土酋”担任土官，朝廷往往也以流官辅之。宋时，在广西左右江流域设置五寨——太平五寨之一（属今广西崇左市），受邕州（今广西南宁市）节度管辖。明初，太平的数十个州县都“以世职授土官，而设流官佐之”。明朝洪武初年，土司黄威庆与其子黄中归附朝廷，黄威庆被授予江州知州，黄中被授予邕州节度所管辖的忠州知州，“皆世袭，设流官同知吏目佐之”②。

由于以上几种原因，朝廷在广西实行土司制统治，但要求土司向朝廷进表纳贡以示臣服，实为因时因地制宜所采用的制度。这种制度对将广西壮族地区控制在中央政府之下、维护南方边疆地区的稳定有重要意义，同时客观上也使壮族能够保留自身传统和文化的发展。

五、土司制度的作用

对于土司制度的作用，《明史》《清史稿》等典籍有相关记载。如《明史》载，明洪武元年（1368），征南将军廖永忠下广西，广西左江流域的太平土官黄英衍等遣使归降，下诏曰：“黄、岑二氏代居其间，世乱则保境土，世治则修职贡。”所谓的太平土官“保境土，修职贡”，实际上是认可黄、岑二氏土司在保土安民方面的功绩。又如，明洪武二年（1369），朝臣提出应沿袭宋朝和元朝的制度，“宜如宋元制，录用其酋长，以统其民”，其好处是“群情易服，守兵可灭”。③

封建中央王朝通过土司对广西壮族、瑶族等少数民族实施统治。由于这些少数民族首领更了解本部落或地区的情况，还部分适应“民族自治”的需要，因此土司制自宋开始，历经元、明、清几代，很多土司管辖的地方维持了“地方安宁”的效果，有效减少了朝廷在当地的守军人数。至清朝，尽管出现有的土司为承袭职位而相互杀伐或呼啸山林聚众作乱、出没为寇等各种弊端，但土司制度对地方安定还是起到了一定

①② 《明史·广西土司列传》。

③ 《明史》。

的效果，“广西莠民四起，土司独安靖无事”①

土官在统治过程中主要的经济来源都来自土地及所收赋税，但也会出现财政困难的情况，此时土官可能会通过收取一定金钱以豁免村民应提供的劳役，或者通过收费然后减免民众的赋税。这表明土官权力使用的灵活性，客观上产生了减轻当地村民负担的作用。以下是 1956 年广西少数民族社会历史调查组在大新县、1981 年广西民族研究学会暨广西民族事务委员会民族识别调查组扶绥小组成员张有隽在扶绥县所搜集到的减免瑶役和赋税的碑文以及在果化土州（在今广西平果县）、洒城土司（在今广西凌云县）等地收集的限制各地官差所收财粮劳役的碑文资料。

罗阳土县《蠲免徭役碑》奉立碑记②

罗阳县正堂黄：

为因公项急紧，无钱办理，着官叔官弟着目商议，愿将下段那豪村官丁乍田夫役杂项、长麻季钱、正月出行、三九拜扫递送、四季山羊血、春结秋结、龙虎贡马、杂物小工、柴茅火灰以及上宪往来夫役、四邻府州县上下官员往返迎送、巡边查夫、本衙门城池奉墙、新旧起房、搭盖棚丁一切陋例，尽行豁免出卖，委着目吴超礼、卢文静问到那豪村民方国炳、邓念尧、邓朝舜、李官荫、黄国强、钟声显、廖贤高、邓臣授、邓臣善、黄晋型暨村人等商议，情愿结实出价夫役陋例本钱七百三十千元足，官目即日当堂交钱入衙、公用，钱照交讫清白，文毫不少，将该村尽除元当，日后官苗承袭、婚姻、丧葬三项，每项应助六千文足。明卖明买钱实照，日后官苗叔侄，不得面议找赎，恃势需索，滥派等情，如有需索者，任从村民执出此照，上宪理论。此系官民两愿，并非逼勒相压。恐后无凭，理合当堂交给令卬割卖田夫役照一张，交与村民收执存据，以杜后乱。至若日久，恐有被蛀虫打烂打坏，任你等照依卬勒照石碑记，永远均安。

道光十五年六月十五日　立碑

在这一碑文中，因为土县土官缺乏办公经费，经其官族内部协商，同意将那豪村的徭役杂项进行豁免出卖。这一碑文实际上是将收税及征劳役的行政权力以合同方式出卖，表明土官出现财政窘迫的情形，也说明出现土官以契约的方式约束自己权力的现象。

---

① 《清史稿》。

② 《广西少数民族地区碑文契约资料集》，民族出版社 2009 年版，第 143 页。

罗阳土县《减税印照碑》①

罗阳县正堂知县四级纪录三次黄：

为准减税给发印照，以凭供纳有据事，照得肇庆有荒地壹段、鱼塘武口，坐落在落梨，于嘉庆五年，着巴莫屯忠目凌永藩等，招到宣化县李霞、邓亮康等，纳税耕种，议定价银壹佰肆拾两正，即日兑银入衙办公，每年纳税银或两正，其他交税。李霞、邓亮康携妻带子，建立村场，开挖田塘，种植树木，为子孙世业，嗣后无得霸行找赎。至嘉庆拾伍年，先官因公项紧急，着目凌永藩向肇庆村李霞等，酌议以义补银伍拾两，并经找补征派。于嘉庆贰拾肆年，经议增派村民李霞过半税银或两，未免牵累过多，况今该民自见公项紧急，又补钱□千□百□十文，即日凭目卢云靖等，兑钱入衙办公。窃思良民乐助□□，宜偿减免税银查两正。嗣后每年止纳税钱查千文，凡遇大派军需，准由耕丁供赏，此乃官清民乐，两相欢然。至若冠婚丧葬，依照原助银伍钱正，属县衙长短大小夫役新旧陋例仍依原照一切尽行触免，纵日后承袭印官仍循此照，万古不移。恐后无凭，理合给发减税照壹张，交与李霞等，世代存据。

道光二十二年十一月十六日　给

罗阳县肇庆有荒地鱼塘，招来宣化县李霞、邓亮康等来纳税耕种，因其后数次补银征派，负担加重，因此由土官决定减少税钱，并颁发此减税执照，以达到“官清民乐，两相欢然”的效果。碑文反映的是土官减税的权力行使，说明并非土官都在横征暴敛，而减税能够起到减轻民众负担的作用。

泗城府《永远禁革快马杂派各项告示碑》②

钦命头品顶戴兵部侍郎兼督察院右副都御使巡抚广西地方等处提督军务、加节制通省兵马御兼理粮饷：

为核定章程出示勒石以垂久远事。照得泗城府属凌云、西隆、西林三州县钱粮杂派差徭各项，光绪六年，经前部院厘定章程颁发示谕。光绪十六年，复经本部院查照前章，重申示禁，惟未经勒石，日久无所遵循。当经行司委员会同酒城府亲赴凌云、西隆、西林三州县确查，禀由右江道核移禀两司令同详查，应行裁革备条，分别拟议列单，详出示勒石晓谕前来。查泗属各州县系改土归流，一切征收杂派差德等事，多沿土例，与内地情形不同，必使下无累于民，上无病于官，乃为得其平。兹该司道等所议各条，均系去其太甚，积弊一清，合行出示晓谕。为此，示仰泗城府凌云、西隆、西林三州县军民人等知悉，所有三州县钱粮杂差各项，经此次定章之后，永远遵

①② 《广西少数民族地区碑文契约资料集》，民族出版社2009年版，第143、232页。

行，并予勒石通衢，以期家喻户晓，共见共闻，如有阳奉阴违，借端滋弊，一经查出或被告发，定即严惩究办。尔等亦当知食毛践土，踊跃输纳，切勿拖欠粮钱，以及串同包收等弊，自耳各庚其各，慷遵勿违。切切特示。

计开：西林县

一、地丁兵米采买：查西林县征收钱粮，应照前定章程，每地丁银一两，折钱二千五百文，耗羡杂费俱在内。每兵粮一石，折收银二两四钱，杂费在内。城设柜厅，花户自行完纳。有愿按市价折钱缴纳者，应从民便，不准派人乡征，免致借端需索买补，应照凌云一并永远禁革。查凌云、西隆、西林三属采买，贾谷石不均，始于嘉庆初年吉制军巢办西隆苗匪，为兵米不足而设，系因动碾食谷，饬令照数买补，近年并未借拨谷，司库亦未发银采买，饬永远裁革，以恤民艰。

一、割匪（飞）：查该县收钱银，签订章程，每地丁钱银一两折收二千五百文，耗羡杂费在内，兵米每石折收银二两四钱，杂费亦在内，不得有其割飞文，况凌云、西隆两州县均无此名目，应即永远裁革，以归画一。

一、养膳：查西林县额征丁粮为数无多，现将陋规续裁革，正赋自应如数清完，以四月完不得米，十一月不能全者，并派粮差一名协同该亭地保催纳，粮差准照凌云县章程，每里饬欠户给该差脚辛钱五文，不得别有需索，此项养膳谷应行禁革。

一、伕役：查西林县伕役之弊与凌云同，应照规定，以凌云县伕役章程办理，以归画一。查凌云地处偏僻，治站并无快行，且山径崎岖，非乡快不惯履险，向循土例不给伕价，劳黎受其累，嗣后无论文武官员，用快一名，每站给饭食钱一百文。自返乐为泗郡入境，首站前三县之伕，尤觉苦累，应另加钱五十文，以示体恤。虽官员过往赴任，用伕多寡难以预定，以前示以限制，至多不得过一百五十四名，亦不得前后分起行走，多用乡伕，以免积久滥派，其各站号书于何官，经过用伕若干，按旬列册具报由县按季报道，年终由各州县汇册通报，以备稽查。至边防各营，原有长快不得派用乡伕，如地方有事搬运军火，不在此例。武营用（伕）仍由县票传，以归画一。

一、游亭：查西林县游亭之弊，与凌云县应一并永远禁革，以恤民艰。查游亭之弊，名为发给门牌，实系收取经费，应永禁革。又有借据征正名目，下乡需索规费，亦为民病，应请一律永禁。

光绪十七年八月□　日

泗城府管辖下的凌云、西隆、西林三州县在改土归流后土官时代的杂派差德等事项还在沿用，由于此地与内地情况不同，确定各种劳役收费杂项时要“下无累于民，上无病于官”，因此将过去土官时代应收及应免钱粮杂派差徭各项进行通告并刻于石碑以使军民周知，永远遵行。这反映了官府对土官时代所收的赋税和杂项在改土归流之后的政策改变。

果化州土官《陋规蠲免碑刻》①

世袭果化州正堂加三级纪录五次赵：

为批二十村陇据上呈。各情自应准如所请，以舒民力，嗣后所有每年额征养钱项仍照向例，按季缴纳，不得蒂欠，如有牌票，照例不准差役任意勒索。其修马房、割水沟、邻村遇有红白事、来往小用人伕以及玉米等项，一概准行蠲免外，惟有官差过境，正堂一遇有红白喜事之时，例应派用乡伕，不得藉词推渎。至族中二三官房外一切妄使乡伕，并非本州格外苛求，亦不过率由旧章，望尔民安居乐业，毋负本州体恤民艰之至意也。特此批准，仰尔三乡老等，便以勒石留后世代永远遵行，切切特此。

一项，养廉钱照例缴纳。

一项，官差过境照例应征。

一项，承袭阖州照旧帮项。

一项，若遇正堂红白喜事仍旧照帮项。

一项，柴火到年晚三乡共柴火一百担。

一项，二三官房外一切不准妄派乡饮。

一项，割水沟准免。

一项，玉米俱准免。

一项，修马房准免。

一项，票提案婚姻田土以及偷窃等件，准差二名，每名奉钱二百文。

一项，命、盗、奸、拐、忤逆、不孝等事，准差四名，每名奉钱四百文。

一项，邻村红白喜事，来往一切小用人伕，一概通行翻免。

三甲陇乡民等奉准批示。

光绪十八年岁次壬辰八月十五日　吉立

这是果化土州土官给二十村陇额为约束土官差役在征收钱粮劳役方面所立的石碑，要求村民对所列的税款杂项不得拖欠，而土官差役也不得任意勒索，以使民众安居乐业。这表明土官为保证民众的权利，在行使统治权力时也会自觉约束手下的差役，不准其敲诈勒索。

---

① 《广西少数民族地区碑文契约资料集》，民族出版社2009年版，第235页。

太平土州《永远蠲免碑记》①

世袭太平州正堂加五级纪录五次大功一次李：

为发给执照，以垂久远事。照得奉上饬修路政，只因地方财政困难，仰自治公所，组织开会。是日议事会、董事会及各乡董乡佐，齐集到会，研究筹款，忽有区渡雁村里、甲长称言：情愿捐此款，修葺岰揽之路。求免伕役，各界经已赞成。转呈前来，本州据此，俯如所请，合行给照，为此，照给渡雁村开有名人等，从今以后，世代子孙，向有大小传代役，一概永远全免。并准勒碑，以垂不朽，而遵守有自，切切毋违，须至执照者。

右照给右哨雁村准此。

宣统二年八月十五日

在这一碑记中，太平土州需要修路但财政困难，某村村里甲长提出愿意以免除徭役为条件捐款修路，土官也同意该项要求，并立碑记事。

罗阳土县《豁免碑记》②

执照碑记

署理永康州正堂弹压罗阳土县陈：

批给执照事。据罗阳土县那豪村民梁文高、邓士孔、钟正元、卢武胜、廖进源、邓士清、邓明月、李才亮、黄土佑、李春荣、吴仕庄、方周陈等呈称：该村自道光年间前故土令因公项急需，将该村夫役一切随例尽割卖。既经三功有碑记，即仍然依旧碑豁免一切随例。但夫役一项，即照永康新章一切办法，衙役亦不得藉故滋扰，准再立碑为据。至该村所徊公田贰拾亩五分，每年每亩纳裸谷三百五十斤，按照市价折收，尚属平允。据称该村自历兵爽，零落困穷，上年因传侠之案，虽属咎由自取，实受累滋深，查所禀情形尚属实在，姑念物力维艰，准予所请。自后每年每亩纳裸谷叁佰伍拾斤，每斤折缴制成钱壹拾文正。无论汉土各员，以及年岁丰歉，不得再行加减，以示体恤。若无从前碑记，及受现在惨祸，各村不得借口要求。切切此批，遵照。

右给通村立碑为凭。

宣统三年三月初六日

以上资料共同的特点，一者反映了壮族地区官府或土官所征收的税赋、徭役名目繁多，二者也反映了一些地方的土官或官府在由村民呈状告官后能够约束各类官差头人，禁止滥设名目、私征肥己，在一定程度上维护了村民的利益。

---

①② 《广西少数民族地区碑文契约资料集》，民族出版社2009年版，第7、147页。

六、土司制度的弊端

土司对于维护少数民族地区秩序起到了稳定作用，但其相互间为争夺土地、人口、世袭职位而进行的攻伐也造成了严重的社会影响。在明朝，广西4府37州形势就像战国，各土司之间远交近攻，恃强凌弱，残杀掠夺，社会混乱。① 广西土司中，以田州、泗城土司最为强悍，而其也不断恃强生乱，“种类滋繁，莫可枚举”②。

（一）残酷统治，相互仇杀

明弘治初年，恩城州土司岑钦攻占田州府，驱逐田州府土司岑溥；泗城土司岑应夺占上林长官及贵州镇宁等18城，又与岑钦杀掠当地民众达26000多人，岑应与岑钦分割占据田州。明派官兵前往弹压，岑钦被官兵打败后，岑应还前往支援，入城“陈兵以备”③。明正统元年（1436）后，历经30年的岑豹之乱、明成化十九年（1483）的岑应岑接之乱、明嘉靖二年（1523）的岑猛之乱。土司之间对于土地、世袭职位的激烈争夺与战乱，造成当地社会的严重动荡。

明田汝成《炎缴纪闻》有论曰：“呜呼！予涉广西，闻父老言田州事，未尝不三叹驭夷之失策也。国家以土官治南蛮，盖周人疆以戎索之意。自韩襄毅公之后，而军门号令渐已不张，要皆自取。岑猛倚强跋扈，罪诚有之，诛其君而吊其民，谁曰不可？应期始以私望，当猛大逆，何以服其心也？”

壮族民间流行这样一首《骂土官》的民歌④：

土司官，土霸王，
他是村中两脚狼，
长工日割四担谷，
还要人交四两蝗。
世上珍馐他尝过，
新娘贞节遭灾殃，

① ［明］邝露：《赤雅》。
② 《明史·广西土司列传》。
③ 《明孝宗敬皇帝实录卷》。
④ 《中国歌谣集成·广西卷》，中国社会科学出版社1992年版，第59页。

反就存，顺就亡，
六月飞霜进班房；
滔天罪恶终有报，
山涧泉水葬阎王。

《恨土官歌》唱曰：
只因土官征徭役，
罚钱罚款翻又番，
卖田卖地家产尽，
又卖房屋来赎身。①

土司制度自唐宋产生形成之后，经历数百年，对壮族社会发展产生重大影响。客观而言，土司对土地的占有与土民的控制确实对于土地的开发起到了重要作用。土司只要政治上对中央王朝效忠纳贡以事臣服，所辖境内诸事便可由其自行决断，享有高度自治，多数情况下朝廷不派官僚。土司官职可世袭，不输赋税，拥有自己的武装，几乎掌握了地方全部的政治、经济、军事、司法、文化大权。但正是由于享有诸多权力而节制较少，土司对其权力可恣意行使。对土民政治上的压迫、经济上的盘剥、人身上的迫害以及为争夺世袭地位、地盘而相互攻杀乃至对抗朝廷，土司制度的腐朽与落后对壮族社会生产力发展造成了负面影响，引起人民群众的极力反抗。

（二）人身依附与等级制度

历史典籍中对于壮族社会等级划分也早有记载。对于百姓，其最低的社会阶级称为“提陀”。《赤雅》“布伯”一节记载：“谓其百姓曰提陀，命其女奴曰婢。”因此，百姓被称为“提陀”。而对于女性农奴，则称为“婢”。“提陀，可以涕涶人也”。此处的“涕涶”，即擤鼻涕、吐口水，以示鄙薄和轻视；“可以涕涶人”，意为其地位低微，可以被轻视。有的古籍则称之为“峒丁”“寨丁”等。《赤雅》中的“提陀”，即为百姓之称。在《赤雅》“獞妇畜蛊”一节中说，恭富昭贺（即今天广西恭城、富川、昭平、贺州等地）蛊术公行，“峒官提陀，潜得知其状”，将蛊妇埋在地下，露出脑袋，浇上蜡汁点火焚烧，以召被蛊术毒害的冤魂。②

① 李杰：《中国少数民族文献探研》，民族出版社 2002 年版，第 277 页。
② 邝露：《赤雅》。

《桂海虞衡志》对壮族社会等级有所记载："广西经略使所领二十五郡，其外则西南诸蛮。蛮之区落不可殚记，姑记其声问相接。帅司常有事于其地者数种：曰羁縻州洞，曰猺，曰蛮，曰黎，曰蜑，通谓之蛮。羁縻州洞，隶邕州左右江者为多。旧有四道，侬氏谓安平、武勒、忠浪、七源四州，皆侬姓。又有四道：黄氏谓安德、归乐、露城、田州，皆黄姓。又有武侯、延众、石门、感德四镇之民，自唐以来内附。分析其种落，大者为州，小者为县，又小者为洞。国朝开拓浸广州县洞五十余所，推其雄长者为首领，籍其民为壮丁。其人物犷悍，风俗荒怪，不可尽以中国教法绳治，姑羁縻之而已，有知州、权州、监州、知县、知洞。其次有同发遣权、发遣之属，谓之主户。馀民皆称提陀，犹言百姓也。其田计口给民，不得典卖，惟自开荒者由己，谓之祖业口分田。知州别得养印田犹圭田也。权州以下无印记者，得荫免田。既各服属其民，又以攻剽山獠及博买嫁娶所得生口男女相配，给田使耕，教以武技，世世隶属，谓之家奴，亦曰家丁。民户强壮可教劝者谓之田子。田丁亦曰马前牌，总谓之洞丁。"①《桂海虞衡志》中所说的"馀民皆称提陀，犹言百姓也"，即"提陀"是壮族先民社会中等级最低下的社会阶级。

随着社会发展，壮族社会出现了明确的等级划分，尤其是在土司统治的地区，社会等级极为森严。宋代左右江流域的西原蛮，其壮族土司治下之民分为若干等级，除了"同发遣""权发遣"的"主户"即各级土官，其余百姓都称为"提陀"。将攻击其他部族所掳掠的人口以及购买、陪嫁而来的人口与治下之民相配，世代为土官之奴，称之为"家奴"或"家丁"。治下之民中强壮者，领取了份地进行耕种的，称为"田子"，又称为"马前牌"，需要向土官服兵役。总之，耕种土官土地纳租服役的，都可称为"峒丁"。这些人都因为在土官治下耕种了土官土地而受到土官的控制，具有紧密的人身依附关系。②

土司对治下之民实行苛严之政，欺压盘剥。由于土司控制了土地，因此凡是耕种其土地的人需要缴纳各种税租，还要无偿地为土司耕种田地，提供劳役。每天尽职劳作，提供土产水产，但自己的温饱还得不到保障。为土司效命死战，还要缴纳苛捐杂税，"终岁而不得一饱"③。在土官统治时期，对各等级的划分在群众中普遍流传着"一等官（土官及官族）；二等客（外来人，一般指汉人）；三等目（即土目）；四等民（一般指不服土官劳役耕种粮田的壮人）"的说法。不同等级的人，其政治和社会

①② ［宋］范成大：《桂海虞衡志·志蛮》。

③ 《广西壮族社会历史调查》（二），民族出版社2009年版，第112页。

地位的差别很大。从目前所搜集到的材料看，等级制度划分明显，只要是“外来人”和“土目”（他们多是随土官南来并系土官功臣的后代），不论其政治和经济地位如何，也不论其年纪大小，普通壮族民众就必须对他们尊敬和谦让。

由于广西多数地方都是不同民族大杂居、小聚居的格局，因此划分社会等级的标准，不仅有经济地位、姓氏、宗族，还有民族。在广西南丹，社会被划分为七个等级：土官及官族、外来客人、目家、归内的民家、哨民、庄民与班夫。在土州范围内，土官是最高统治者，其婚姻讲究门当户对，因此婚姻也是以官族或外地土豪为对象。南丹邻近贵州、湖南，素有“五省之地”的别称。南丹土官治所所在地设有五省会馆，在五省会馆中还有“五省头人”，负责对外来客人进行管理，处理其纠纷。这些外来的客人是社会的第二等级，他们多数居住在官府附近和其他圩场，以汉人为主。这些外来客不受当地哨目团总管辖。目家是土官属下的头目，享有各种特权，并受土官的封赐，属于社会的第三等级。第四等级是“归内”的农民，归家民家又分为土官效劳的村民和被土官确定为归内的村民。这些村民有纠纷时由乡老处理，调解不成可直接找土官处理，不受哨目的管辖。第五等是归哨总团管理的哨民，他们的日常社会活动受到各种限制，如不能与第三等的哨目通婚，甚至娶亲时不能开旗伞。第六等级是与庄主形成人身依附关系的庄民以及为庄主提供劳役、耕种兵田或夫田的班夫。第七等级是奴仆。他们过着最悲惨的非人生活，是被买来的奴隶。①

社会等级划分在壮族地区是普遍现象。如在广西天峨县白定乡，百姓把作为官府代理人的亭目称为“苏打”，即意为老爷。老百姓无事不能入其家门，即便有事登门也要选择矮凳坐。在路上碰到亭目，要选择地势更低的路或低头而过。老百姓日常生活中不能穿有领的衣服、袜子和高底鞋，妇女头发也不能梳发髻。亭目的婚嫁也讲究门当户对，即所谓的“竹门对竹门，木门对木门”②。

新中国成立后，在进行广西壮族社会调查时，人们对土官的等级和人身控制还印象深刻。广西凌乐县（现为凌云县和乐业县）城乡的老人说，在岑氏土官统治时代，凌乐县土官的统治非常残酷，等级森严。土官吃饭要四个人，或是农奴或是田丁，这些人伏着作为桌子的垫背，不容移动。对于敢于不服从土官命令者，要骂就骂，要罚就罚，甚至随意下令处死。土官就是土皇帝，对当地群众有生杀予夺的权力，对待人民完全以自己的意志为法律，谁不听从就拿他去杀头。甚至将要出嫁的少女必须先陪

---

① 《广西壮族社会历史调查》（二），民族出版社 2009 年版，第 41、42 页。

② 《广西壮族社会历史调查》（一），民族出版社 2009 年版，第 13 页。

土官睡几晚之后才能和自己的丈夫结婚，以致当地百姓结婚时形成了夜晚接新娘的独特习惯。当地老人们说：岑氏土府统治时，老百姓都是他们的田丁和奴隶，不准许读书考试，不许建筑较高而华丽的房屋，不准在门口张贴对联；见土官要匍匐下跪；不能穿白色和花色的衣服，不能穿鞋坐轿和骑马；官出门要回避、静肃。此种种之禁例到清雍正五年（1727）改土归流后才被革除。①

清雍正三年（1725），曾任广西巡抚的鄂尔泰在给雍正皇帝的奏章中说：千百年来，通常是官为主、民为仆，两者如同天性无法避免、无法解除，而广西田州土司（今桂西田东、田阳等部分地区）岑定栋虐待土民的办法"非常法所有"。广西田州与奉议州（治所在今广西田阳县）只有一江之隔，但田州土民即使读书，土官岑定栋也不允许自己管辖之下的民众应考，担心其考上为官而脱离他的控制。因此，每当朝廷举办的科举应试时，田州土民都只能听到应试爆竹声而叹息。②

土官为了巩固自己的统治地位，便于对人民（特别是农民）进行政治上的压迫，建立了一套为自己服务的禁例和封建礼法。据调查和碑文的记载，有下面的规定：

百姓不能建筑火砖屋，屋顶不能做西牛角式，有功名的人只能起火砖屋。赵尚璧是本街的秀才，因为起西牛角屋，土官叫土兵用枪打下来。乡下人不能穿白色或花衣服，不能拿雨伞进街（街上的人则可以），没有功名的人不能戴红封帽。生员不许出入街门办事。土官出街时，百姓不能坐在门口或站立观望、抽烟，等等。广西田州，土官所设定的等级关系还决定了土官对治下农奴的人身控制，包括生杀大权和人身占有。田州土官管辖下的农民哪一家的女儿长得稍有姿色，土官就会招来占有，不准这家人的女儿出嫁，未经土官允许也不能把其生辰八字给别人。③

在安平土司辖下（今广西崇左市大新县境内），庄内分为四个等级：一等是土官、官族。他们拥有大量田地，也是最高统治者。二等为管田，是土官在庄内的代理人。他们从土官那里领有土地，不交租粮，也不服劳役。三等是自由农民，有自己的份地，不耕种庄田，不服劳役，但不得上山打猎砍柴，也不得穿白衣服。最后一等是农奴，从土官那里领有份地，自称"勒那"，每年缴纳租谷；地位低贱，不准穿白衣服、拿白扇子和骑马；土官到时要将晒在竹竿上的衣服拿下，前往路旁跪迎；见官时要口

---

① 《广西壮族社会历史调查》（四），民族出版社2009年版，第357页。

②③ 《清史稿》卷五一二。

含着草，意为牛马。① 清道光时的土官李秉圭某天突然决定出衙巡游，当时安平街正值圩日，街头上人头攒动，众人无法回避，只好都匍匐在路边不敢声张，低头等待土官的大轿经过才能起身。安平土官如果下乡远行，开道的差役必然吆喝，路上行人须迅速让道回避。他所到的村屯，头人须率村中老人跪在村口迎接。土官进村后，头人等还要对土官磕三个头才能起身。村中各户需要收好各种衣服杂物，男女老幼不能随意走动，村里的成年男子依次向土官参拜，盘坐地上聆听土官训话。土官如果在村里留宿，村民必须备办丰盛的酒菜小心伺候，稍有冒犯或怠慢便会招致横祸，而招待土官的所有费用都由村里的头人向村民摊派。②

壮族土司对土民的控制，还体现在对土民的暴虐纵淫、作威作福方面。新宁州（属今广西崇左市扶绥县）州志记载：有的土民家中稍有姿色的女子，土官可以任意挑选，或者霸占收留在家中数月后才遣送回家。③

七、壮族地区改土归流

刘锡蕃在他的《岭表纪蛮》里对于土司鱼肉百姓、草菅人命的种种行为也做了描述："所谓土司，实即一贪残无知之专制官长，生杀自擅之土皇帝，而蛮民即寄命于其刀俎之下，以度其地狱生活。彼之官世官也，彼之民世民也。田产子女，惟其所欲，苦乐安危，唯其所主，草菅人命，若儿戏莫然，有咨太息于其侧者。"

清代，广西改土归流始自雍正初年。雍正四年（1726）春，云南巡抚鄂尔泰上书说："广西土府州县峒寨等司五十馀员，分隶南宁、太平、思恩、庆远四府，多狄青征侬智高、王守仁征田州时所留设。其边患，除泗城土府外，馀皆土目，横於土司。"④ 此时，土司已被视为边患。鄂尔泰还认为：前明做流官与土官的区分，主要是这些地方为新开辟的疆土、烟瘴之地。朝廷还不了解当地的风土人情，因此因地制宜，委任当地首领进行弹压治理。现今已经过去数百年，还在沿用"以夷治夷"的政策，最终会导致"以盗治盗"。苗、倮社会没有追缴赃物、杀人抵命之担忧，当地土司也无被革职削地的惩罚。即使发生大事被上司知悉，也往往行贿了事，上司也不深究。

①② 《广西壮族社会历史调查》（四），民族出版社 2009 年版，第 201、20 页。

③ 《新宁州志·土属志》。

④ 《清史稿》卷五一二。

历代中央王朝对于土司均采取宽容态度，而对流官违法行为则严格按律惩处。如，南丹州在宋太祖赵匡胤开宝七年（974）时，由壮族莫洪请求内附，朝廷为其赐牌授印。康熙四年（1665），莫洪的族人莫淮阆的一头牛逐水草来到金城州河池县，宜州牙校周承鉴用这头牛进行耕作，莫淮阆三次派人来想取回耕牛，但周承鉴拒绝归还，前后使用耕牛共10天才放走耕牛。此事惹怒了莫淮阆，他率领乡兵60人抢走周承鉴家财，并将当地莫世家的六头牛牵回南丹，最后朝廷派人弹劾周承鉴，并下诏处死弃市。但对于土司违法所为的处理，则完全相反。南丹州土司莫洪死后，其弟莫洪皓世袭官职成为南丹州刺史，另一个弟弟莫洪沅心怀不满，带着妻儿家人投奔宜州。莫洪皓认为莫洪沅背叛自己，几次率兵攻打莫洪沅。莫洪沅上书请求发兵讨伐莫洪皓，但朝廷认为应按蛮夷的习惯对其采取羁縻措施，不愿为此事兴师讨伐莫洪皓。①

朝廷对于牙校周承鉴占用他人耕牛导致土司的族人劫财报复，因存在“诱群蛮为寇”即引起土司族人暴动的危险而下诏“弃市”，但对于土司之间运用私人武装兴兵攻伐却“不欲为之兴师报怨”，仅仅下诏戒敕，可见土司无杀人偿命、革职削地之忧。

广西壮族地区的改土归流，在不同时期有不同原因。在明朝，有的土司是因为无人承嗣而改土归流的。如上石西州，宋属永平寨，元属思明路，明初属思明府，至万历三十八年（1610）改属太平府。州更土官赵氏、何氏、黄氏凡三姓，皆绝，始改流官。又如下石西州，宋分石西州置，元属思明路。洪武二年（1369），土官闭贤归附，授世袭知州，设流官吏目佐之。

到清雍正初年，即雍正四年（1726）春，鄂尔泰提议改土归流。其理由如下：

云贵大患，无如苗蛮。欲安民必先制夷，欲制夷必改土归流。而苗疆多与邻省犬牙相错，又必归并事权，始可一劳永逸。即如东川、乌蒙、镇雄，皆四川土府。东川与滇一岭之隔，至滇省城四百馀里，而距四川成都千有八百里。去冬，乌蒙土府攻掠东川，滇兵击退，而川省令箭方至。乌蒙至滇省城亦仅六百馀里。自康熙五十三年土官禄鼎乾不法，钦差、督、抚会审毕节，以流官交质始出，益无忌惮。其钱粮不过三百馀两，而取於下者百倍。一年四小派，三年一大派。小派计钱，大派计两。土司一取子妇，则土民三载不敢婚。土民有罪被杀，其亲族尚出垫刀数十金，终身无见天日之期。东川已改流三十载，仍为土目盘踞，文武长寓省城，膏腴四百里，无人敢垦。若东川、乌蒙、镇雄改隶云南，俾臣得相机改流，可设三府一镇，永靖边氛。此事连四川者也。广西土府州县峒寨等司五十馀员，分隶南宁、太平、思恩、庆远四府，多

① 《宋史》。

狄青征侬智高、王守仁征田州时所留设。其边患，除泗城土府外，馀皆土目，横於土司。且黔、粤向以牂牁江为界，而粤之西隆州与黔之普安州逾江互相斗入，苗寨寥阔，文武动辄推诿。应以江北归黔，江南归粤，增州设营，形格势禁。此事连广西者也。滇边西南界以澜沧江，江外为车里、缅甸、老挝诸土司。其江内之滇沅、威远、元江、新平、普洱、茶山诸夷，巢穴深邃，出没鲁魁、哀牢间，无事近患腹心，有事远通外国，自元迨明，代为边害。论者谓江外宜土不宜流，江内宜流不宜土。此云南宜治之边夷也。贵州土司向无钳束群苗之责，苗患甚於土司。而苗疆四周几三千馀里，千有三百馀寨，古州踞其中，群砦环其外。左有清江可北达楚，右有都江可南通粤，皆为顽苗蟠据，梗隔三省，遂成化外。如欲开江路以通黔、粤，非勒兵深入，遍加剿抚不可。此贵州宜治之边夷也。臣思前明流土之分，原因烟瘴新疆，未习风土，故因地制宜，使之乡导弹压。今历数百载，相沿以夷治夷，遂至以盗治盗，苗、倮无追赃抵命之忧，土司无革职削地之罚，直至事大上闻，行贿详结，上司亦不深求，以为镇静边民无所控诉；若不剷蔓塞源，纵兵刑财赋事事整饬，皆治标而非治本。其改流之法，计擒为上，兵剿次之。令其自首为上，勒献次之。惟制夷必先练兵，练兵必先选将。诚能赏罚严明，将士用命，先治内，后攘外，必能所向奏效，实云贵边防百世之利。①

鄂尔泰认为，土司地区看上去社会安宁，边民无所控诉，但不铲除根源，堵住漏洞，不是治本之策，只有采取改土归流才能解决这一问题。鄂尔泰的建议为朝廷所采纳，"世宗知鄂尔泰才，必能办寇，即诏以东川、乌蒙、镇雄三土府改隶云南。六年，复铸三省总督印，令鄂尔泰兼制广西"②。自雍正四年（1726）至雍正九年（1731），壮族地区"蛮悉改流"③。

但清代的改土归流并没有完全实施，广西部分地区的土司一直到民国时期才被撤并。如：上龙土巡检司衙门（今属龙州县）于明洪武二年（1369）置设，直到民国十七年（1928）才并入上金县；永顺正土长官司衙门（今属都安瑶族自治县）于明弘治五年（1492）置设，直到民国十六年（1927）才被撤销，并入宜山县；永顺副土长官司衙门（今属宜州市）于明弘治五年置设，在民国十六年并入宜山县；永定土长官司衙门（今属宜州市）于明成化二十二年（1486）置设，直到民国十六年才被撤销，并入宜山县。

---

①②③ 赵尔巽：《清史稿》卷五一二，土司一，湖广，guoxue. lishichunqiu. com/shibu/qing-shigao/4966. html. 最后访问日期：2015. 12. 5.

JUNSHI ZHIDU

第三章

军事制度

一、寓兵于民，民即是兵

但凡社会发展，必然离不开维护秩序的军事力量和军事制度。壮族社会的军事制度主要体现在寓兵于民，峒丁或田甲闲时为民，勤于操练，战时为兵。其成熟的军事制度主要体现为土司对私人武装的管理控制与战时纪律。

土司治下实行兵民合一的制度，身体强壮的作为峒丁，需服兵役。土司对土民控制之严，甚至官府都不能调用。《岭南代答》记载："邕州左、右江提举峒丁，与夫经略司买马干官兼提举，皆此职也。熙宁中，系籍峒丁四万余人，今其籍不可考矣。官名提举，实不得管一丁。而生杀予夺，尽出其酋。钦州峒丁，虽不如邕管之已甚，所以奉其酋者，亦类此。尝闻道家有言，人罪重者，谪为边民，罔有艺极。峒丁日各以职，供水陆之产，为之力作，终岁而不得一饱。为之效死战争，而复加科敛。一有微过，遣所亲军斩之上流，而自于下流阅其尸也。日昏，酋醉酣，杖剑散步，峒丁避不及者，手刃焉。类以此为服人之威，何其酷也!""官名提举，实不得管一丁"，是壮族土酋对其手中军事力量控制的写照。溪峒的首领将峒丁视为自己的私人武装，官府无法调用，只有钦州七峒的峒丁可调用于戍边，"官欲用其一民，不可得也"①。

《岭外代答》又载："邕州溪峒之民，无不习战，刀弩枪牌，用之颇精。峒民事雠杀，是以人习于战斗，谓之田子甲，言耕其田而为之甲士也。又朝廷马政，正在其地，所谓良马，彼多得之。峒豪颇习骁骑，峒官出入，前驱千人，后骑数十，整整不乱，亦谓之马前排。靖康之变，峒兵有勤王者，遗老犹能言之，曰：'峒民素俭，勤王之役，日得券钱，积而不用。比归，人有二三百缗之积。'至今以为美谈。尝有官员，自依峒借人夫至钦，所从数人，道间麋兴于前，能合而取之；鸢飞于天，能仰而落之。一夕逆旅劫盗，人有惧色，惟峒人整暇以待，盗不敢前。昔汉高祖用板楯蛮以取关中，武王伐商，亦用微、卢、彭、濮人，正使今日有疆场之事而用之，当必有功。"上文中的"田子甲"成为土司的私人武装，专门为土司从事仇杀，相对于其他民众更显得训练有素。②

壮族溪峒的首领擅长骑射，出入讲究排场，有势力的首领可控制的土兵人数众多。在《岭外代答》的记载中，其排场规模可谓宏大：前方兵士上千人，后方还有几

① 《岭外代答·峒丁戍边》。
② 《岭外代答·田子甲》。

十骑兵，整齐有序，又叫“马前排”。① 其所用兵器有桶子甲、长枪、手摽偏刀遏（鎟）牌、山弩、竹箭、桄榔箭等。土司的武装已经有了军纪与阵法，在进行相互仇杀时，双方会排兵布阵，展开两翼对敌人进行包围。一般而言，人多而能围住对方的一方将会获得战斗的胜利。② 对于军事号令，能够拥有并指挥部族武装的首领以铜鼓为号召集队伍，士兵则闻鼓为号，服从命令，闻鼓即至。《明史·刘显传》亦说：“得（铜）鼓二三，便可僭号称王。击鼓山寨，群蛮毕集。”

土司为了提高其家丁、峒丁的战斗力，除了分配田地给其耕种，还要“教以武技”，土兵平时也勤于操练。宋嘉佑七年（1062），广西的土兵有39800人，平时分队练习枪、镖与行进阵法，在初冬时到州府进行检阅。为不影响收割，练兵时间改从十一月开始，一月罢。③ 邕州、钦州各溪峒的兵力以30人为一甲，设一个节级为首领；五甲设一个都头为首领；十甲设一个指挥使；五十甲设一个都指挥使。各相邻溪峒相互照应与救援。④

寓兵于民既是土司统治下壮族社会的特点，也是朝廷驻兵及让兵士参与农耕、增加钱粮赋税、节省军费的需要。明天顺元年（1457），户部奏：“思恩存留广西操练军一千五百人，有误种田纳粮。乞分为三班，留五百人操练，免其粮七百七十余石。放回千人耕种，征其粮千五百四十余石，俟宁靖日放回全征。”“从之。”

怀远为柳州属邑，在右江上游。“明隆庆时，大征古田，怀远知县马希武欲乘间筑城，召诸瑶役之，许犒不与。诸瑶遂合绳坡头、板江诸峒，杀官吏反。总制殷正茂请于朝，遣总兵官李锡、参将王世科统兵进讨。官兵至板江，瑶贼皆据险死守。正茂知诸瑶独畏永顺钩刀手及狼兵，乃檄三道兵数万人击太平、河里诸村，大破之，连拔数寨，斩贼首荣才富、吴金田等，前后捕斩凡三千余，俘获男妇及牛马无算。事闻，议设兵防，改万石、宜良、丹阳为土巡司，屯土兵五百人，且耕且守。”⑤ 在怀远等屯田驻守的士兵部分为本地的土兵，部分兵力则是从中原调遣南下的士兵，一些士兵在长期屯守之后就在当地安居落户，融入当地社会而成为本地人。

---

① 《岭外代答·田子甲》。
② 《桂海虞衡志》。
③④ 《宋史》。
⑤ 《明史·广西土司列传》。

二、团练组织为地方武装

各地的壮族社会有同样或类似的军事组织及军事制度。如在天峨县，团练组织一直到民国二十年（1931）前后成立保甲制度时才取消。在天峨县白定乡，男性参加团练、维持社会治安是应尽的义务。但团练没有固定的组织，有匪情时集中堵击，无事则分散在家。团练由团首负责指挥，下面每一亭又设立拾长负责全亭团务。社会治安较差时，白定乡每年在那良村进行九亭“议团”，并形成惯例。“议团”由团首主持，各亭订立集体防卫合同，相互支援，严禁通匪，违者处决示众。团练使用较原始的武器，各人自备刀、矛、标枪、木棍、斧头等。有土匪侵袭时，以牛角为号，各村团练在拾长的带领下人人集中，头包白巾、背插青叶为号听从指挥。如有阵亡或受伤，只能由各家自行埋葬或治疗，没有任何抚恤。军事行为时，白定乡壮族有各种各样的禁忌：煮饭不能煮夹生饭，它意味着可能发生意外；饭煮熟后表面如呈红色，则不能进行军事行动，因为必有损伤；出发前，不许妇女手摸武器，不讲不吉利的话，等等。①

在广西龙胜龙脊乡，民间武装组织也是以团练的形式出现。团练组织由官府发给委牌，同时，龙脊乡的团练还有明显的自治组织的性质。在龙脊乡订立的《龙胜南团永禁章程》《众寨公议地方禁章合同书》中约定：“立即经鸣大团，一呼百诺，患难相顾……不得远望旁观。”龙胜的许多乡规民约中都有“守望相助”“起团堵御”“遇盗劫等事，立即吹螺鸣钲为号，齐出追捕”②的规定。《禁盗贼》中的公议条例云：“议团钉牌通晓，每月朔望之日，鸣锣示众。自禁之后，各宜共守约法，毋背议徇私，倘有盗棍仍蹈前辙，众等辑获，即当送究。”

从以上记载可知，团练作为一种军事组织，既有官府委任的性质，也有民间武装组织的性质。其平时所起作用主要是防盗缉凶，如遇社会重大动荡事件，则参与抵抗或镇压行动。

据咸丰五年（1855）《呈请奖赏超荐阵亡者呈文》记载，因天地会领导人孔亚福带兵攻打龙胜，龙脊齐集团练2000多人参与对天地会的作战，阵亡14人，伤10多人。③龙胜龙脊地方武装的军事决策与作战纪律有：发现敌情即通知本寨头人，头人通知团总和各寨头人，接获通知后赶到平段开会讨论，决定由头人回各寨子通知群众执行。若敌情紧急，则鸣放地炮两响，再急则连鸣两次，最急则连鸣三次。各村同样

①②③ 《广西壮族社会历史调查》（一），民族出版社2009年版，第18、112、112页。

鸣炮以示知悉，本村内则鸣锣吹螺通知各家各户青壮年携带武器出战。除了鸣炮通知，头人还会将写好的信和烧过的鸡毛插在竹片上直送各村头人以示十万火急。①

三、土司武装兵制完备

土司制度中，土司权威得以维持的支柱性力量就是可以拥有自己的私人武装。拥有武装的土司不仅可以加强自身权力，镇压农奴的反抗，而且可以攻城略地，外拒来敌，甚至与朝廷对抗。在长期社会发展中，壮族土司的武装力量逐渐形成了有效的控制制度、奖惩制度与操练方法，使峒丁、寨丁、田子组成的武装具有极强的战斗力。

有宋一代，土司的武装还有“峒丁”“马前牌”等称谓，而到了明代，则土司武装以“狼兵”“俍兵”闻名。狼兵主要来自于桂西、左右江流域的土司统治地区。《明史》中说：“广西东兰、那地、南丹、归顺诸狼兵。”② 明正统二年（1437），广西镇守总兵山云向朝廷提出：左、右两江土官所管辖的地方，人多田少，而“其狼兵素勇，为贼所惮”，为防大藤峡等处“瑶寇”，可拨田州等府的首领和土兵分界耕守，以断“瑶寇”出没之路。这是明朝第一次出现“狼兵”的称谓。③

在《赤雅》中，广西狼兵以凶猛强悍著称：“狼兵鸷悍，天下称最。”④ 由于狼兵凶猛强悍，名声在外，广西狼兵多次根据朝廷的征调，镇压广西、广东各地民众的暴动。“成化时，征田州及经略安南，举弭节兹土。后因瑶蛮不靖，往往仗狼兵，急则藉为前驱，缓则檄为守御。”⑤ 明天顺八年（1464），监生封澄奏请朝廷调遣狼兵镇压大藤峡、渌水、横石等山以及藤县、太平等乡啸聚掳掠的瑶僮。明弘治六年（1493），湖广按察使陶鲁也说：“凡征剿猺獞山巢，多用狼兵。”明隆庆四年（1570），南京太仆寺少卿殷从俭在奏书中说：广西为乱的只有僮，而僮所敬畏的只有狼兵。此处的记载似乎表明，在明代，狼兵与僮仍然有所区别。从史籍中可知，狼兵所指应为左右江流域和桂西田州东兰、那地、南丹、归顺等地的土司武装，而僮在广西、云南的分布远超出这些地区。明嘉靖三十三年（1554），经曾任两广总督的张经提议，从广西田州、归顺、南丹、东兰、那地调五千狼兵由瓦氏夫人率领赴浙江抗击倭寇。瓦氏土司

---

① 《广西壮族社会历史调查》（一），民族出版社 2009 年版，第 112 页。

② 《明史·兵志三》。

③ 《明英宗实录》。

④ 《赤雅·狼兵》。

⑤ 《明史·广西土司列传》。

虽然是女流之辈带兵出征，但她所带领的狼兵在抗击倭寇中“颇有纪律，秋毫无犯。至是，瓦氏勇猛，始为敌人所畏服”①。由于瓦氏夫人在抗倭中立下重大战功，而被朝廷授二品官。②

狼兵能够在镇压起义、抗击倭寇中取得令对手“畏服”的效果，和其所采取的严格军事管理制度与训练方法不无相关。清人郑达曾说，狼兵出自东关、南丹、那地三州，能以少胜多，十次出战九次胜。同样的记载，也见诸《筹海图编·附录客兵》。其原因在于，土官所采取的军法犹如秦朝时，军令森严，以夺取敌人首级论军功，因此“兵多不惜死”③。

在诸多广西壮族土司武装中，又以田州、泗城岑氏土司实力最强。田州位于大江边，土势平坦，方圆数百里，可以聚集的精兵上万人，一呼即应。《百粤风土记》中记载，田州土司桀骜难驯，之所以没有袭扰内地，是因为时常与周边土司发生冲突。泗城土司方圆千里，兵力更胜田州土司。明史中也记载，泗城面积颇广，“兵力亦劲”④。这些狼兵“皆骁勇善战”。而土司近卫武装实力更强，不是土司亲自率领不会出动。⑤

在广西安平土司，分驻安平峒的兵丁主要在今那岸乡一带。清《广西通志辑要》载：“安平土州士勇五百名，按粮派拨。”安平土司的军事制度就是寓兵于民，当地每家出一人作为兵丁，平时在家领种土官的田地，从事耕种，自食其力，当土官有事时就会穿上号衣，成为一名带着武器应号服役的士兵。日久天长，他们渐渐融合到广大的壮族之中。不过，这些来自内地的兵丁本来就是种田地的农民，都掌握了比较熟练的农业生产技术，会使用内地各种农具，有的人还有一定的汉文知识，因此在与壮族融合的过程中，自然发挥了进步作用。这对于促进安平地区社会生产和历史的发展做出了很大的贡献，进而使汉、壮族进一步加强和巩固。⑥

四、作战纪律及奖惩制度

古代壮族社会之间一旦发生仇杀争斗，土兵战前都会进行誓师仪式，聚众杀牛，

① ［明］采九德：《倭变事略》。
② 《明世宗实录》。
③ ［清］郑达：《野史无文》卷九。亦见于《筹海图编·附录客兵》。
④ 《明史·广西土司列传》。
⑤ 《粤西丛载》引《百粤风土记》。
⑥ 《广西壮族社会历史调查》（四），民族出版社 2009 年版，第 17 页。

祭神盟誓，并且事先会刻木为盟，以示不违誓言。土兵迎敌时要两人以上共同前进，持长枪者在前，执弩者口衔刀手持弓弩在后，箭射完了，持刀与持枪者一起战斗。土司要求自己的武装单位之间互负照应救援义务，而且责任连带。

侬智高反宋时，他的军队已具有先进的军事策略与战斗纪律。南宋承仪郎李攸所撰的《宋朝事实》卷一六载：“一夕，焚其巢穴，给其众曰：‘平生积聚，今为天火焚，无以为生，计穷矣，当拔邕州，据广州以自王。否则，死于兵刃之下。’”《宋朝事实》卷一六说：“（智高）数出敞衣易米，给言：‘本洞饥，部落散。’珙信其微弱，不设备。”宋人滕元发在《孙威敏征南录》中说：“闻贼之长技，用蛮牌捻枪，每人持牌以蔽身，二人持枪夹牌以杀人。众进如堵，弓矢莫能加，大为南患。”侬智高自行焚毁居所驻地、自断后路的行动显然是意图置之死地而后生，而“数出敞衣易米”则是制造缺衣少食、故意示弱的疑兵之计。在战斗中，每人都一手持藤牌护身，两人持枪进击，一人持牌掩护。部队同时攻击前进时就像一堵墙，弓箭无法伤其身。这种作战方法取得良好的效果，侬智高所部曾占据了广西大部、广东一部。宋吏李觏在《寄上孙安抚书》中说：“鬼将神兵，非人可敌，故锋刃未交，而心胆已碎。后败甚于前败，今日甚于昨日，徒使狂童，谓天无网！此所谓我失于速也。”

对于土司狼兵的军事制度，《峤南琐记》中说：“粤右狼兵，鸷悍天下称最。然多非真狼，真狼必土官，亲行部署，挽出旧制调征狼兵所经过处，不许入城，盖其性贪淫，离家无出，罕御酒肉获，纵货色之欲，含怨怀恨，惟劫于其主之威而已，在有司善御之不则剽悍之性一动不可复制矣。”

《峤南琐记》还载：“东兰那地南丹三州狼兵能以少击众，其总署之法，将千人者，得以军令临百人之将，将百人者得以军令，临十人之将，凡一人赴敌则左右大呼夹击，一伍争求之，若一人战没，左右不夹击者即斩一伍之众，皆论罪及截耳，一伍赴敌则左右伍呼而夹击，一队争救之，若一伍战没，左右伍不夹击者，即押一队之众，皆论罪及截耳，不如令者斩，退缩者斩，走者斩，言恐众者斩，敌人冲而乱者斩，敌佯以帛遗地或争取不追蹑者斩，全与军政所载无异，其论功行赏之法，战没者临阵跃马前闯因而催敌破阵，虽不获级而能夺敌之气者，俱受上赏，押级者论首虏斩级而能冠同伍者，辄以其人领之。”① “岑氏家法七人为伍，每伍自相为命，四人专主击刺，三人专主割首级，七人共之割首之人虽有照获主击刺者之责，但能奋杀向前，

① 《峤南琐记》。

不必武艺之精绝也。”①

土司武装最基本的单位是以七人为一伍。在邕州和钦州，则以30人为一甲。《峤南琐记》中对岑氏兵法的记载在《赤雅》中也有类似内容。田州、泗州的岑氏土司在长期争斗中已形成较为成熟的《岑氏兵法》。《岑氏兵法》规定：七人为一伍，每伍自相为命；七人之中四人专门负责击杀，另三人专门负责割取敌人首级。战斗中所获敌人的首级，七人共同所有。负责割取首级之人，虽然有照顾负责击杀之人的责任，但也能奋勇杀敌。而连坐之法的体现在于：一人攻击敌人，整伍必须全力护卫救助，否则损失一人，整伍均被斩首。

清《筹海图编》的“客兵”中记录了狼兵的作战与奖惩之法：“其所部署之法，将千人者得以军令临百人之将，将百人者降临以军令临十人之将，凡一人赴敌，则左右人呼而夹击，而一伍皆争求救之，否则一人战没，而左右不夹击者，临阵即斩其一伍之众，必论罪以差，甚者截耳矣。不如令者斩，退缩者斩，走者斩，言恐众者斩，敌人冲而乱者斩，敌既败走，佯以金帛遗地或争取而不追蹑者斩，一切科条与世之军政所载无以异，而其既也，所谓论功行赏之法，战没受上赏，当临阵跃马前闯因而摧敌破阵，虽不获级而能夺敌之气者受上赏，斩级者论首虏以差，斩级而能冠所同伍者，辄以其人领之，故其兵可死而不可败。”②

从这段记录可知，广西土司地方武装已经建立了完整的按等级高低确定指挥权的体系，规定了战时应斩的六种情形。有罚有奖，规定战死者、夺敌之气者等几种情形得到奖赏，因此士兵用命，可死不可败。③

壮族土司形成了奖罚分明、纪律严明的军事制度。《瓦氏夫人小传》中说，岑氏土司有严明的军纪：“一不许骚扰百姓；二不许奸淫掳掠；三不许马踏禾田；四不许违犯军令。”④ 对于违反军令、劫掠百姓的士兵，可以就地处决。《粤西丛载》中记载，瓦氏夫人应朝廷调令前往浙江抵御倭寇时，所率之部军纪严明，不侵占民众一丝一毫，对敢于抢夺群众食物的士兵立即捕杀，处决之快甚至食物还没来得及下咽。“广西女土官瓦氏，率万人来援。泊胥关月余，驭众有法度，约所部不犯民间一粒……部夷夺酒脯者，立捕杀之，食尚在咽下”⑤。壮族军事制度的初步形成使一般

---

① 《赤雅·岑家兵略》。

②③ 《筹海图编·经略·客兵》。亦见载于《峤南琐记》。

④ 《瓦氏夫人小传》（藏田阳县档案馆）。

⑤ 《粤西丛载》。

的村寨拥有了保护社会安定的力量，对于土司来说，则是保护自身利益、夺取土地人口资源、镇压村民反抗必不可少的力量。

在龙胜龙脊，除了出现敌情要召集头人会议决定对应、情急之下鸣炮示警、各村寨互相通报和相互支援，由于多为山区地形，因此团练作战首先要守好出入的隘口，派出老人带上香火、米和公鸡到隘口以镇定人心，同时准备石垒、木头做防守之用。老人会请道公到庙中许愿，请阴兵协助，胜则杀鸡宰羊祭神。在攻击时，敲锣击鼓、摇旗呐喊以鼓士气。如果哪个村没有做到这些事情导致战事失利，小须抚恤死者，办备酒席外还要受到十三寨的集体制裁。军事行动期间还有许多禁忌，如：妇女不能触摸武器；男人不能跨过别人的武器；不能讲不吉利的话，等等。对于战争中伤亡的处理，一起作战的人要抢回本方士兵的尸体，由公众或家属掩埋处理，没有抚恤，伤者也自行医治。

壮族武装组织除了土司和团练，还有一些地方形成颇具势力的农民军队。如唐上元元年（760）少数民族莫涛组织反唐军与西原少数民族黄乾曜等反唐，反唐军已具有相应的军事组织与纪律，直到唐大和八年（834）反唐力量遭到分化瓦解，长达近百年的西原战事才逐渐平息。清咸丰元年（1851），广西爆发太平天国起义。太平军在发展初期，其人员主要来自广西，许多是沿途加入的壮族群众。太平军军纪严明，下为太平军在经过西林县时的安民告示：

太平军过西林《安民告示》①

英雄必有难，洒血为良民，本乃太平天国之兵也。威风凛凛，旌旗飘飘，率兵出城，兵强将勇，确数难之定也。五湖四海，大江南北，印泥鸿爪，全遍神州。顷时，翻江倒海，关山渡岳，鞋断袜烂，未料今日，莅之那羊亭（今隆林岩茶乡那羊村），特此挥笔，此之告示。太平天国之兵，原是为国，萍踪之理，掌管江河，守卫国庭，时常兵盛，维护昌荣。但见那羊之地，山险岵峻，人庄微数，难保度日。因此，特此示命黎民，取交物资，肥猪五百头，此等物资无定数，以交为贵，依价讨平，爱者添福，抗者夭亡，若有充毒（因当时西林定安、那劳等一些土豪劣绅故意将毒药如桐油等物放入粮食中给太平军食用中毒，呕吐不止），王法难容。有人抗令，割耳插线，全斩首情。望苍天未惧，本是为朝之劳。与众同舟，鱼水相呼，军纪早定，滴水良民不许害，草木不许动一根。遵此所规，得延寿岁，度品南风，良民服顺。于是声明，由于人多，过山山倒，渡河河干，威过猛兽。城中慌乱，夜睡不安。莅之地也，首于

① 《广西少数民族地区碑文契约资料集》，民族出版社2009年版，第225页。

此尾在远方。由于人多，难守法规，劫民财物无数，烧宅无穷，原有拥民之意，而变反民之心。烧残良民，笔楮难究，望民敬奉，死而凭吊。杀凶有赏，抚善存恩。为此固乾坤结耿，世代常存，前头英雄，谁人重想，兵将多少，苍人均睹。每当过阵，七天七夜，胜蚁搬巢，依实可证。八万八先锋首，九万九扛大炮。此告金墨玉纸，万元一失。思深情厚，永此悬思。若有逆意，斩首干净。所令之物，于此顺付，依此确定，不敢空言，所许是实。

咸丰十年三月

从以上告示可看出，路过西林的太平军军纪严明，不侵犯老百姓财产，公平交易，规定“滴水良民不许害，草木不许动一根”。

五、清代广西军事制度

清代以来，由于改土归流和扩大驻军，中央政府在广西的军事力量与分布控制已相对成熟，但各地仍然不断有农民武装斗争出现，各地土官的武装已处于相对较弱的状态。因此，当地方有事时，土官或府衙经常需要呈请朝廷拨付军费或派兵镇压围剿。从以下所列的若干土官呈文中可以看出清代包括土官地方武装在内的广西地方军事制度的一些特点。

下文为广西天等县镇结土官呈文之一，大意为该土官欲带领壮族土目及其数千骁勇之兵前去克复郡城。从其内容来看，似因小张三天保之乱而请求捐付军饷。

请给关防督办军务并予捐经费文①

敬禀者，窃卑樗庸才，备员下吏。沐受　皇恩初邀，宪眷久知郡城被陷，其中百姓尽被蓄发，胁莅殆欲大举义旗，以清妖孽。如地方编（偏）小，职分卑微，心固有饬（馀），力实不足。然而郡垣为汉、土各属重地，政教所出，岂究狐鼠潜踪蕉符盘踞。倘不早日挥（恢）复，必将虎视各属。彼时滋蔓，难图噬脐，何及第口，城地岔险固，贼势枭张，非兵精粮足，出奇制胜，万难成功。回想招安，卑属之壮目□□等，现率数千骁勇，非常渠离绿林之流，久有迁善天心。每思广缘归正，苦无其隙。兹知郡城久陷，屡求卑职转禀　宪台，原以卑职率带克复城池邀功，痛改前愆。　壮目□渠，即有向善之心，何防（妨）许其自新之路。况曾奉广西总局转奉两江总督，曾递来行散歌一道，卑职抄录贴晓谕外，卑职三复再四胁徒罔用治，抑且渠魁免歼。

① 《广西少数民族地区碑文契约资料集》，民族出版社2009年版，第111页。

仰见□□当今仁慈，过了各　大宪好生为德，是以卑职不揣冒昧，意欲带领壮目□□等，前去克复郡城。复念卑职拒（距）郡之遥，难以远负储粮，且不能料空日期成功。军必以粮为先，一旦缺乏，大事难济，伏思太郡为汉土之本，况今不能请领经费，惟仰恳札伤各属派捐委员催收，以济接济开仗花红。军中需费，卑职浅愚之见，未悉是否。如蒙恩准，卑职督带并邀给督办军务关防，俾昭信献，成功之功（日），速即缴销。应否施行，候宪批示饬遵。为此具禀，恭请崇安。伏乞　慈照，卑职谨禀。　乞恩给予关防督办太郡军务，捐各属经费，以资接济由。

该文主要是土官所管辖的地方壮目率领兵勇数千原为招安而来，现带领壮目去收复郡城，所需经费希望由上级官府拨付。

下文亦为1956年广西少数民族社会历史调查在广西天等县收集的镇结土官呈文，大意为小张三为乱据郡城，被击败后又继续盘踞离城20余里的马隘圩，太平府浩伦土州、向武土州、上映土州、镇远土州等操办壮族团练、声援剿匪，欲进兵围剿，特此请示。

申禀剿除匪孽以靖地方文①

太平府浩伦土州冯□□、四州会禀稿协理向武土州黄□□、上映土州许□□、太平府镇远土州赵□□禀：

大老爷钧座，敬禀者，窃卑土州等。质类蒲掠，情联桑梓，欣依越荫，共乐棠阴，迹维阻乎。虽趋心实切，于驾奋昨。

三月间，小张三逆匪，攻扑郡城。卑土州等亟应同举壮练，其愤声援。只因下游股匪出没无常，是以有志未逮。嗣闻该匪被击奔业，具征　宪台经文滞（纬）武，原垪深仁及乎，民心是从，各练用命，切未匝月，已将该匪剿除。卑土州逖听之下，不胜欢腾。但今该匪尚踞业路之马隘圩，离城仅二十余里，蔓延为害，荼毒生员，实堪痛恨。卑土州等，志切同仇，窃思共奋。现据回州团总禀称：客团□□素具忠诚，所带壮练，不过数百，均系急公好义。兹愿自备经费米粮药铅一切支费，率带回州壮练，赴郡攻剿张三逆匪，务清妖孽，并将镇郡汉土各属，所有醜类尽行扫逐出境，以副　宪台逾格栽培，屡次谕调之至意。等情据此，卑土州等，伏查太、镇两府，地本毗连，而陆□□充各州团总，住扎其间，已有数载，素养公平交易，知义守法，并不敢滋（事）生端，诚为可用之材。现在小张三逆匪久踞天保县，生民涂炭。今该团总既愿投诚报效，洵属奋勇可嘉。卑土州不揣冒昧，舍具芜禀，共邀　宪恩俯准所情

① 《广西少数民族地区碑文契约资料集》，民族出版社2009年版，第112页。

(请)，则卑土州等公同帮洽米粮六□斤，以资剿办。其余不敷支用，均该客团陆□□自行拔囊。务将小张三全股扫灭，以靖地方，不敢异志，亦不敢使各壮藉词生端。若有不法妄行非义，即为卑土州等及该团总是问。理合联情真保，恳请批示饬遵，则感荷鸿恩于无既矣。肃此具禀，恭请均安。伏乞垂鉴，卑土州□□□、□□□谨禀。

□□□

该文为浩伦土州、向武土州、上映土州、镇远土州四州共同呈文。在小张三起事中，这些土州都举办团练，而匪徒还盘踞在离城20里之处，客团所带的团练数百人愿自备经费粮钱前去围剿张三，现四土州愿意资助米粮给该团练，其他不足由其自行解决，并为其提供担保。该文表明团练的经费来源为自备。

呈报剿除匪患以靖地方文①

太平府佶伦土州团总六品军功沐恩□□□谨禀：

大人阁下敬禀者，窃沐恩原属土州团总，系现任应袭土官□□叔祖。缘土州与镇远土州及镇安府向武土州界连壤接，于咸丰七年内，被游匪黄见安、小张三纠党千余人，窜入各土州属；分头起闸盘踞。三州向地土州等力承（弱）练单，剿击乏术，致该匪肆行无忌，连年扰害，民不聊生。迨至十年内，三州合商招雇果化客团□□□，带练合剿。前后两年，始逐出境。维时贼风四起，土司叠遭蹂躏，兼之黄见安等离境不远，百姓恐其报复，不得不藉外援。切而三州官民，合募□□□充当壮目，联络守御各属，稍获安谧。旋于上年四月间，奉镇安府

宪兴谕，饬向武土州调该壮目带练赴解城围，随蒙保把总蓝领，兹逢移师南色，该把总自愿捐兵米□□勋，解送行较，傅申下悃。此款曾托多人，未邀批示，该把总因而观望不前。以沐恩乃是土州籍，历年招募，均属相信相安，求其代为据情缕陈转禀，倘荷

宪恩格外旋俯。如该把总□□即竭力筹办解赴，另具亲供禀请所辖各土州出禀，加具印信，转呈

宪辕，俾该把总躬听候差，仰副

大人培成之至意。倘后该把总□□，如敢再因循窥避异志，抗违情弊等事，沐恩与各土州愿甘同罪。理合据情缕禀，伏乞

察核示饬遵。并恳转禀抚宪施行，实为

---

① 《广西少数民族地区碑文契约资料集》，民族出版社2009年版，第113页。文存天等县群众家中，原件无年月日期，估计为咸丰年间遗文，1956年由广西少数民族社会历史调查组搜集。

德便，恭请福安，沐恩□□□谨禀。

这是太平府佶伦土州团总沐恩的呈文。该文中，也是因咸丰七年黄见安、小张三之乱，佶伦土州、镇远土州、向武土州共同雇佣果化团练对黄见安、小张三进行围剿，将其驱逐出境。三州官民也共同募集壮目，头目自愿捐兵米粮解送，土州土官愿意提供担保。

呈报剿逆军情以靖民安文①

敬禀者，卑职八月十八日驰抵布荷圩接任，曾将查办地方事宜。禀陈

宪鉴惟是厅街未复，卑职抵任之初，闻王士林等军，由归顺一路当出，解散胁从，并谕各团抽捐起练。奈各村曾经扰攘，兼春耕被阻，播种稍迟，终岁勤劳，尽亩又下雨月余，直至十月初收割完毕。仅东西两团，应调而至，正进兵会剿。不料该军初攻安德游匪吴亚中老巢，政失退师，继攻三角塘，竟被下窜三台山，益裤自固。查该处离交不数里，围坚粮广，且一州精华。今要地为贼所计，耗去数万粮米，收寸尺之功，团心愈玩，贼胆愈张。又据十逢团总农杏元等禀报，有白苗吴伪元帅、黄伪提督以及赖杨盘各处头目，共匪二千余人，九月十二日窜入那坡面良、坡五等处，并上窜那冬，上下苟华滋扰。而那用练长杨英德、角塘黄日高、那坡岑和仲等，被抢等情，告急前来；又吴阿中声言来攻布荷营。卑职恐人心不固，曾以北流王芝塘当黎代令，带壮住扎，被客匪范阿音围攻时，大小男妇怨声不绝，因以自缢，暂将棺吊出求免再行取赎，今何不先去，以为民望。本欲亲赴宪台行继，请兵救应，否则百都与滇省毗连，亦当往筹勇粮，与广南刘守商办。奈各苦留，惟有与民守之。假该团总许文辉，重权举为合厅总团，饬于前后山扎营，以待整饬。团勒令归贼者归团，劝各村附和匪村捐助团费，以免剿洗，派练救应。藉此次图功，贼人势孤，当不击自退矣。且闻挡宪声威，吴阿中复有悔众投诚之情，以前因被仇陷害，激逼而成，并非甘心为逆。恩请转禀免罪立功等情。并据团绅□□□等具呈备结前来，潘代悴主剿经年，就地劝捐，财殆力遍，仍恐攻剿骤难得手，不若令退厅街，敛众待命，暂为抬纳，以省兵力。伏乞转禀各团。等情据此。查前代任潘昕，曾禀奉升任，藩司刘统宪批示，奉本道宪札，委御代归顺王令大钧办抚。兹有监生张文奎管带、永义团总陆□□勇练来营效力，困（因）在军营病故。伊胞弟张文甫候选从九品，前劝谕陆□□归正，援解镇安乐城围，曾经列擂请奖。该从九品，文甫运故兄柩旋里，由各绅商派，借同梁树森等据谕，前往贼营与马暑守备开诚布公，陆□□担保令退厅街。该首民吴阿中等，

① 《广西少数民族地区碑文契约资料集》，民族出版社2009年版，第116页。

于□月□日筹谕献世遣散余党，随拔永义团，借各防剿壮练，同往收复，准马署守备带兵出接，惟是衙署皆毁民房亦去过半，荒凉满目，未易安辑劳倈。并据张文甫等，带同民吴（阿）中改名吴鲲、暨所部黄从英等来署谒见。传询之下，尚属各带降众，前往十蓬办苗逆反正力（立）功合将吴（阿）中退出厅衙。缘由驰禀 大人察核，所有厅属前后捐资出力各绅民人等统候剿办苗匪肃清后，再邀 宪恩合并陈明。

该文大意要求各地捐钱组织团练。在攻剿匪徒时，由于各村曾经被流匪所骚扰，且正值春耕，仅东西两团应调而至，最后花了数万粮米，却收取寸尺之功。团练无心再战，而土匪却愈加胆大。该股土匪中，吴阿中有投诚之心，认为他以前是因为被仇家陷害，被逼才起乱，并非甘心为逆匪，因此愿意遣散其部众，请求随同官军剿匪，以免罪立功。该文认为，当地匪患严重，团练力量不济，官军未能剿灭致使流寇四起。

呈报剿除匪患以靖边土文①

敬禀者，案查匪首苏特木，于同治□年五月内，由武缘县结党窜扰卑属，焚烧土署，攻破民间，杀毙男女不计数，掳掠畜物难以枚举。种种肆恶，势若猛兽。呈雄气而过镇远起孽巢，而踞庐偶。维恃贼众练寡，强弱难敌，卑土州惟与民守而已。迨至六年二月内，方荷 提宪按临，卑土州奉札带勇随剿营捕，该匪首等负固抗拒，苦战多月，于五月二十二日三更候，始得计破孽巢。该匪首等溃奔镇安，纠结吴逆出乱越南，中外受毒，同仇共恨。乃闻 大兵进剿，德威浩荡，经已招抚回籍。讵意去岁，仍不知改过自新，聚党复燃，拟于冬间侵入内地。卑土州闻信之，寝不安席，若非早剪萌孽，定为祸生坐大。该匪当一日之乱即为 国家多一日之忧也。卑土州同地方绅团□□□□□□等，再三筹商，悬赏密缉。旋南宁宣化深强村客民黄廷荣，移寓卑属，生理颇明大义，愿敢奋勇领赏密行踊缉。兹接□□前来称报，于本年正月□□日，探至宣化好，业经杀获匪首之苏特木首级，并将赏格一齐投呈兵备道南宁府宣化县各宪外，曾奉委员验看，确实在案，并无虚诬等情。卑土州据此伏思，巨恶授首，蒙福庇以报国恩，闾阎安堵。赖 威扬以靖边土，理合备由，仰恳宪台转详 各大宪备案，俾将来为民出力，知所踊跃办理。地方幸甚，则感 鸿仁远被无既矣。专此具禀，恭请 钧安。伏乞垂鉴，士州□□谨禀。

禀明卑土州悬赏据报杀匪首苏特木首级，呈□道台外，恳恩转详备案，以鼓出力，而地方由。

---

① 《广西少数民族地区碑文契约资料集》，民族出版社2009年版，第124页。

这是苏特木在同治年间由武缘县（今广西武鸣县）起事，由于人数众多而团练寡不敌众，其后苏特木等被围剿后败走镇安并出逃至越南，后又侵入内地，在南宁被宣化县村民黄廷荣击毙。该文显示，清同治年间团练力量不足，致使武缘县的苏特木不断袭扰，出走越南随后又入侵内地，各地甚至边境防务稀松。

以上所列，是不同土官围剿地方武装的调动与使用土官武装的呈文。这说明清朝时广西土司的军事力量已经不像明岑氏土司一样可以自由使用，相互攻伐。清嘉庆六年（1801）至宣统三年（1911），广西的军事领导机构基本上仍沿旧制，省设提督府，掌管全省军事。提督是全省最高军事长官，受地方总督、巡抚节制。咸丰前，广西当局倚绿营兵为主要武装力量，时为 44 营（不含时属广东的 8 营）约 24100 余人，辅之地方武装土兵 13842 人，民壮 2146 人。①

综上所述，壮族社会在长期历史中形成的军事制度有以下几个特点：寓兵于民，平时是民，战时是兵，尤其以佃种的田甲峒丁为代表；团总头人为首，下级服从上级；铜鼓为号，村寨联防；相互掩护救援，违者连坐；军事禁忌众多；民间武装在战时死者、伤者自担其责。土司武装实力雄厚、制度完备，但到清代，由于改土归流等原因，地方武装或因财力不足，或因人数较少，只能对平时的社会治安起维持作用，应对武装暴乱则力不从心，而且中央政府对土司的地方武装力量的行动和经费也实施了严格的控制。

① 《广西通史》。

ZIZHI ZHIDU YU XIANGGUI MINYUE

第四章

自治制度与乡规民约

一、推举首领，铜鼓为号

壮族社会发展初期产生了原始民主制度，其首领由全体村寨的民众推举产生，类似召集的民主选举。但随着社会政治经济的发展，村民中的富有者逐渐积累越来越多的财富，进而建立自己的势力，控制更多的土地和生产力资源。为保护这些财富而组织自己的武装，社会政治分层由此逐次产生。从自治到统治，这是一般社会政治发展的规律。

在古代，壮族民众聚居的村落被称为“峒”，而其首领则由推举产生，壮族“聚而成村者为峒，推其酋长曰峒官”①。壮族地区的溪峒之民有的称为“峒丁”，有的称为“寨丁”。对朝廷来说，这些峒丁、寨丁犹如“化外之民”，对其执法不得不更加宽容，同时不得不注重以权威吓，“法制不得不少宽，威权不得不稍重”。这些寨子位于群山之中，每次寨丁换防不下百人。

对于壮族部族的首领，不同朝代的典籍有不同的记录，即便是同一部史籍，也可能使用不同的称谓，其原因也许在于壮族先民在岭南分布甚广，不同地区、不同部族对其头人的称谓有也不同。如，《赤雅》中说：“土目称其酋曰布伯，谓其百姓曰提陀。布伯，布令之长者。”《赤雅》中的“郎火提陀”一节载：“山中推最有力者役属之，名曰郎火，余止曰火，最下者曰提陀。”

壮族先民的首领从典籍来看，有的称为“峒官”，有的称为“郎火”“布伯”，有的称为“都老”。从记载来看，首领一般是经过推举产生的，推举的对象不是部族中的“最有力者”，就是“富豪者”，原始民主政治的特征很是鲜明。

在《魏书》中，也有关于壮族社会推举首领的记载，“往往推一长者为王，亦不能远相统摄。父死则子继，若中国之贵族也。獠王各有鼓角一双，使其子弟自吹击之”②。

溪峒寨子中有钱的头人铸制铜鼓，铸成后将铜鼓挂在有厅堂之上，以酒食招待众人。需要复仇进行战斗时，就会鸣击铜鼓，到者如云。拥有铜鼓的头人称为“都老”，由民众推选令人信服有威望的人担任。壮族先民首领“都老”的称谓在隋代已经出现，当时壮族先民的一支——“俚人”，其中有铜鼓号令的称为“都老”。汉朝时，

① 《炎徼纪闻》。
② 《魏书·獠传》。

赵佗自称为“蛮夷大酋长”，俚人将其推举的首领称为“都老”。① 在宋廷看来，这些“夷僚”其实是可用之兵，如果经过教化，学会“坐作进退号令旗鼓之法”，“一旦有事，则百万之师，可以遽集”②。

从典籍的记载中可获得的信息是，在古代壮族社会，其首领的产生还带有原始民主形式，经推举产生，而推举的对象应为族群中不是年强力壮有能力的人就是有财富的人，这样的人才能做到“群情推服”。这些“郎火”“都老”“布伯”被推举成首领后，铸铜为鼓，鸣鼓为号。峒丁平时为民，战时闻鼓而聚，成为地方武装。由于广西地处边远，兵力、财力所限，无法如中原腹地一样进行严密控制，因此历代朝廷为了这种偏远地方的靖安而不得不借助“夷蛮之酋”以实现以夷制夷。

二、自治组织与制度

由于壮族社会很早就产生了原始民主制度，所推举出来的首领及其助手构成早期的壮族社会自治组织，其负责人有不同称谓，也早见于史籍。

《粤述》中有关于壮族解决纠纷的办法和寨老的记载：

瑶壮交易文书内云，如有翻悔，与龙角一对，或云凤毛明珠等，常笑其妄。偶读汉书板楯蛮传，秦昭襄王时有白虎为害，王乃重募国中有能杀虎者，赏邑成家，金百镒，时有巴郡阆中蛮人能作白竹之弩，乃登楼射杀白虎。昭王嘉之，而以其蛮人不欲加封，乃刻石盟要，复蛮人顷田不租，十妻不算，伤人者论，杀人得以赕钱赎死。盟曰：秦犯蛮输，黄龙一双，蛮犯秦输，清酒一钟，此盖有所本也。

寨老者，即本地年高有行之人，凡里中是非曲直，俱向此老论说，此老一一评之，如甲乙俱服，即决断。不服，然后讼之于官，当其论赛之时，其法颇古（即刻契结绳遗意）。甲指乙云，某事如何，寨老则置一草于乙前，乙指甲云，某事如何，寨老又置一草于甲前，论说既毕。寨老乃计草而分胜负。③

壮族自治组织的负责人，在不同地区有不同称谓。如：在云南马关县壮族，自治组织的首领被称为“寨老”，其自治组织便被称为“寨老制”；在广西钦州上思县三科村，这种组织被称为“都老制”；在广西西部的天峨县，这种自治组织则被称为

① 《隋书·地理志》。
② 《岭外代答·土丁保丁》。
③ 《粤述》。

“乡老制”；在广西桂林龙胜县龙脊乡，则被称为“十三寨头人制”。

不论这些自治组织被称为“寨老制”“都老制”“乡老制”还是“头人制”，都是诸多壮族村落共同奉行的一种传统自治组织及制度。在这些村寨中，被选为寨老或村老、都老的人在村子中拥有至高无上的权威，他们调解纠纷，安排村落的公共事务，向上还要对土官或官府负责，因此发挥着重要的管治作用。在云南马关县，当地俗称“寨有三老，如像有块宝”，在广西天峨县也有“寨有三个老，等于一个宝”的说法。

这些壮族村寨自治组织的首领，在社会发展的早期由推举而产生。但随着广西各地土司制度的实施，土司们对寨老的控制也越来越严密。在土司的封建统治下，他们下管百姓，上承土司，成为社会控制的一部分。

（一）安平土司郎首制

安平土司旧为“西原侬峒地”，“在（太平）府治西北一百里”。①《桂海虞衡志》载：“旧有四道侬氏，谓安平、武勒、忠浪、七源四州，皆侬姓。”安平古为壮族侬峒之地。安平土司将境内村屯分为“四城八化”，共263个村屯，在每化设置知峒、总化、副峒、掌峒、钱峒、权隘等，各村设有郎首一至数人。这些土目各司其职。其中，知峒由土官任免；总化管理几个村子，也由土官任免；权隘专守隘口，由土官任免；钱峒专收粮赋；掌峒和副峒各管一个大村或几个小村。

郎首由过去的村老衍化而来。村老过去都是由村民选举产生，是各村各屯的首领，但也需要得到土官的认可，构成土官层层统治机构中的一个环节。郎首平时掌管村中具体事务，上承土官命令，催收粮款、差役和贡赋，向村民摊派各种费用，下管村中祭祀，组织各种公益事务，调解村中纠纷。他可以耕种村里的约一半（6亩）的公田，这片公田称为“那郎”。壮语中“那”意为“田”，“那郎”即意为“郎首的田地”，那郎由郎首自行耕种，并不纳粮赋。如，安平地区科桥屯的郎首种植的那郎年可收入3000斤稻谷。较大的村屯推举两个或几个郎目，各管若干户。一般每隔三年一换，然后报请土官、知峒立案。每当郎首新任时，便备办酒、米各10斤和黄豆40斤，并拿出糯米、黏米各10斤，买办供品，请每户家长前来拜祭土地公，共同议事后饮宴，称之为“考郎”（郎酒），要求各户予以支持。郎首既负责公务，又属一村之长，决定了他在本村中的重要地位和作用。村民遇事若见官受罚，一般都请郎首按

① 《广西通志·土司志》。

传统的习惯法调解了结。如儿子长大、弟兄分家，请村中长者主持分配。倘若发生纠纷，便请郎首来审决，只要备办酒肉酬劳即可。在新中国成立之后进行的壮族社会调查中，安平土司辖下的东化板南屯老人覃光全说：百姓发生争执，两边各提一中鸡和酒米，请郎首裁决时边吃边讲，称“和气酒”。许多小事和争端，都在郎首的面前和和气气地得到解决。①

（二）上思县都老制

广西上思县三科村位于十万大山山区，世代生活的壮族有53户200多人，都姓黎，其祖祖辈辈直到解放前夕都奉行都老制。都老制是自古传下来的壮族村民自我管理制度，这种自治组织由都老和酒头两人组成，行使对村民的组织、领导、管理职责。其制度的行使一般由都老通过召开长老会议、村民议事会等，共同讨论、决定和处理村里的重大事情。三科村的都老既是一种尊称，也是一种职务，更是一种自治制度的代表。都老一般由壮族村民民主选举产生，或年迈卸任的都老推荐。对其候选人的要求是办事公道、作风正派、有工作能力和魄力的老人。村里的都老具体承担以下职责：

1. 领导村民制定村规民约。村规民约是约束村落内部行为的规范性文件，一般而言其内容都是关于维护安定团结、组织生产、进行公益等方面。村规民约首先由都老组织村里有威信的老人撰写草案，再召开村民大会进行讨论，最后表决通过。

2. 维护村落社会秩序。维护社会秩序、促使村民遵守村规民约是都老的职责所在。凡是村民有违反村规民约或伤风败俗的行为，如盗窃、争吵打架、强奸通奸、毁人名誉、调戏妇女、不养父母等，都由都老在当事人之间进行调解或进行裁决。都老解决不了的较大事件则由长老会议或村民大会进行讨论，严重的可开除族籍或送官处理。

3. 掌管全村公共财产。三科村都老掌管着全村的荒地、山林等公共财产，是全村集体财产的总管，还掌握上思县黎姓家庭共有的州旧蒸尝田。

4. 掌执集体祭祀大权。三科村都老掌握着上思黎姓家族的祭祀、上坟、经费使用、参与人数等事务决定权。

除此之外，都老还具有领导全村生产和公益事业建设、组织群众开办学校培养人

---

① 《广西壮族社会历史调查》（四），民族出版社2009年版，第28页。

才、领导村民同别村抗衡、主持各种会议的职责。

从三科村都老所掌握的权力中可以看出，都老由村民选举而产生，实际上是村中之长，是村落的最高管理者。被推举担任都老的都是德高望重的老人，他之所以能掌握以上诸多权力，不是因为他是都老，而是其威信足以让其他村民信服，可以执行村规民约及社会习惯管理并裁决纠纷。上思三科村除了都老，还设有酒头作为都老的助手，由都老提名，经群众民主选举产生，主要协助都老从事事务性工作。在上思，除了以黎姓为主的三科村，邻近的丁村以及由施、李、梁、刘四姓组成的孔驮村也实行都老制。①

（三）天峨县乡老制

在广西西部的天峨县白定乡，村落自治制度的主要执行者是乡老、寨头，用俗语来说就是“乡有乡老，寨有寨头”。乡老和寨头在白定乡壮族群众的社会生活中起很大的自治管理作用。

上思三科村的都老很明确由村民们选举产生，程序意义很明确，而天峨县乡老、寨头并没有经过村民选举的程序。能够担任乡老、寨头的是各个村屯中年纪较大、能说会道、处事“公平”的人，他们受群众敬仰而自然产生，是自然形成的民间权威。乡老、寨头的主要任务是为群众排解纠纷。由于没有经过选举，也无组织为其进行任命，村民们之间产生纠纷后是否请乡老、寨头进行调解完全由村民自行决定，而且乡老、寨头并不限于一个人，可以是几个人。村民们可以请某个乡老来排解，也可以请某个寨头来调解，完全拥有选择的自由。村民对乡老、寨头在纠纷调解中提出的意见可以采纳，也可以不采纳。这些乡老和寨头的权威由群众的拥护产生，但不属于统治者的组织体系中的一员，由于没有经过选举或任命，因此不对别人负责，也不承担任何义务，有事请则去，无事则在家务农。

发生纠纷的当事人请哪个乡老、寨头，何时请，如何请，均自行决定。这些乡老、寨头处理民间纠纷时也具有一定的技巧，一般在饭后由乡老们到被告家去说明情况、摆道理，因为担心双方当面对质容易引起争执，影响处理效果。乡老、寨头往往都私下里做工作，直到理亏者在乡老面前赔不是，双方喝了“和面酒”从此消除仇恨，和好如初。

---

① 《广西壮族社会历史调查》（三），民族出版社2009年版，第106—110页。

一般来说，乡老排解纠纷是不要钱的，除非对被告进行罚款，原告者从罚款中抽出10%左右分给各乡老。天峨县壮族社会村民之间的一般纠纷由本屯的乡老解决，大事才请邻近各屯乡老来共同处理。由于都是街坊邻居，乡老们调解纠纷的方式总是大事化小、小事化了，避免群众告到亭目或官府，一者事态扩大，二者双方会被亭目和官府趁机勒索。因此，乡老、寨头很受群众拥护，正如当地谚语所说的“寨有三个老，等于一个宝”①。

（四）龙胜县头人制

据可资查证的资料，龙脊十三寨头人由群众选择忠诚老实、“为众所服者”经由公举产生，并由官府加以委任。至清末民初，龙脊各个寨子仍然有头人存在，有的为一至三人，有的为一人。清末民初的这些头人由群众公认的精明能干、大公无私的人来担任。这时期的头人已无官府委派或委任，完全由群众自发承认，没有经过选举程序，也没有其他手续。头人也没有固定任期，获得拥护，可以终身作为头人；失去拥护，就会失去头人的职权。

据新中国成立初期壮族社会历史调查的资料，龙脊十三寨头人的产生大致有三种类型：

一是能说会道、在群众中有良好印象的人，通过处理纠纷在群众中树立了威信，从而成为头人。如龙辅寨的潘安照，平时略懂笔墨、好评道理、爱管闲事，有一次因寨上挖野坟被其他寨头人控告，龙辅寨头人及主要分子被官府缉拿，他被放出来后反而成了头人。该案中其他寨头人控告挖坟导致被控告的禀文如下：

控告禀文②

具告人龙脊平段寨土民潘日交、日忠、潘光煌等，为造仓挖脉一案遭伤，乞恩赏，提追奠龙神，保全人众事。窃民等平段一寨十家，守分安耕，妇孺获庆。祸因丙寅年，有富恶侯金成，移居民等寨坡上，尚未骑住民寨后龙。至丙戌年，其子永保，遂侵过四丈，正于民寨后龙开挖，意欲添造房廊。适彼甫挖民等，寨内被犯，人口欠安。民等见其所挖年月方位，均犯三煞，与民寨有碍，即行请中阻造。伊等自愿以挖处作田，不准侵过半尺数寸。民等见伊听阻，二比将事清息。讵知该恶存心奸险，利己损人。复于七月初二日，将前挖之处，挖深数尺，竖造禾仓，将民寨

① 《广西壮族社会历史调查》（一），民族出版社2009年版，第15页。

② 《广西少数民族地区碑文契约资料集》，民族出版社2009年版，第193页。

地脉龙神骑压挖伤，以致合寨鸡犬乱叫，老少多病，猪牛不安。民等见此奇灾，稔知遭犯，即请巫问卦，果示以后龙被伤。民等随经中向论，劝其急将仓房拆毁，奠攘神煞，以免民等遭害，岂料该恶不顾天良，一味横言。伏思城乡市镇，皆赖龙脉以兴亡。今该恶只图便宜，任意乱挖，诚谓利一损百，今伊抗不拆毁，蓄意害人。民等逃不胜逃，避难尽避，遭兹惨害，情实戕心。为此，迫得联名具呈泣叩，伏乞仁德大老爷台前作主，赏提追毁仓房，勒令禳灾，严行重办，以安寨众，而免遭殃。施行沾恩无既。

二是识文会墨、能够帮人书写各种文书诉状从而在民间纠纷调解中起重要作用的人。如平段寨潘大寿，原来是教师，后来成了头人；廖家寨的廖国真因会写，头人在处理纠纷案时都请他参加，后来也成为头人。

三是在年老或德高望重的头人带领下熟悉处理问题的方法并树立了威信而成为头人。如毛呈寨的廖锦盛，主要依靠其祖父的携带，后来成为头人。①

头人的主要职权就是处理内部公共事务，调解村民纠纷。只要是群众之间产生纠纷，都由头人来调解，分清是非进行赏罚。当事人请哪个头人完全由自己决定，既可是本村的，也可以是外村的。龙胜县龙脊乡壮族社会中出现的大大小小的事情都要经过头人处理，只有头人无法处理才会告到官府，因此有“家有家长，寨有寨老”的说法。头人处理纠纷，当事人要准备丰盛的酒宴来款待，问清事情原委和本人意见才到被告家中。头人通常也不会让双方当面对质，即所谓“请中不对面，对面不请中”。龙脊乡头人处理纠纷时对当事人进行劝告后，由他们决定罚与不罚，罚金被称为“服理金”，头人可从中得到11% ~20%的报酬，称为“水礼”。如果头人调解纠纷时方法得当，当事人信服，则会得到群众信任。但如果处理不好，没有人请他们处理问题，则再也不是头人。

头人由最早的族长演变而来，到了后来官府委派团总，团总才代替了头人的名称。多数头人既非官府委派，也不经官府核准或备案，属于完全的民间自治，也会有一些头人因跟官府关系密切而成为团总。团总与头人不一样，它的产生有两种说法：一是由群众在本地有威信的头人中推选并报官府核准，发给委牌；一是由官府访查后直接发给委牌。

---

① 《广西壮族社会历史调查》（一），民族出版社2009年版，第91页。

（五）平果县陇匠乡头人制度

龙胜龙脊等地的自治组织首领称为“头人”，而在平果县，当地壮族自治组织的负责人也称为“头人”。平果县陇匠乡陇感屯76岁的阮卜平老人表示，乐尧山区很早便有头人制度，头人是由群众推选出来的，每年改选一次。在轮换前，由本年头人事先提出新名单和群众中有威望的老人商量，征得父老同意后，在年尾召开群众会议，公推某人为次年头人。头人的职务是调解与处理屯内、族内的纠纷以及担任田地、山林、屋宇等置让的中间人，威望高的更可以接待“官员”和调解本屯与别屯间的纠纷。在处置事情中，双方当事人要设酒席款待。到了年终，头人要为果化的土官催收钱粮。到了民国十几年，废土官设团董，但反动统治阶级还是通过头人来派夫收税。到民国二十几年，团董改为伪乡长。由于当时的伪乡长大多数是由汉、壮地区派入山区来担任，各屯的伪甲长也由伪乡长指派，至此，头人的作用日渐衰退。直到新中国成立前，头人仅可执行宗教仪式和拜祖等事务。新中国成立后，经过清匪反霸、减租退押运动，各乡都成立了农会和乡人民政府。现在的头人虽然仍有一个名义，但实际上已不能发生什么作用了。①

总结广西各地壮族的自治制度，其首领的称谓有的地方是相同的，都称为“头人”，但也有许多地方并不取用这一称谓。天峨县白定乡壮族社会中的乡老、龙胜龙脊乡的十三寨头人自治组织、制度与上思县三科村都老制、平果县陇匠乡头人制度有相同的地方，也有所区别。相同的是，这些乡老、都老、头人都是由本村办事公道、具有威信的人担任，得到村民认可。他们承担的内容也基本相同，都处理村里的公共事务，最大的功能就是调解村民之间的纠纷，维护村落的社会秩序，具有强烈的乡村自治特征。他们不是统治工具的一个环节，不由土官或官府任命，这一点与团总有所不同。但他们又承担官府下达的部分任务，对于村里较重大的事情，如果乡老、都老、头人处理不了，还可以送官处理。他们工作的方法也基本相同，一般不会主动介入村民之间的纠纷，都是应当事人的请求而出现，处理纠纷过程中也不会让双方对质。正由于不代表官府，因此都是引经据典，以说理的方式进行调解。调解意见也没有强制力，当事人可以接受，也可以不接受。如果当事人接受，乡老、都老、头人则可进行裁决，理亏的一方可能会要求赔礼道歉、喝“和面酒”、支付罚款，乡老、都老、头人可从中获取一定的报酬。

---

① 《广西壮族社会历史调查》（七），民族出版社2009年版，第172页。

龙胜县与天峨县乡老制、头人制与上思县三科村都老制有所区别的地方，主要在这些乡村权威的形成上：上思县三科村的都老经由全体村民选举产生，因为经过了特定程序，属于一种正式组织，并且有任期，不像龙胜县、天峨县乡老、头人没有经过村民的选举自然形成；相对而言，三科村的都老，管理的范围更大，除了处理纠纷、村落教育、安排生产、公益活动，都老还要掌管本村甚至周围村落同族的公共财产、组织祭祀活动。究其原因，三科村都老制除了具有一般村落自治的特征，由于三科村村民基本都属黎姓家庭，都老管理同族公共财产、组织同族人进行祭祀活动、召集周围同族人进行会餐等活动，使三科村都老制的宗族组织特征更为明显，但也不能排除都老制的群众自治的性质与功能。

如果双方的纠纷经过村中头人的调解得到解决，为了遵守承诺，一方或双方要出具合同书，以示讼息事了，永世遵照。

息事合同书①

立合同息事人廖弟广领弟则，情因吾堂祖四房各居，有长房廖弟碍养女育一男，名号光文，父亡母寡；有四房廖弟林，于嘉庆五年招附廖良春兄弟良老，人宅代养潘氏并男。有三房祖廖弟勤养生一女，因勤路中身亡，托附良老出棺，酒席下葬。现有小房一座付与良老、光文为业。于道光二年，不料光文身故妻嫁。兹我二房良桂，育我三兄，意欲分开。先请堂祖廖光炳，向良老管理三房弟勤之居分开，吾弟则居住。因光炳、良春娶讨孟引（眼）责家黄氏并男一丁接回完娶。弟则为室顶允差使等件，前有光文少亡，有业归付庶父管理，是以心思不忍，为姑娘送节酒席不均，诈钱二千四百文。后因取笋相争，诈钱三千文，及又田土菌（园）内请中不断，具名呈讼。有谭士荣留回改息，地方十老合息了事，出钱十千文付我，其产业仍归良老父子管理。因业我等不敢异言翻悔生端，如弟则接艰娘之子，承允祖宅，当差千古。良老、父子不敢雪骂折除往外。今凭地方二比，甘立合同二张，永远子孙存照。

凭中地方村老：廖光玉　谭士荣　侯光明

潘学绳　潘才学　潘香禄

廖光福　潘学美　廖光吾

廖金全

中证钱：二千五百文

执合同：廖良春　羊一皮

① 《广西少数民族地区碑文契约资料集》，民族出版社2009年版，第155页。

代笔：潘学文

通道酒十斤（只）

廖弟马亲立

道光十年一月十□

在这一亲族之间的纠纷中，起到调解作用的就是“地方十老”。

（六）国家对自治制度的控制

乡甲头人在壮族地区是一种自治组织，也是官府在乡村社会可资利用的统治工具制度。但对于乡甲头人制的消极作用，官府也会通过包括《告示》《禁革书》之类的措施进行控制。如在龙胜龙脊，由于当地头甲差人在下乡时经常勒索乡民，虽然经过县衙示禁，但头人潘香东、廖海京却还巧设名目向村民收取各种费用，为此村民潘天洪要求再次禁革这种陋俗并追究违规头人的责任。

潘天洪再呈要求禁革书①

为鳝鱼独咽事，缘因自乾隆五十三、四、五、六、七共五年，各项陋例，各人例派，当甲差人下乡，索诈贫民不浅，鲸鱼串同作弊，不问人之持凭执发，系止禁茶价并缴，使有业者，典田卖地，贫乏者鬻男卖女，恩蒙孟县主批示，现在核详，所有一切陋规，蒙县示禁，止以独扰累各项，未缴钱文，以后追缴人等，如果不合众情况，因往分府衙门呈明，分别具禀。可又蒙郑府主永远禁革在案。不料去岁四月，又有副总司之猪银，已发独头人潘香东、廖海京安分自收，浸失肥己，不法串同廖海蚊、廖才造包揽，伊声言与蚁兑收。明禀图赖，种种刁恶，又无对证可凭，明明设计陷害。不料本年二月内，有府主出示买茶，差人得票下乡，被禁复生，又列（拉）拢当甲，索诈贫民不浅。自嘉庆三年，朱府主出示买茶，差人得票下乡，被禁复生，给牌与廖海蚊充当头人，现有朱票印信为凭，隐藏不法，私称头人，索诈贫民不浅，当官推不是头人，声言甲长一身二名。明系欺官藐法。又蒙道主依旧示禁。又蒙府主批示，总司到案。讯审定夺，是否是情，缘蚁龙脊地方，土脊贫民，人值苦不陌，知法犯法，实是其祸也。一十三寨，十人所视，十手所指。壮民愚昧，只得叩恳天恩命蚁作主，拘廖才造、廖海京、廖海跤、廖香东四人追讯，若不严惩，壮民难以度活，后来反被鳝鱼之毒害矣。沥情匍叩　钦命大人台前赏准电察审讯究施行。

---

① 《广西少数民族地区碑文契约资料集》，民族出版社2009年版，第152页。

当时，官府衙门潘文结给龙脊乡的差役分派承诺，明确规定今后分派给龙脊的差役事项与范围。

重立定例分派差使契①

立永远定例分派大佚，办理差使，系官衙潘文结等，与龙脊共为上半团。因龙脊隔离遥远，小快无当，龙胜文武官员出入往来，朝夕长日小佚官衙自送，不派龙脊之快。如有提宪大人往来巡阅官兵，龙脊备办猪只、松毛（茅）、篙把、柴薪、修理塘房以及出兵，凡遇大人需用大佚数百名，尔龙脊帮送，自官衙送上至丁岭止，送下至平车止。今同他方团（头）人，写立定例一纸，日后有用大佚龙脊帮送，不敢翻悔违例，长日小佚官衙自送，不得乱派龙脊。如有乱派龙脊者，执字到官，自干其罪。恐后无凭，情愿写立定大佚、差使一纸，付与龙脊永远收存，是实为据。

立字人　官衙潘文结

以下是西林县衙所公布的告示，其内容大致为在改土归流后已经禁止亭差、厘定粮额并革除修葺陋习，然而一些头人却还乱征钱财、按户派收、多方勒索、扰乱边民，为此县衙公示禁革事项，不许各地书吏、头人再行设置亭差名目，不许头人多收财物、乱摊派各种费用。

《严禁积弊告示》碑②

广西泗城府西林县正堂王、抄奉兵部尚书兼都察院右都御史总督广东广西等处地方军务兼理粮饷蒋、兵部侍郎兼都察院右都御史巡抚广西等处提督军务成：

严禁积弊，以安闾阎事，照得地方应兴应革事宜，全在牧令，随时厘剔，而相沿积弊，更应极为革除，以苏民用。前据西林知县王延瑞具禀地方事宜，缕析条分，均有可采。其现行裁汰亭差、厘定粮额、革除修葺陋习三条，尤为便民实政，专经本部堂批两江按二司会议，详情示禁，前来本部查核司详。据称西林县改流时，有土族潘、许、岑、覃四姓充当里民，苛索服累成久，经饬行遵在案，何得有亭差名目，混行催征钱财，按户派收，遇有民间细事，多方索诈，扰累边民，实为闾阎之害，应行严禁。嗣后不许复设亭差名目，以杜积弊。又称该钱粮，自国初改流以来，已编有定额，每届征收钱粮，例应于开征时将额征确数出示晓谕，令各花户赴县定纳，自封投柜，给三串票，毋许书差、头人多收色纳，需索积弊。今设钱财，由各村头人，按户派收，罗交亭差，积给弊收，串通分肥，殊干功令，应即遵明定例，自行完纳，不许头人滥派（浮）收，以杜弊源。又称该县未经改流之先，系泗城土府所辖，原有土例

---

①② 《广西少数民族地区碑文契约资料集》，民族出版社2009年版，第153、224页。

陋规，自改流后已裁禁，现在又有出差修路之举，自系日久积弊，相沿成例。查道路明塌，应令民间随（时）修理，若书差持票下乡，不问路之应修与否，藉端索扰，大为民害，自应急为裁革，令民随时修理，殊恐禁之不严，难免囊书蠹吏，朦混滋弊，应请给示严禁，以革陋习等由。堂院据此，除饬行地方官实力查拿外，就出示勒石严禁。为此，示谕西林县军民人等知悉，务须安分劳生，早完国课，毋得拖欠钱税，自干咎戾。所有亭差名目，永行革除，毋除土棍奸民复行私设，扰累闾阎，递年征谕钱粮，各按期季费赴县投纳，毋得混行设立头人，滥派浮收。一切桥梁道路，遇有拥塌，随时修葺平坦，以免泥泞。嗣后倘有豪棍土匪，滥设亭差，以及胥吏奸民，混称头人，包揽纳粮，以及需索修理道路，藉端扰累等弊，许尔等据实指名控告，即严拿从重究治，决不宽贷，各实凛遵，毋违，特示。

右仰通知。

嘉庆十八年三月□日

广西壮族社会历史调查中，上思三科村、龙胜龙脊乡、天峨白定乡的都老、乡老、头人制属于典型的乡村自治制度的代表。从地域分布上看，一个位于桂东南，一个位于桂北，一个位于桂西，但都形成了类似的典型村落自治制度。云南马关县的壮族村落也有类似的都老制组织。① 除此之外，广西其他地方也有类似的自治制度，只是没有这么典型，或是没有经过学者的调查和整理而形成可资引用的资料。自治组织与自治制度广泛存在于壮族社会历史之中，成为壮族传统法律制度的一部分。

三、乡规民约

乡规民约是村民们制定与形成的反映他们对生产、生活规律的认识并在日常生活中需要遵循的社会规则。它不仅是村民日常的行为规则，也是村民处理纠纷的依据之一。谢晖教授将乡规民约定义为：在国家政权力量的“帮助、指导”下，由乡民们“自觉地”建立的相互交往行为的规则。在当代，《村民委员会组织法》授予村民会议制定和修改村规民约的权利。在现行国家法律中，村规民约并非国家意义上的法律的组成部分。但在长期历史中，乡规民约却是维系农村社会秩序的基本制度之一。

关于乡规民约的存在形式，有的是以书面的形式出现，也有一些以世代口头传承的方式存流于世。由于多数乡规民约反映了村民的日常行为规范，是人们在长期生

① 罗彩娟：《民族地区乡村治理的资源与模式探究——以云南省马关县马洒村为例》。

产、生活经验上的总结，许多内容直至今天仍然具有指导意义。

壮族社会在发展过程中形成了许多“土例”，许多地方的村民对这些“土例”奉如圭臬。清人赵翼在他的《檐曝杂记》中就曾说：“土民事事有土例。”比如提供劳役，村民从此处到某处，“欲其过一步不肯也”。只要是交公粮和其他杂款，过去所沿用的惯例，即便没有命令也会小心谨慎地按时缴纳。他们不知道所谓的朝廷制度，但只要是祖辈、父辈相传下来的制度，就会认为是理所当然的事情。有些品行不端的流官在征收了几年税赋后，任期将满时与土民约定，按规例应缴纳多少钱，可帮免缴，土民高兴地给流官支付金钱。后来的官员想再征缴时，土民就会不服，往往滋生很多事端。①

壮族社会的很多村寨非常重视乡规民约的规范作用。本书列举一些壮族村寨保存的乡规民约，试图归纳分析这些乡规民约的共同特点，以说明其在社会治理中所起的法律规范作用。为叙述方便，标题仅列乡规民约所在的现在使用的县份地名，其中那马县属地为今天的广西马山县。

（一）扶绥县乡规民约

广西扶绥县，唐前属西原蛮，唐大历六年（771）破西原蛮，设羁縻西原州，归安南都护府管辖。现在全县人口中，壮族人口33.6万，约占全县人口的82%。② 在扶绥县昌平乡下余村双甲屯保存的《立例禁约碑》，反映了壮族乡规民约的主要内容构成。

双甲屯《立例禁约碑》③

益开朝廷律例森严，乡党禁约为要，凡我士民，农耕安业，三农九谷，园圃菜蔬，春种期秋收，东作希西成，人人皆赖耕作以仰事俯畜有靠，而饥寒困苦无虞。我邻里乡党，和睦为先，禁盗为首，出入相交守望，众力相助易为，凡事莫如众人一心，安分守己，免祸临身。兹风盗风不息，众父老公共邻近各村，恒丰、巴细、陇锦、岑淋、小同、三卡、波产、坛升、陇午、双甲等众村合议，先行禁此疆彼界不相窃。但中有不法之徒，窝藏赌博，匪类偷窃，勾引生面外贼，拐带人口，飞祸枉害良

---

① 《檐曝杂记·土例》。

② 广西壮族自治区扶绥县简介，http：//www. 360doc. com/content/11/0908/15/1164894_146718007. shtml.

③ 《广西少数民族地区碑文契约资料集》，民族出版社2009年版，第142页。

民等弊，我等邻村，不得坐视其所害，为（善）当扶，为恶当攻，俾风俗还醇，人心向善。且历蒙县主奉上宪谕饬，严查匪类，不得窝匿，如甘同坐罪，各村合议，凡有循情藏匿偷窃各项，即禀官究。又罚香油银两入各村庙宇，先禀官治，后有神责，奚患不有里仁之美哉。是以立定乡集约规，勒碑永远，决不相容，祈毋后悔。计开公议禁约于后：

一禁窝藏赌博、匪类拐带人口；

一禁偷牛、马、羊、鱼塘；

一禁偷窃五谷、瓜、芝麻、豆类；

一禁偷窃拱桥树木瓦片等件。

如有犯禁条者，议定出每村各庙香油银壹两正。

嘉庆二十四年三月二十日众村父老公议立禁约碑

此碑由各村村民商议后确定。乡邻之间最重要的就是和睦防盗，出入要守望互助，要求村民安分守己；周边十个村经过协商，相互之间不能偷盗；邻村之间要惩恶行善，不得窝藏盗匪、拐带人口，否则视同盗匪；严禁偷窃行为，否则不仅要送官查办，还要向各村庙宇交纳香油银一两。立此乡规民约并将其刻于石碑，绝不反悔。

（二）龙胜县乡规民约

以下几个乡规民约均来自于《广西少数民族地区碑文契约资料集》中所收集的龙脊十三寨，主要有和平乡龙脊村侯家寨、金江村洛寨、廖家寨等。龙脊十三寨是以龙脊寨为中心的十几个寨子的合称，这些寨子除了黄乐寨的村民是瑶族，其余都属壮族。以下是龙脊十三寨头人的重大活动记录表：

清乾隆年间至1949年大寨老12次决事①

序号	时间	主持人	内容
1	乾隆七年（1742）	廖海蛟祖父	斩鸡头、喝血酒、筹集经费，联名上书广西布政供司，要求脱离龙胜厅，复归兴安管辖
2	嘉庆四年（1799）	廖锦盛祖父	编制团甲组织
3	道光二年（1822）		订立《龙胜永禁盗贼碑》。召开十三寨户长大会，焚香祭神，贯彻乡规民约条令

① 广西民族博物馆资料，http：//www. gxmn. org/news－1294. html。

续表

序号	时间	主持人	内容
4	道光二十七年（1847）	大寨老潘金龙、潘文便、潘元秀等人	立《盛世河碑》，划分十三寨各寨与黄乐（瑶族）寨捕鱼河段范围
5	道光二十九年（1849）		增订《严防贼盗禁令碑》，并公布贯彻
6	光绪年间	大寨老潘元秀等人	召开一户一成年人的十三寨群众大会，判处大惯偷、大匪犯潘仁星以"活埋"
7	光绪年间	大寨老廖承翰、潘定璠、廖益宝	召集户长参加十三寨群众大会，判处赌徒、屡教不改惯偷潘日昌以"沉塘"极刑
8	民国四年（1915）	大寨老廖锦盛、潘大保等人	召开十三寨群众大会，斩鸡头、吃血酒，联名上书广西当局，要求脱离龙胜厅复归兴安县管辖（第二次）
9	民国二十二年（1933）	分团总、大寨老廖绍光和青年领袖陈岱等人	召开十三寨（包括黄乐瑶寨）壮、瑶群众大会，杀猪祭旗、喝血酒，推举廖绍光、陈岱为总指挥，宣誓加入桂北瑶民义军
10	民国二十四年（1935）	由分团局长、大寨老潘元方等人主持	召开十三寨（包括黄乐寨）壮、瑶群众大会，宣布撤销团局建制，停止寨老组织活动（不再选新的寨老头人），编订乡村保甲组织，推荐部分寨老担任乡村甲长理政职权
11	民国二十四年（1935）	大寨老、村长潘祖安、侯会廷等人	奉命召开十三寨群众大会，宣布《龙胜县改良风俗委员会禁令》，强迫壮、瑶群众改装易俗。会议遭到与会者抵制
12	民国三十八年（1949）九月	龙脊六姓壮族自然领袖陈绍熙、蒙其裕和瑶族头人潘荣廷等	以大寨老组织名义，召开十三寨大小领袖人物联席会议（出席者21人，地方游击队亦派共产党员周大治及起义人员国民党龙胜县党支部书记长陈远坤和伪县政府科长贲超文参加），作脱离民国党地方政府和支持游击队解放斗争的决议，并推举进步青年廖康英、潘焕章、潘新富（瑶族）等14人为通讯联络员，负责传递信息、筹集粮饷，以及召开十三寨群众大会（因形势急剧变化未能举行）的决议

其中，道光二年（1822）头人们开会订立《龙胜永禁盗贼碑》，召开十三寨户长大会，焚香祭神，贯彻乡规民约条令；道光二十九年（1849）增订《严防贼盗禁令碑》，并公布贯彻，这些活动都是壮族社会进行村落自治、制定乡规民约的活动。

龙胜南团永禁章程①

钦加同知御特授龙胜苗分府加二级随带加一级王：

为晓谕事。案龙脊众等开例条禀，恳出示以靖地方事等情前来，查龙脊地方人等户撤，自应设条规以归尽一，而垂永古。兹据禀恳前情，除批示并将条规删改核定外，合出示晓谕，为此示，仰居民人等知悉，自示之后，尔等即宜遵照条例，各安本分，不得违抗，自干其罪累，各宜禀遵毋违，特示。

一、给门牌照向旧章办理，及委牌当堂给领，仍照旧章办理，每张纸钱一千二百文，不得加减。

一、民间田土基业、山场等件，上前卖者，照依时价变卖，今卖今收，时卖时管，后人不得异言，翻悔生端，需索妄取，如有翻悔者，执照经官究治。

一、地方各宜安分守法，不准滥崽油火，恶棍闯祸，倘遇口角细故，经明头甲排解，不得借端妄索，又不准请监中理论，如理情不遂，使计唆讼，肆行放惫，送官究治。

一、讨佃种田地，务要上春勤力蒌作，耘草洁净，不得晚迟，拖懒丢荒，至秋苗熟，须告田主均收纳谷，不得私行先取。如早已所卖之业，所凭田主或自耕或批佃种。

一、买田基业，其田边向本有荒地草土，除地作价之处，或在内契务要批明在契方卖，请自买主，以好挖开耕土，以后不得异言，故意藉端，如有妄索，头甲送官究治。

一、遇旱年，各田水渠照依旧例取水，一得私行改旧换新，强夺取水，隐瞒私行，滋事生端，且听头甲理论，如不遵者，头甲禀明，呈官究治。

一、田土、风水、婚姻之事，不清明白，以凭中证、媒人、村老排解，毋得串唆私贿，不可亲戚偏袒相护，务要秉公理劝，如果不息，经鸣头甲带告讯究，不得抗违。

一、各外来邑之人，寄居本地，不准引诱赌博，成均盗贼，系有窝窃匪类，鸣团缉拿，不准在地安歇，如不从者，经明头甲禀明呈究官送解回原籍，永禁严革。

一、禁强游乞丐，不许安歇社庙宿住，必聚三五成群，会合强讨恶行，曲意议成祸端，如遇红白喜事，吃食不厌，醉酒行恶，派计放惫，夜摸盗窃，鸣案革除往外，老弱残疾方可。

---

① 《广西少数民族地区碑文契约资料集》，民族出版社2009年版，第169页。

同治十一年壬申五月三十日发龙脊团晓谕

保存于龙脊县侯家长老手中的这一规约，由龙脊群众草拟并呈官府删改核定公示。由于经过了官府核定，因此具有类似立法的性质。但由于是“众等开例”，约束的是本地乡民，其本质上仍为获得官府认可的乡民规约。

该章程规范具有以下几方面内容：民间出售田地山林要按时价现收现卖不得反悔；村民之间如有口角，要经头人处理，不能借机敲诈勒索，如果按普通情理处理仍然不服挑起诉讼的，则要送官处理；佃种他人田地要依时节勤勉力作，不得丢荒，秋季收割时不能私自先行收取，应告知田主共同收割；买田置业，除了所买田地，对于周边的荒地草土也要注明归属及使用，契约确定后不得反悔，否则由头人送官处理；在干旱年份，各家取水时要按往年的惯例，不得自行更改强行夺水，如果有纠纷则由头人依理进行评判，不遵守的由头人送官追究；村民之间的田地、风水、婚姻由中间人、媒人、村老进行处理，不得串通行贿或偏袒，否则由头人送官追究；外来人不得窝藏盗匪，否则由头人送官押回原籍。

众寨公议地方禁章合同书①

立甘愿合团聚集事人侯家寨等，情有地方滋事贼盗，窝留赌博、滥棍、匪徒，主摆唆使外来私横，翻悔祖业田园山土，指藉冒认坟基等语。弱民累报，不已，只得议集各寨，通知当立合同团款，不敢各性异语抗违当众。各奉

上宪示禁王章款牌，今吾各寨皈伏，大众牌禁，公断理办。如有违延情者，立即经鸣大团，一呼百诺，患滩（难）相顾，通村其临，从情治究公罚，亦不得各寨远望旁观。若不遵，犯者均同送官究治，各带自食缴用。此日当团甘立合同，聚集从众地方执照。

侯金文、金钥、金龙、金海、金照、金荣、永赖、永宋、永道

侯金成、金谋

侯永勤、金崩、金凤、金安、金秀、金貌、永音

侯金章、金活、永贵、永华。

侯金福、永荣、永冒、永小、永票

侯永龙、永进、永耀、永昶

凭证人　潘金辉

立字人　侯永富

---

①《广西少数民族地区碑文契约资料集》，民族出版社2009年版，第171页。

执字人　廖承翰

（地方合同准此）

光绪四年三月初九日侯家合同立

计开名单

潘元贞、美福、元理、美贤

潘美延、美用、元贵、美祥

潘安益、美金、美孝、美全、昌田

潘元合、金千　廖老四

潘元昌、金易　廖老五

潘金德、仁和　廖老六

潘金安、金社

潘金成、金祥

潘金长、玉生

潘元华、金台

潘元太、金用

三月初九日（各名单合同准此）

龙堡寨共四十二名，甘愿一呼百语（诺），如有不遵，使问族长便是。

《众寨公议地方禁章合同书》原存于龙胜各族自治县龙脊村侯家寨侯会庭家，该合同书由侯家寨周边各寨共同议定。制定本《禁章合同书》的原因在于本地常有盗贼滋事，有的容留赌博、滥棍或匪徒，有的人唆使外人横行乡里，有的在出售祖业田地山林后又反悔，有的则冒认坟山地基，村民屡次上报官府，不得已召集各寨共同制定合同团款，禁止上述行为。本合同制定公布之后，村民不能再提异议，或违反这些规定。今后如出现有盗匪或违反规定以及延迟不报或虚报实情的行为，均要秉公办理，立即上报团总。各村各寨一呼百应，患难共顾，全村村民均应共同对应，不得袖手旁观。如有违反，则与犯事的人共同送官追究。这一合同由各村各团自甘订立，共同遵守。该禁章虽名为合同，但与今天的民商事合同性质并不相同。从名称上看，号称“众寨”，意味着它由各寨推选代表共同制定；从参与制定《禁章合同》的代表来看，记录参加商定《禁章合同》的有侯家寨的30多名侯姓村民，也有龙堡寨的42名潘姓村民。他们签字并承诺要“一呼百语（诺）”，如有人不遵守，可唯族长是问。这样的表述使族长承担了类似“担保人”的角色。

黄乐寨地方公议合同书①

立甘愿合团聚集事人黄乐寨众等，情有地方滋事贼盗，窝留赌博、滥棍、匪徒、主摆刀唆勾（里）引（应）外合，翻悔祖业田园山土，指藉冒应（认）坟基等情。弱民累被不已，只得议集各寨，通知当立台同团款，不敢各情异语，抗违当众，各奉上宪示禁王章款牌，今吾各掌寨皈依大众牌禁，公断理办。如有违言虚情者，立即经鸣大团，一呼百诺，患难相顾，通村齐临，从情治究公罚，亦不得各寨远望傍观。若有不遵，犯者均同送官，各自携带盘费。此日当团甘立合同，聚集从众地方执照。

计开上中下三甲人等胪列于后：

上甲潘老肥	中甲潘方玉	下甲潘忠福
长江	永富	细羊
惟仁	进益	秀发
富贵	方秀	阳长龄
	永昌	
	方生	

（众团合同准此）钤记

光绪四年

《黄乐寨地方公议合同书》与侯家寨子的《众寨公议地方禁章合同书》内容基本相同，仅有若干个字的区别。如，《黄乐寨地方公议合同书》使用“主摆刀唆勾（里）引（应）外合”的表述，而《众寨公议地方禁章合同书》使用“主摆唆使外来私横”字样。制定时间相同的还有以下的《龙胜柒团禁约简记》和寨古、平段两个村的《聚众合同书》。这几个合同书订立时间也相同，都是1878年三月初九。黄乐寨、侯家寨、龙胜柒团、寨古、平段同属龙胜龙脊，是否由政府组织或在同一时期村民会议上制定，未有相关信息，但可能性甚大。

龙胜柒团禁约简记②

赏闻，朝廷有律法，乡党立禁约，此民条之至重，乃王政之首务也。荷蒙上意常常示谕，尚且猖者极多，乡间往约肃尚犹漏谲多端，盖田约法三章，是旧纪攸著，而靖闾阎，为非律款警世，奚能以民正法乎，为千古善，永作蛮世之美哉。窃照本乡地瘠民贫，烟户稀散，取居皆傜、僮、汉民，俱系播种山畲务业为生，安分守己，毫无异犯，近因奸徒潜身入境，诡称生理为由，瞧见民人素性过弱，奸徒遂聚起惹事，始

①② 《广西少数民族地区碑文契约资料集》，民族出版社2009年版，第172、173页。

则需索酒食，继则吓让钱财，实属目无法纪，深堪痛恨。况且年来世态艰难，民情不一，以致盗贼蜂起，肆意行窃。

官差工役奉立宪严禁，将来农民何得安全。因此不得已，只特议团偣、立款条。凡我同境诸公，齐至公议禁条。自禁之后，各宜恪守，兢遵国朝典章，削奸剔究，以正风俗。庶几吾各乡宁，诸则使民共乐盛世矣。

一奉上宪赵大人于道光二年正月内赏示安民，谕尔无知愚民，穷极莫做强盗事。

一奉府署观大老于道光二年五月内严禁示谕除窃安良需索油火滋事生端事。

一奉府界倪主于道光三年六月内赏示安良，严禁窝歇棍徒赌博，以滋事生端。

一奉府署周主于道光七年九月内赏示严禁，息讼安民各条，注明存照。

一奉府署周主于道光二十六年正月内赏示各安生业，以息生端滋事。

一奉府暑李主于道光三十年七月内赏示缉盗不如缉窝盗，远必有近窝之计。

一奉府署潘主于咸丰十一年二月内赏示，为严禁窝盗窝赌滋事生端事。

一奉府署高主于同治五年二月内赏示严禁窝盗，以绝生端滋事。

一奉府署王主于同治十一年五月内赏示为严禁民间田土山业不得生端事。

一奉司署蒋主于同治十二年十一月内赏示，除盗安良，需索油火生端事。

一奉府署卢主于同治十三年十月内赏示，严禁窝赌窝盗事。

一奉府暑邹主于光绪三年五月赏示，严禁强讨乞丐生端及闹抢事。

一奉司主钟于光绪四年二月内赏示，严禁强讨乞丐强壮者，仰团禀报。

计开公议各条于下：

一禁滥棍油火，扭捏藉故，滋索勒逼，放惫鸣团公论，如有不遵者，送官究治。

一禁祖父田园、山场、地基早年卖断为业，后代子孙不敢异言，反意增补，如不遵，送官究治。

一禁种土离粮，耕地于在牧牛之所，各将紧围固好，如牲践食者，照蔸公罚赔补。

一禁婚姻、坟基争端之事，宜行息事解纷，经鸣头甲公断，如不遵者，宜由头甲带告送官究治。

一禁村中口角之事，宜行理论解释，以大化小、以小化无，如有下息，鸣头甲公断，不敢主摆暗唆生端。

一禁有事不从劝解、肆横指控，不听理论，当差如有排理，如有虚情非理，宜自了案。

一禁天乾年旱，峇田照古取水，不敢灭旧开新，如下顺从者，头甲带告，送官究治。

一禁被盗之事，失主经鸣头甲，任由各家寻搜，有无是否，不敢阻拦违抗，藉故滋端。

一禁有火之事，鸣经立即一呼百应，通喊齐至，不得违延。

以上各条，如下遵，犯者，宜头甲公发放家归，修庙宇。

光绪四年寅三月初九日三甲公议柒团合访，系是禁止。

该《禁约简记》之大意为，朝廷制定法律，乡民订立禁约，对民众来说非常重要，是实行王政的首要任务。虽然君王经常下旨意，但还有很多纵恣狂妄、不守法度者。乡民过去定约还有许多疏漏的地方，想让百姓安定，非用律法条款警示。怎能让民众守法？本乡地瘠民贫，人烟稀少，居住的都是瑶、僮、汉之民，都以播种山中田地为生，守分守己，相互间秋毫无犯。近来因为奸佞之徒潜入，看到本地民众生性纯朴懦弱，于是聚集一起惹是生非，开始是索要食物，接着恐吓勒索钱财，目无法纪，让人痛恨，而且近年来世态艰难，盗贼群起，肆意行窃，不得已特地商议团徭，订立条款：凡是我境内的各位代表共同商议禁例条款，今后要恪守遵从，遵守国法典章，以正风俗。

《禁约简记》将本地历年来官府所列禁令一一列出。如：穷极莫做强盗事；严禁滋生事端；严禁窝藏棍徒赌博；息讼安民；缉盗不如缉窝盗，远必有近窝之计；严禁窝赌窝盗事；严禁强讨乞丐；等等。

根据历年禁例，光绪四年（1878）的该次公议确定需禁止的行为有：禁止敲诈勒索；祖父卖断田地山林地后，其子孙禁止反悔或增补范围；禁止种土离粮、土杂粮，如果畜牧践踏或偷吃粮食应告诉牲畜的主人让其赔偿；禁止因婚姻和坟地争端，如有纠纷应息事宁人，经头人公断，如果还不服从，由头人送官处理；村民之间有口角争吵应说理解释，大事化小，小事化了，仍然处理不了由头人公断；禁止有事不听劝解，不服从说理解释，如果情况不属实，不合情理，应自行结案；天旱时节应按古时惯例取水，不能违反旧例，如有不从者由头人送官责；人有被盗，失主经通知头人后，可任由到各家搜寻，无论失物是否在自己家，都不能阻拦违抗；如果发生火灾，即应一呼百应，一齐灭火，不得延误。

在同一天成文的还有以下的《聚众合同书》：

聚众合同书①

立甘愿合同团聚集事人寨古、平段二村等，情有地方滋事贼盗，窝留赌博、滥棍、匪徒、主摆唆使外来私横，翻悔祖业田园山土，指藉冒认坟墓等语。弱民累被不已，只得议集各寨，通知当立合同团款，不敢各情异语，抗违当从。各奉上宪示禁王章款牌，今吾各寨归伏大众，牌禁公断理办。如有违延虚情者，立即经鸣大团，一呼百诺，患滩（难）相顾，通村齐临，从情治究公罚，亦不得各寨远望傍观。不遵，犯者均同送官究治，各带自食缴用。此日，当团甘立合同聚集从众地方执照。

立字人　寨古村　潘学禄　潘学茂　潘学运

　　　　平段寨　潘日昌　潘秀映　潘秀承

执字人　廖承翰

（聚众合同□□）

光绪四年岁次戊寅三月初九日众等禁立

本《聚众合同书》由龙脊寨古、平段二村所立，内容为因有的地方盗贼滋事，有人容留赌博、唆使外来的恶棍横行霸道，民众不胜其烦，因而由各个寨子共同制定此团款，大家不得有异议，有事各村之间要患难相助，不得袖手旁观，如果有违反规定，即行查办，并送官府究治。

如果说上述都是龙脊不同地方几个村寨之间的约定，而以下则为龙胜十三寨头人的一次完整的会议记录。

龙脊十三寨头人会议记录②

龙脊地区各自然屯领袖临时会议录

1. 时间：民国卅八年古历又七月初六日下午一时

2. 地点：新罗村公所

3. 出席：潘秀林　章盛德　韦茂秀

　　潘秀福　潘秀恩　蒙其裕

　　潘荣庭　潘秀英　廖太平

　　廖祥通　侯会庭　潘光贵

　　潘新德　廖康宁　廖鼎森

　　廖炳焕　陈绍熙　廖兆宜

　　廖炳晖　潘仁政　潘瑞箕

①② 《广西少数民族地区碑文契约资料集》，民族出版社2009年版，第178、191页。

4. 列席：周大治　陈远坤　贲超文

5. 主席：陈绍熙

6. 纪录

主席报告（略）

1. 应如何应付清乡案？

决议

一、在官衙清乡一人不去。

二、上龙脊清乡看情形来，兵力少者与之对抗，兵力多者，各人自便，但不得互相攻击，言语必须一致。

三、必要进，各屯日夜派人到各要隘探听消息，龙脊七星隘，由七星屯负责从探，岩湾由该屯负责坐探，土地坳由龙江负责坐探。

2. 通讯网如何建立案？

决议

一、每屯先定一人为通讯员。

二、由各自然屯领袖负责选定。

3. 补给站应如何建立案？

决议

推定如下：

龙堡屯：潘秀义、潘焕章；枫木屯：陈绍金；新寨屯：潘瑞箕；滩屯：潘新凤

黄落屯：潘新富

平段屯：潘树菲；平寨屯：潘树华；侯家屯：侯瑞福

廖家屯：廖兆丰、廖兆琪；平安屯：廖康英、廖康庄、庆丰

这是临近解放时龙脊十三寨头人的会议，协商如何对付国民党政府的清乡运动，决定如果在官衙清乡，不派人去；如果来者兵力少则对抗，兵力多则自顾；必要时各关口要隘有人监视打探消息，等等。

龙胜地方乡约①

（一）

通龙脊洞十三寨会议禁约

---

① 《广西少数民族地区碑文契约资料集》，民族出版社 2009 年版，第 200 页。乡约系 1957 年广西少数民族社会调查组抄录存藏，约为清同治年间至民国十多年前所订立。

一议盗窃猪牛者，罚钱□千，如违送官究治。

一议偷盗禾稻者，罚钱□千，如违送官究治。

一议盗偷布帛鹅羊者，罚钱□千，如违处置。

一议盗偷鸡鸭者，罚钱□千，如违应同处置。

一议盗偷香菌杂粮者，罚钱□千，如违处置。

一议盗偷棕皮、桐子、茶油子者，罚钱□千，如违处置。

一议盗偷包粟、芋头者、罚钱□千，如违送官究治。

一议盗偷瓜菜、辣椒、葱蒜者，罚钱□千，如违处置。

一议盗偷柑子、梨、李子、桃子者，罚钱□千，如违处置。

（二）

一、偷盗园中或地土包粟、产粟、红薯、芋头、秆禾等物，一经拿获者，罚钱九千九百文。

二、偷盗棕皮、茶叶、竹笋，一经拿获者，罚钱六千六百文。

三、偷盗园中瓜菜、辣椒，罚钱三千三百文。

四、偷盗杉木、柴薪及割围牛之划，一经拿获，罚钱三千三百文。

五、墨夜撬墙挖孔入室或青天白日，偷盗鸡鹅鸭犬，一经拿获，罚钱九千九百文。

六、偷盗仓中之禾并室内之首饰、衣服、布帛，顷刻无踪无影，不拘年深日久，失主查访知实家同罚钱六千文。

七、偷盗田中将熟之禾，不拘主人或外人看见者，应同罚钱九千九百文。

八、地方逢有相争些微之事，各当忍让，互相原谅，如有事当难忍，经凭地方劝息，切莫以势欺弱，喜争好讼，以免至伤和，倘有不遵公断，地方面斥其非。

九、地方适有大小纠葛之事，听凭地方团绅公断，为农者知其始莫知其终，勿得暗中主使竟成大祸，如有此等，应同处罚不贷。

十、贫富每有相争，为团绅者宜要从中公断，大事化小事，小事化为无事，不得贪金包揽，有钱者无理终成有理，无钱者有理翻成无理，贫者冤屈难伸，祸无了日矣。

十一、田产先年既经卖田立有断契，永不放赎，如先立当契方肯回赎，不得阻滞，钱主不得暗地私立断契，二比宜凭天理良心，免成巨祸，如有此等，应同处罚。

该乡约分两部分：第一部分为禁偷盗，范围涉及禁止偷盗猪牛、禾稻、布帛鹅羊、鸡鸭、香菌杂粮、棕皮桐子等物。第二部分也是禁偷盗，还有要求发生纠纷时要相互忍让，不得以势欺人，喜争好讼；在纠纷解决程序上，要听地方团绅公断处理，要有分寸，不得不知始终；还要求团绅在处理贫富相争时要秉公办事，田地买卖有断卖之契的不得回赎。乡规民约总是根据当地的需要而制定的，可以推断当地出现小偷小摸的情况，也出现出卖田地后又要求回赎的纠纷，因此才在乡约中规定有卖断契约者永不回赎，如果允许回赎，钱主也不得私立断契。从"卖田立有断契，永不许赎"的表述看，断契的存在是不许赎的原因，因此这一乡约的规定已有以契为凭的证据意识。

禁盗贼①

公议禁牌，为严整风俗，除盗安良事。盖闻国有法乡有约，原非私举，岂有犯人有伦古之道欤。切照本乡居民，别无经营，惟资讲耕种，以充岁饥，是乃为生民之务矣。莫如我土瘠民贫，烟户稀散，人单为薄，难以防御，近有法之徒，三五成群，日以乞食为由，夜则夥自窃取，以盗为生，是以居民家家被窃，户户遭偷，实难安枕。且有游棍侵入，肆作吓诈，受其害者不独短叹长吁，而有庶几至毙。似此盗棍齐起，特势猖獗，若不纠众严整风俗，将来败坏农事，商贾尽堕，术中岂能生活哉。是以议团钉牌通晓，每月朔望之日，鸣锣决不姑宽，无贻自取，后悔已无及矣。兹将公议条例，备录于左。

该禁约内容与龙脊地方乡约内容基本相同，都是因有不法之徒三五成群结伙作案，导致地方不宁，而龙脊当地各家各户分散而居，无法相互协防。乡约要求严整风俗，欲犯事之人要及时收手，否则后悔不及。

潘内杨梅一屯乡约碑②

万古流芳

尝闻王法正则朝廷无奸党，乡约严则里党鲜嬉游之辈。斯之者不相谋而实相合也。今我一带治塘各村人户，虽非法野，颇属通衢。迥溯当年，安分者，□见止治求此日，越礼者实繁有徒，或植党树私，视国法为儿戏；或日潜夜出，以盗邪为生涯，且藉事生端，良善之受欺不少，捏讼吓索乡间之徒，彼善良多，阳虽守乎王章，阴则乱乎风俗。默思其故，未必无因。只缘禁之不严，故而世风愈下。爰约乡老，共立章程，整顿此方，同心协力，知情无隐，效虎豹之捉犬羊，遇事从严，等鹰鹯之逐鸟雀，将见父戒子而兄戒弟，共勉良善。士则读而农则耕，各安生业，而使风移俗易，

①② 《广西少数民族地区碑文契约资料集》，民族出版社2009年版，第202、185页。

道不拾遗，革面洗心，夜不闭户，岂非三代之民也哉。

一议从今卖田卖土，一卖一了，父卖子丢，勿得讲田根补，买主不得倾勒价钱。此禁永远遵依，有违者送官究治。

一议地方各人，生身尽期孝道之恩，难报艰苦之情，不可忤逆不孝。如违私约，同众送官究治。

一议地方遇有大不事务，准请头甲及公举之老人，再三理论或判不清，方可兴讼。倘有刁顽之辈，不由分论而擅词讼控者，地方合具公呈，毋得推诿。

一议埋葬风水，不许夭龙斩脉，封门塞墓，若不遵者，小则同众公罚，大则送官。

一议春耕下种，六畜头牲，各严管守，不得踩坏秧苗五谷等物，若不遵者，公罚□□□□有犯□□……

一议偷盗五谷、瓜茄、豆子拿获，每户凑柴盐火炙，决不姑息。勿谓言之不谕也……

一议不许停留面生歹人，刁墙挖孔，勾生吃熟，油火生端，若有违者，交出同众呈□□□□。

粟官保　粟朝才　陈弟和

粟光华　周弟福　袁天相

粟宏兴　侯先楼　粟射龙

周仁贵………

书题　粟万富　粟玉秀

大清光绪十七年辛卯岁次正月望二日

潘内村是龙胜有别于龙脊的另一个地方，因此其内容也不同于龙脊的乡规内容。乡约也是鉴于有不法之徒逾越礼节，结党营私，视国法为儿戏，要么日潜夜出，以偷盗为生，要么惹是生非，欺凌百姓，要么捏造诉事，恐吓乡邻，为此从七个方面进行约定：凡是卖田卖土，即一卖一了，不得提出任何补偿要求；在家要讲究孝道，不可忤逆不孝；遇到纠纷，应请头甲和公举的老人调解评理，如果再三理论或无法弄清事实，才可向官府提起诉讼；在埋葬坟山时要讲究风水，不许斩断龙脉；春耕下种时要严格管理好自家牲畜，不得踩坏秧苗五谷等物；禁止偷盗，也不许停留面生的歹人。乡规的目的是通过父亲劝诫儿子、兄长劝诫亲弟的方式，提倡善良风俗，以实现道不拾遗、夜不闭户的良好社会秩序。

复立团会序①

团会置序负矣，其可思谊之笃，规例之严耳。少闻者匪不欣赏，目睹咸深咏叹，应永垂于弗托，存百世代而不磨。否则人心难料，银钱拖欠不输，因之尔轻心荡忘主，而序以失固负立会至意，显虚创序之意心然。而一时振起无愧，昔之视今古众姓，仍前奚虞今之异昔，伏愿叔侄兄弟朋友亲戚，同心同德，本利之银钱，务席上齐扶粟苗莠秕，无容境内讬足庶几，皆夜穿壁之徒，当必抚心面愧，即彼乘便偷割之盗，谅亦观感，而至若土田相（近），越界宜惩，山林蓄禁，盗砍当除，又不得言奚烦锁证，由是银两或领或义利之，积累难量，诸君一年一饮合欢，心之友爱日敦，则见道不拾遗风可仰，亦家不闭户之势自来，记弗关乎人心之齐集，彼此之完终也哉。是以继遗序而参未之云耳。

以上收集的若干乡规民约多来自龙胜龙脊。龙脊在明万历三十九年（1611）前属于兴安县管辖，万历三十九年后拨归义宁管辖，乾隆五年（1740）又成立龙胜理苗分府，再后来成立龙胜厅。民国四年（1915），龙脊自动归附兴安。由于兴安、龙胜县界不清，龙脊又地处边远，经常成为“三不管”的政治真空地带，长期以来缺乏官府强有力的统治，这使龙胜龙脊的壮族社会自治制度得到充分发展，乡规民约的内容较为丰富。

（三）武鸣县乡规民约

除了龙胜县，广西很多地方都存在这种民间法律。如在武鸣县清江乡，名义上法律的制约力大于乡约，但乡约在村中占实际的支配地位。清江村各屯的乡约多是成文的，有的刻在石碑上，有的写在纸上再贴在木板上挂在村中。乡约是由乡中的“父老”拟出来的，“父老”只有地主、富农才能充任。先是由“父老”拟定一个方案，然后由他们召集乡民会议，但在会上只有地主、富家一些人才有发言权，贫苦农民从来不能发言。通过这种手续以后，乡约便算通过了。清江村乡的内容有以下几点：

1. 禁止偷盗，偷盗者罚款或罚酒肉。
2. 禁止斗殴打架，犯者罚款。
3. 禁止烧山，如果不慎失火烧山，即罚款。
4. 借宗祠钱要归还，到时不还，罚款。

---

① 《广西少数民族地区碑文契约资料集》，民族出版社2009年版，第202页。

5. 禁止奸淫，犯者罚款。

6. 两牛角斗，如果是穷人的牛伤了富人的牛，必须赔偿；相反，不要赔偿。

该地乡约出现的时间很早，其年代已无从考证。从上面所记录的几条乡约来看，它的目的是维护地主阶级的私有财产和封建统治。如果有人犯了乡约，当有“父老”鸣锣集众，对犯者进行审讯。如果犯者承认错误，则据乡约罚款，否则便可用毒刑拷打，乡村政权对此不加过问。①

除了村里制定的乡规民约，武鸣清江乡较大的家族的祠堂也定有惩处条例。凡本族人违犯本族条例，先由祠内处理；处理不成，即改由当时乡、村公所处理。祠堂处理事项，一般有殴打、争家产、偷盗等。处理结果一般是罚款，或令“犯人”备酒菜请父老及被害的对方吃。祠堂每年轮有数人来掌理祠内事务，处理违反惩处条例（即“族规”）的人。这些人叫作“说话人”，只有富家或“才子”才能充任，一般群众不能充任。②

（四）那马县乡规民约

乡约

林锦臣［纂］马河图［修］③

唐宋羁縻思恩州地，明分置那马土司，属广西思恩府，清初因之，同治九年废土司，改设通判，属思恩府，故我等同乡父老，于光（绪）年八月初三日，同心同德，齐向三圣庙前祭期，酌议禁例，扶持善良，锄抑强奸。重犯则有重罚，轻犯则有轻罚，绝不容情，亦无姑怨。效朝廷之律法，立乡党之禁条。俾此境内，相友相助，不贪不谋，正所以补上帝之栽培，使百姓亲睦，并非同心结党，千秋自有公论。也因每年初二日，值迹口易记争端，兹改初三日祭期会议，一定不易。每年派十名为首采买什物，所有拎本钱多寡，至期缴完利息二分。断不得拖延。若有犯者，所罚之例，自有公论，毋庸多赘。

诗一首：同党同乡勿异心，一团和气值千金；当思相友还相助，惟愿时常报好音。

那马县归今马山县，当地商议制定此乡约时还向三圣庙进行祭拜仪式。立乡党之

①② 《广西壮族社会历史调查》（六），民族出版社2009年版，第58、68页。

③ 《马山县志》办公室收集，《那马县志草署》由周鹿公社周鹿大队望周屯林世就老人献出。《草署》原由林世就父亲林锦臣（清末秀才）主纂，马河图（清末秀才）等加以编修。

禁条就是要扶持善良、提倡互助，规定祭祀开会的时间并安排采购人员。

（五）平果县乡规民约

陇尧村规约石碑①

维思吾乡居山僻陋，素以务农为本，况兼田地拮据，种植如不能况盛，常有悲叹于穷困，徒为冻馁之虑，夫有烟赌岂不为害于农民乎？盖然我村昔有阮以成，只好于赌，借以为活，厥后其他倾家荡产，身败名裂，则辜走出外从戎，而死于战场之地矣！虽因如此，然很再有阮以忠，仍然其赌，则以由地、屋宇及其妻子都已卖尽，而逃走去，经久不还，但莫识其他下落之踪迹耳！况吾等乃究其烟赌之原因，诚非为害不浅矣！乃于本年九月初一日，特全村父老兄弟公开约会，讨论严禁烟赌，并拟乡规条约，以俾我村少壮终义以往，永远世代不能为赌博，亦不能为吹烟，倘时不法违抗者，当公罚款。略将各条乡规附之勒石，以垂后照，而永久之不忘云耳。

兹将陇尧乡规禁烟赌条约列于后：

一、本村少壮如有违抗，胆敢赌博吹烟者，即当众罚铜元壹千零捌拾枚，以做奸恶，而免干累。

二、夜静更深，若有二三成群，不持灯火，如有盘语不符言语，齐去追拿，该犯当即罚铜元叁百陆拾枚，以儆效尤，而免奸行。

三、本村少壮互不法，引渡匪徒，窝藏诱赌者，当公罚铜元柒百贰拾枚，以清内奸，而绝外患。

四、凡不论男女，年登拾伍岁以上，出外田间偷窃菽、粟、瓜、果以及柴草、粪料等类，当即罚铜元叁百陆拾枚，以免肆行，而昭忠义。

五、凡不论何人，田间阡陌产有树木者，则物必有主者。有人要砍为柴，被人看见报知物主者，即罚铜元叁百陆拾枚，以免争讼，而守公德。

六、本村倘有谁家被劫而失盗等事，不忌昼夜时间，一经闻报，即当齐出支援，同心协力追杀，不得畏缩。有不应者，即以该人为匪论，即当罚铜元叁百陆拾枚，以昭守望相助。

七、本村社神，向有畲地二处，永远共当保存，不得无故而变卖。如有不法之徒，阴窃售出，或称为己有者，即当公罚铜元去千零捌拾枚，以儆奸谋，而服从众。

① 《广西少数民族地区碑文契约资料集》，民族出版社2009年版，第236页。

八、如有少壮不法，肆意横行，胆敢白日偷窃本村财物，或衣服、布匹、鸡鸭、犬系，并及一切器具等类，既经查出证据者，当即罚铜元壹千零捌拾枚，以免奸行，而清恶党。

九、本村如若不出者，当即罚铜元叁百陆拾枚，以儆懒惰，而尽义务。

十、本村父老兄弟公同会议，决定乡规条约，既经施行，各自规诫家中子弟，俾众周知，毋得故违干犯，致使有站乡规，而尽众恕。

村长　阮文明　何廷宝　何喜泰　阮文学　阮文位　阮文咳

阮凤椿　阮廷龙　阮凤荣　阮文燕　阮凤磨　何文华

排长　阮凤忠　何文明　阮廷真　阮凤明　何廷亮　何文造

何文颐　阮凤经　阮文贵　阮文辉　阮廷发　阮文玄

阮凤高　何文真　阮廷荣　阮文桂　何文盛　何文全

何文逊　何廷昌　何文禄　阮文星　阮凤华　阮凤彬

民国十六年岁次丁卯十一月初十日陇尧村规约石碑

平果县这一乡规民约的制定是因为当地出现赌博抽烟以致倾家荡产的事例，有必要制定乡规以约束村民。当地村民阮以成，以赌博为生，最后倾家荡产，身败名裂去当兵后死于战场。接着是村民阮以忠，仍然好赌，最后把家中田地、屋宇及其妻子都变卖后逃走他乡。为了严禁烟赌而拟定乡规条约，使世代不能赌博也不能吹烟，违反都课以罚款。除了禁烟禁赌，该乡约还扩大了禁止事项范围。如：夜深人静时，如果有人二三成群，又不持灯火，经盘查无法说明的，村民即齐去追拿；禁止窝藏诱赌；禁止在田间偷窃庄稼物品；田间树木都有主，禁止砍伐；如果村里出现抢劫或盗窃案件，要求村民不分白天黑夜，齐出支援，同心协力追捕，甚至对那些闻而不应的人视之为匪徒；约定村中的社神畲地，永远保存，不得变卖；村民在商议事务、修筑道路时，应闻征而至，不得推脱不去。该乡规主要的约束就是罚款。

（六）靖西县乡规民约

武平乡立录村《乡规民约》碑记①

特授广西镇安府归顺州正堂加五级纪录十次蔡：

为准立乡规民约，以敦民风……嘉庆八年癸亥夏立于上浣侯选儒亭学正堂唐昌令

① 《广西少数民族地区碑文契约资料集》，民族出版社2009年版，第221页。碑存靖西县武平乡立录村，李辉南搜集提供。

沐手谨书。

禁例：

赌博集盗不得窝藏。忤逆不孝不得过犯。

淫乱不仁不得妄为。禾麦菜蔬不得盗窃。

山水生灵不得浇药。丘木树林不得砍伐。

来狗邻鸡不得偷摩。外来匪□不得容留。

木人外犯不得隐瞒。

以上犯者古例委置深潭今例火烧。

四时收卷不得勿略。禾谷黄熟不得放猪。

□□马误不得骗过。各处水潮不得开干。

田螺海鸭不得踏采。户□出役不得推托。

潭口食水不得浣洗。田间水界不得相争。

事情发觉不得私合。

以上犯者罚钱三千，米□十，酒壹□□。

桂阳胡德溥敬刊

靖西县武平乡的乡规民约是经过广西镇安府归顺州的批准而订立的，因而具有官方意志性质。其惩罚形式分两种，一种是较重的置深潭和火刑，一种是较轻的罚钱、米、酒。赌博、盗窃、忤逆不孝、淫乱等都属于应予惩罚的重罪，而不按农时收割、稻谷黄熟时放猪、潭口洗漱以及田间水界相争、有事私下串通等都属于应予罚钱的行为。

（七）防城县乡规民约

《团结御匪严禁偷盗规约》（一）①

杜任

民国二十年订立新约列左：

一议本村或有何人夜间偷芋头种及菜薯等偷盗，捉得现赃回本村，议罚中银一千六百元正。此据立约。盖闻官有条而民有约，窃我卫福乡永福村共七十余家，自从始祖迁居至此，垦之殖之，数百年来并无异议，现因数年以来，三五同群，八九结党，

① 《广西少数民族地区碑文契约资料集》，民族出版社2009年版，第264页。

集众欺寡，将民园蔬薯芋，强盗社山，无法惩治。故民国二十年，乡长召集乡民人等，开会议决通过在案，重申订立乡民新条约，再行布告禁止，以杜后患。仰乡内外诸色人等，嗣后要父劝其子，兄戒其弟，遵守约法，安份守业，不得乱作非为。如有此等，本乡即照此约而罚之，切不姑恕，此约。

兹议约罚于左：

一议如有何人不遵约法，夜出偷盗园蔬薯芋等物，拿获到案者，议罚洋银七百元二毫正，此约。

一议日间偷盗薯芋等物者，罚洋银三百元六毫正，此约。

一议如有贪心偷盗海边统索等物者，原赃带到者，罚洋银三千元六毫正。

一议如有偷盗家私杂物等件，拿获原赃及盗带到者，议罚洋银三百元六毫。

一议如有强蛮偷斩众山木条柴薪等件者，查获原赃带到，议罚洋银七百二十元正，此约。

一议本村人等如有失物，即照之多少要报明，先缴钱乞勘三千六百元后，始同往查之，此约。

一议园芥，为保植物之生产，以保风吹之患，如有贪心不仁，任意盗斩者，拿获带到，议罚洋银一百六十元，此约。

一议近邻如有被盗入室，或遭火焚舍，或焚草棚，若有闻报即来救火，如有闻声不至者，即系该名有份行之，事过失主人报到者，即照约罚银十元正，此约。

一议以上各约照章处罚，如有强蛮不遵，本乡即照按送官究治，此约。

乡长　杜金亭

中华民国二十年十月□日订立

该文为防城县江平乡永福村规约，由当时的第四里里长苏善发、第五里里长苏权明、第六里里长阮秀廷与耆民苏善昌、高全芳、苏善利、吴世隆、苏善泰、裴世兴、范荣昌以及合村众人一起协商并一致赞成而订立。订立的原因在开头有所交代，即数年来一些游民三五成群结伙恃强凌弱、偷盗物品，经过乡长召集，订立新条约，约定：凡是偷盗被捉到的都以罚款论处；发生盗窃事件，或者火灾，知道但不来帮忙的即视为参与违反规约行为，同样予以惩罚；如果有人不服，乡长即可送官究治。这一规约是由乡长召集民众订立，并且由里长、乡老签字确认，因此已不属于纯粹的民约，而具有官方性质。

《团结御匪严禁偷盗规约》（二）①

民国二十二年二月十一日同村立约，永福村合众耆老民上下等于民国三十二年再订规约，新立条例，严惩罚款、陈列于左：

窃民众等于近见邪奸歹恶劣之徒贪婪不已，无能儆戒。兹民众等齐集会议，订立条例，以防奸诡日偷夜盗。不论园中杂粮、蕃薯、芋头、蔬菜等物，如有此种行为，定规条而重罚，切不宽恕，祈各凛遵。各耆民上下众等，签字为实，如有歹党无赖之徒，不据众约，顽抗规章者，合众照例送官究治。若临时改费，使用款皆民众暂且负担，至时不可推迟，至误临时之事可以。是为序。

一议如有贪徒夜盗，以前该项规条者，定罚款国币一千六百元正。所有连赃认物，不可诬控，此约。

一议约凡系在海水陆鱼网等岸上网索等件，如有连赃认实，即照例罚国币银一千元正，此约。

一议如有捉得匪徒，因亲放纵者，查出即照例罚放匪人国币银七百二十元正，此约。

杜金亭记

乡耆老苏善昌记、杜金山记、高金芳记、苏善泰记、高金桂记、苏善台记、阮琦复记、吴世隆记、阮万廷记、苏善秀记、杜金安记、裴世兴记、黄得财记、杜金胜记、苏善堂记、阮忠鸣记、苏善英记、梁兴镇记、武世尧记。

这已不是永福村第一次订立规约，该村上一次的规约是上文所列，于民国二十年（1931）十月所订立。本次订约的原因是因为近段时间“邪奸歹恶劣之徒”贪婪不已，没有能够约束他们的规约，因此才新立条例，以乡老们签字为实。防城靠近海边，因此乡约又异于龙脊等地，出现了禁止偷盗“海水陆鱼网”等物，如果出现日偷夜盗的现象，将会对其人重罚；如捉得匪徒却因亲情徇私放纵，也一样严惩罚款。可见，该规约也是针对偷盗行为，主要的惩戒方式也是罚款。

（八）违反乡规民约的后果：潘日昌案

龙胜龙脊潘日昌案发生于清光绪十一年（1885），整个案件内容由几个文书构成，收集于《广西少数民族地区碑文契约资料集》。该案充分反映了龙胜龙脊壮族社会对

① 《广西少数民族地区碑文契约资料集》，民族出版社2009年版，第263页。

于违反乡规民约的行为处理过程及行为后果，现将涉及潘日昌案的文书按时间顺序排列如下：

控告恶棍禀文①

送呈：

具送禀龙脊头人潘彦成、潘世究其根源、廖昌吉等，为恳恩除暴安良，以靖地方事。缘目等身充头甲，有管地方之责，如有不法之徒，必须捆送治究，以靖地方。情于本月初五日，有滥恶潘日昌勾引无知之徒七八之人，在地方生端索诈。目等即询，该七八人均同声称，日昌纠邀串同等语。地方开言，即伸目等要将昌捆送究治。恶即闻信，当时逃走不知去向。因思该恶欲其前来砌词妄控，目等是以连（联）名先行禀明，如恶来控，乞恩押候，案下地方再行具禀请究。所有该恶，素不安分之徒，每靠油火度日之辈，地方大小事件，均系该恶从中主使，或索一千八百或三五千不等，地方愚民，受其毒者不少，是以痛恨者多。惟是良可保，恶棍当除，为此具禀，俯叩仁政大老爷台前作主，赏发革条地方，免有油火之患，则感洪恩无既矣。

光绪四年岁次戊寅八月初七日地方送禀呈稿

割肉断筋字契②

立割肉断盘字契人廖金明，因我同亲次妹，于归平段潘学海为室，养二丁，长甥名号日昌，因命不如，父丧逝早，母寡三春，无人顾养，忤逆不孝，游手好顽，卖母别庄。不思养育劬劳深恩，朝夕饥饿，流落村庄。各村周知，通寨切叹，历来贪心无厌，办图利已，不顾亲邻，往往需索，堕入（人）肥己。累累（屡屡）滋行，殃于村邻地方，有使不用情内中，主唆外贪支文，小事成大，殃成大端。于本年八月初五日，心起大肆，舞断乡曲，不畏王章五具，不从乡党之规，招徒入伙，串通横行，血酒纠众，殃于乡境地方，难免官法之意，乡里难藏。规模之禁，欲防小则，□继大则猖獗。如此公议，捕获公送官究情。蒙明镜如朋，治法如山。日昌忆知命枉难逃，无命开叫，畏法逃走，惧罪逃行。众同公议，均向日昌徒实查等语，俱系日昌串通之意等言语，不敢私行，甘立戒字，永不从昌，私行生端，立凭可据。兹我之甥日昌，之后归回村庄，众同公获有罪，当送不弊，当王上之章，伏入乡党之规。即日当凭地方乡老人等，甘立断筋字据。生不应（认）亲，死不应（认）尸。纠众甚重，冤沉海底。如有我等有异复说，自干（甘）与甥同刑期，与伊同法。为此甘立割肉断筋，永远存照。

---

①② 《广西少数民族地区碑文契约资料集》，民族出版社2009年版，第180、176页。

房族人　廖金妙　昌云　玉交　玉昌
　　　　金龙　　　　　玉金

地方人　毛城　平　寨　黄落　新寨　枫木　金竹
　　　　侯家　平黄段　八滩　江边　龙堡　桥登　等

光绪四年岁次戊寅八月初九日外家廖金明、次妹潘虑妹同立

逐革字契①

立逐革凭据人，平段寨潘廖氏子潘日运，姐丈潘平三，妹丈蒙光明，房族潘学继、日交、日明、日秀、日道等，情于潘日昌素行不法，每在地方捕风捉影，藉端滋索油火，受欺者难以枚举。是此惯行得志（势），恃恶欺愚，横行霸道，纠串合党成群，诡计百出，遂其谋方休，事端不从其索，定行控告。是经，不存天理。我等若不除其人，难免来日之祸。故此，我等甘愿书立凭据一纸，付与地方收执。如有日后潘日昌仍在地方滋索纠串，或捏词控告者，任凭地方捆获送来，我等定行处死，不敢向昌方求情宽宥，或在外乡横行滋索，任由外乡据（处）死沉水等，生死魂尸不认。恐口无凭，愿立逐革字一纸，付与地方存照为据。

立字人潘廖氏子日运

房族人潘学继　曰交　日秀
　　　　　　　　朋　　道

外甥　潘日道

姐丈　平　三

妹丈　蒙光明

执字人头人廖昌吉

依口代笔人侯永富

光绪四年岁次戊寅八月初九日亲立

违禁肇事口供录②

平段潘日昌，口说供出此单。

祸因五月内，有廖玉明上来说语。我进你门，重得几分明言，你到我屋过夜。昌不去。有玉贵上来说我们，我们会成，只要我们同心。玉明说夫马事：闻言官衙人具控伊廖美富，不取他具控。八月初五日，玉贵说你日昌，去遂毛呈（城）上下有信书去了。你日昌要去，我即到新宅。你们躲开，莫见脸团内。你说我讲，玉明、玉贵你

①②　《广西少数民族地区碑文契约资料集》，民族出版社2009年版，第177页。

日昌，要到昌龙屋。昌未去。昌龙坡类田棚说话，我何昌德争佃田一事。我昌龙要具控昌德。请来中大，昌方我是一个去。

在新寨鸭一事，名单口供。

八月初一日，有无定儿元代二人上来。务要你日昌今夜要下来。有陈玉贵拿鸭一只，回到昌龙家杀。日昌、玉明、玉贵、昌龙、陈玉贵、美昌、金龙、金清、元秀、美益吃了酒。日昌言地方同心才做得成。

新寨廖金龙，今当地方说明，我议之事。后来穷人不与穷人作事，我要或富人生端，可有利息。廖玉明说官衙人为夫马之事，要告四个人。若告潘美富，我几个人包他不要紧；若告他三人，我们莫管他。潘昌龙说，我何廖昌德争佃桥头田，至十月有本事，可悔之田，喇他之田，要收他之苗，我要告他中人及田主。金龙一路讲出是话。陈玉贵说话，若我会成均之事，后来必要宰杀猪只。

同议齐心，每人自出钱文。

光绪四年岁次戊寅八月十六日地方人合共一百七十人至新寨问口供单

悔过休恶书①

立悔过休恶字人新寨潘昌龙，情因惯行不法，累（屡）在地方藉端油火，悔（毁）业夺科，纠齐（集）滥棍，聚蚊成雷，萋菲酿祸，扰乱团规。遂其谋方，未休事端，不从斯愿，而凭空兴讼，受欺者难以枚举。若不会议伏规，将来难免巨祸。是经，将情论众，斥其非情，甘自亏□。房长向地方恳情宽宥，自愿立纸悔字，今宽容之等情，因凭地方捆绑，并及房长保人，一并送官是问究治，决莫宽情。恐口无凭，甘立悔字戒恶，永远为据。

房长人　潘元理、昌福等

安

辉

地方三甲十三村乡老

凭三甲头人潘美福、廖昌吉、潘秀成

光绪四年岁次戊寅八月初十八日潘昌龙亲笔甘立

休心悔改书②

立休心凭据字人，新寨廖金龙，今因由从恶棍扰乱地方，行事不公，人人时恨在心，乡村传齐议论。吾行此理不合地方，让情服理，不敢亦异。由从恶棍在其地方行

①②　《广西少数民族地区碑文契约资料集》，民族出版社 2009 年版，第 178、179 页。

事，如有照其贪事之行，亦有家门弟兄，从然捆送投河，永不再生之意。今凭地方，甘立休心戒字，付与地方，永远手执存照。

房族家兄承当人　廖金元

廖德仁

廖德芳

地方头人潘世荣　廖昌吉　潘秀成

三甲乡老一十三村

亲笔廖金龙押

光绪四年岁次戊寅八月初十七日

悔恶从善保证书①

立悔过休恶字人亲（新）寨廖玉明（玉）贵二兄，情因惯行不法，屡在地方藉端油火，侮业夺产，纠齐（集）滥棍，聚蚊成雷，萋菲酿祸，扰乱团规。遂其谋方，休事端不从斯愿，而凭空兴讼，受欺者难以枚举。若不会议伏规，将来难免巨祸。此是将情论众，众斥其非，情甘自亏。自托房长，向地方恳情宽宥，自（原）愿立书悔字。今宽容之后，再不敢仍行不法。如有再行恶习，仍在地方需索等情，任凭地方捆绑，并及房长保人送□官是问治究，决莫宽情。恐口无凭，立悔为据。

房长承担保人　廖元流　永亮

永华

地方头人廖潘　秀成　昌吉

细羊

依口代笔福胜

地方头人　廖家寨　廖金秀　元定

侯金昌　廖元华　元昌

潘金社　陈仕美　元安

陈福美　廖玉贤　潘日映　德仕

潘永凤　陈仕荣　潘金旺　潘方秀

潘世羊　廖光顺　蒙光宗　廖益宝

廖永珍　廖美昌　廖金才　廖马吉

廖茅贵　潘廷范　潘美仁

① 《广西少数民族地区碑文契约资料集》，民族出版社2009年版，第175页。

潘忠福　廖福金　廖仁贤

光绪四年岁次戊寅八月十八日面立

悔过戒约①

立悔过戒约字人潘日昌，情因探（贪）心无厌，口是心非，屡屡藉端油索，活（祸）害良家，受索者不计其数。是此恃势横行，得一思二，重重（种种）不一，勾引主使兴讼公庭，害富者倾家同败业，贫者散子离妻。故此为恶，地方见视凶横，若不败（原文有草字头）草不除，嘉禾不生，奸顽不革，良孺难安。即日经鸣地方，将日前所行之事，件件虚情，地方将情计议，理宜送官究治，蒙胞弟与姐妹三人，向地方求宽。幸众等广岁仁德，放生免送公庭，愿逃迁移异境，永远不古，在外勾唆，引诱滥棍需索本境，或私回故里者，任凭地方头甲捆获，以及胞弟姐妹丈房族，一底送官究治。房族一干人等，共干法条，决莫宽容。恐口无凭，立悔过戒约字一纸，会与地方执照为据。

立字人　潘日昌

胞弟　潘日运

担承保人　姐丈茅平三

妹丈蒙光明

地方执字头人　廖昌吉

藩秀承

依口代笔人　潘日映

光绪四年岁次戊寅八月十八日面立

革条永禁告白书②

立出革贴字人龙脊团三甲众等，革贴无别，因枫木寨陈玉贵等，累（屡）因在团滋事，无故生端，扰害地方，良民难安。情因本年八月初五日，□集棍棒，诡谲串通，将我地方团规悔（毁）灭等语；私吞公钱一千四百文，概不遵法。团费是以众团公论，自甘情亏理虚，首约九月初二日理议，送官究治。不贵房族等，挽祈地方乡老，公罚仍退。讵知贵等畏法逃奔故里，不遵团规。兹我三甲众等议论，如外革出。倘后仍行蹈彻（辙）等因，以革枫木寨陈玉贵一名，永远不准入境。凡我龙脊所管之处，不得停留交钱勺米，亦不准交易。倘有暗行停留交易者，查出与贵同法。倘贵不俱异地境内疾毙等语，不与团内相干。为此合行出革，各个仁人知悉，特立革条，永

①②　《广西少数民族地区碑文契约资料集》，民族出版社2009年版，第174、201页。

禁告白。

光绪四年岁次戊寅九月初三日龙脊三甲同立

龙胜地方禁约①

奉劝仁人事，滥棍请当除，不是前圣贤，且道眼前书，平段甘昌橘，诡机若尚书。不觉食禄满，捆绑如畜猪，妇女都来打，血流似银砂，皮破骨肉碎，半死见阎君，从今匪出境，万世不回身。

潘日昌是龙胜龙脊十三寨之一的平段寨的村民，其父为潘学海，其母为廖金明。父亲早逝，母亲无人照顾，潘日昌本人则游手好闲，属于忤逆不孝之子。本案发端于光绪四年（1878）农历八月初七，平段当地的头甲向龙脊头人潘彦成、潘世荣、廖昌吉等递交《控告恶棍禀文》，指控潘日昌于八月初五纠集七八个人串通在村里寻找事端敲诈勒索。头人闻讯后对这七八个人查证，都供认是潘日昌纠集他们所为。村民要求头人将潘日昌捆绑送官府治罪，潘日昌等闻信当即逃走，不知去向。这些人向来不安分守己，村里的大小事件，均系潘日昌从中主使。

两天后，即光绪四年（1878）岁次戊寅八月初九，潘日昌的舅舅廖金明和潘日昌的姨娘廖虑妹在其族人廖金妙等六人及地方十寨见证下出具《割肉断筋字契》，历数潘日昌的种种恶行，认为其忤逆不孝、游手好闲、不思养育之恩、贪得无厌、祸害乡邻，八月初五竟然不畏王法，不守乡规，纠集同伙，横行乡里，理应捕捉送官府治罪。潘日昌自知罪责重大，畏罪潜逃。经村民向潘日昌的同伙查证，都证明是潘日昌主谋串通，要不然不敢私下行动，而且自愿订立戒书，永远不再跟随潘日昌惹是生非。现在我的外甥潘日昌，以后即便回到村里，村民抓获后应当送官，以符王法，以合乡规。现在村中老人面前订立字据，生不认亲，死不认尸。同日，其弟潘廖氏子潘日运与潘日昌姐夫蒙光明以及族人潘学继、潘日交、潘日明等出具《逐革字契》，也列举潘日昌捕风捉影、惹是生非、横行霸道的种种恶行，认为如果不除此人，难免日后生祸，自愿订立字据，如果日后潘日昌仍在村里捏造事实、控告兴讼，可以捆绑送来，亲族一定会处死，而不敢为其求情；如果他在外乡横行滋事，可由外乡人处死沉水，生死不认。

潘日昌的外家和亲族出具割断关系文书后，八月十六日，已畏罪潜逃的潘日昌在龙脊村民共170人见证参与下在新寨做了口供笔录。在《违禁肇事口供录》中，潘日昌供认，五月份，廖玉明邀请潘日昌到他家过夜，潘日昌不去，廖玉贵又上来劝说，

① 《广西少数民族地区碑文契约资料集》，民族出版社2009年版，第201页。

后十几个人认为做事只要同心协力，就会成功。潘日昌交代到官衙告潘美富等一事，其可保无事，要告其他几个就不行；并供述了潘昌龙与潘昌德争佃田一案、新寨鸭一事等几起案件的经过。潘日昌还交代，不帮穷人做事，叫富人滋事才有钱可拿。与潘日昌结伙合谋的有潘玉明、潘玉贵、潘昌龙、陈玉贵等十人。

光绪四年（1878）八月十七，潘金龙的同伙、新寨的廖金龙写下《休心悔改书》，承认自己是个恶棍，扰乱地方，导致乡邻议论指责，自己有不对的地方，今后如果还跟随恶棍在乡里滋事，可以捆绑送官，也可投河处死，永不再生。见证人有其家兄、头人、乡老等。

光绪四年（1878）戊寅八月十八日，参与潘日昌结伙合谋、凭空兴讼的潘昌龙在地方三甲十三村乡老以及头人潘美福、廖昌吉、潘秀成等人的见证下书写了《悔过休恶书》，承认自己惯行不法，屡屡滋事，扰乱团规，经房长向村里求情，自愿立书悔改，今后如有再犯，将任由村里捆绑，还有房长和保人一起送官治罪。其担保人有族内房长潘元理、潘昌福、潘元安、潘元辉等。

同日，新寨廖玉明、廖玉贵两兄弟也写下《悔恶从善保证书》，自认纠集恶棍，夺人财产，扰乱地方，如不遵守乡规民约，将来必酿大祸。由于自知理亏，由族内房长向村里求情宽恕，保证今后不再犯法，如若再犯，任由村里捆绑，族内房长作为担保人也一并送官治罪。其担保人有族人房长廖元流、廖永亮、廖永华三人，见证的有地方头人潘秀成、潘昌吉等。

光绪四年（1878）八月十八日，潘日昌由胞弟潘日运、姐夫茅平三、妹夫蒙光明担任担保人，由头人廖昌吉、潘秀承执字，写下《悔过戒约》，说自己口是心非，恃强横行，敲诈勒索，勾引主使他人告状，按理应送官府治罪，但蒙胞弟与姐妹三人求情，村里人及头人宽容免予送官，因此自愿迁居外地，永不反悔，如果在外地诱使他人到本地勒索，或私自回到本地故里，则任凭乡里头人捆绑，连同胞弟、姐妹夫及族人一并送官府治罪，触犯法条，绝不宽容。

本案特点：

1. 案件事实清楚

由于所收集的潘日昌案的文书相对齐全，能够反映整个案件的来龙去脉，因此是一个典型的因村民违反乡规民约而被惩罚的案件。该案从当事人潘日昌被村民举报开始，到最终被革逐出境，举报到处理结束不过 11 天，可谓办理神速。乡村头甲于 1878 年农历八月初七呈文禀报龙脊十三寨头人，而未及村民头甲查证抓捕，被告潘日昌便畏罪潜逃。八月初八，潘日昌的同伙毛呈上寨的廖杨刚及其子廖永太写下悔过书，承认自己违反团规，承诺以后永不跟从潘日昌从事恶行。

在潘日昌逃跑期间，即两天后的八月初九，潘日昌的舅舅廖金明和其姨娘廖虑妹在其族人廖金妙等六人及地方十寨见证下出具《割肉断筋字契》。同一天，其弟潘廖氏子潘日运与潘日昌姐夫蒙光明以及族人潘学继、潘日交、潘日明等出具《逐革字契》。这两份文书列举了潘日昌的种种恶行，宣布自愿订立字据，与潘日昌脱离关系，生死不认，如果日后潘日昌还继续滋生事端，他人可捆绑送官或处死。

八月十六日，潘日昌在众人面前被讯问并录下口供。照此判断，系潘日昌从山中被拿获潜逃回到村寨接受处理。继而，其所纠集的同伙纷纷写下各种形式不同但内容类似的悔过书。如，八月十七日，廖金龙写下《休心悔改书》；八月十八日，潘昌龙写下《悔过休恶书》，廖玉明、廖玉贵写下《悔恶从善保证书》。

八月十八日，潘日昌写下《悔过戒约》，宣布自愿迁移外地，永不回乡。九月初三，本案同案犯枫木寨的陈玉贵因违反团规，屡生事端，私吞团费公款1400文，经九月初二审理，在亲族求情下，须退回公款。但因陈玉贵畏罪潜逃，被宣布逐革出境，永远不得回乡入境。该《革条永禁告白书》还公之于众，让各地知悉。

2. 违反乡规民约证据充分

以今天的角度来看，潘日昌案的主要证据是人证，首先是村民向地方头甲举报，然后头甲向十三寨头人呈文禀报，而证明事实的还有潘日昌的同伙所写的悔过书。悔过书首先都承认了自己与潘日昌滋生事端、横行乡里的事实。其亲属也写下断绝关系的文书，文书中也描述潘日昌的种种恶行，其中的忤逆不孝也是除了勾引主使凭空兴讼，证明其在家中存在违反孝道的事实。最关键的证据是潘日昌本人的有罪供述，从他所做的口供笔录看，他是在多达170人的面前被讯问，并录下的口供，亲口承认自己违反乡规的事实。

3. 文书内容构成相对完整

本案共涉及十份文书，分别为控告书一份、亲属关系断绝书两份、悔过书五份、口供笔录一份、布告书一份；四种类型，其中关系断绝书与悔过书内容基本相同，大致由标题、立据人名称、违反规定的事实描述、亲族求情宽恕、今后的承诺等构成，最后是立据人、担保人、亲族、头人的签字。

4. 头人权力巨大，官府作为后盾

从本案看，龙脊十三寨的乡老头人拥有很大的权力，接到举报之后，各村寨头人可行使权力进行调查，如若举报属实可禀报，向龙脊十三寨头人禀文要求处理，然后十三寨头人可对当事人进行询问，并就案件进行公议讨论。这一过程实际上是行使审判权的过程，可决定一个人的生与死。头人权力很高，当然在头人背后还有国家作为最高治权给予支持。在本案的关系断绝及悔过文书中都有一个共同特点，即按案件事实，可以捆绑送官或送官究治。经过亲族的求情宽恕，案件在寨中头人这里处理是相对较轻的处罚。如果不是求情宽宥，送官府的后果将会更严重。文书体现了官府在处理案件时的最高权威。

5. 违反乡规民约后果严重

本案中，潘日昌与侵吞团费的陈玉贵最终被革逐出境，永不得回乡。① 由于潘日昌案是典型的违反乡规民约的案例，当地还以歌谣的形式传唱。在新中国成立初期的壮族社会历史调查中，收集到关于潘日昌案的歌谣：

革条永禁歌②

奉劝仁人事，滥棍请当除。不说前贤圣，且道眼前书。平段日昌谲，诡机若尚书。不觉食禄满，捆绑如畜猪。妇女都来打，血流似银朱。皮破骨肉碎，半死见阎君。从今逐出境，万世不回身。

特字知悉上下，乡党邻里村坊。且诉日昌之事，母舅革出他方。诡谲千般串索，讯开武出招张。弟妹同斥外境，何日得睹亲房。产业嘉田抛别，疾痣无依主张，生弊不干我境，永远不许回乡。

六字告儿郎，第一守法为良。切莫贪谋学滥，且看平段日昌。叠索银钱四十，日满天降其殃。寻至大山拿获，捆绑连上美椿。妇女竹枝同打，皮肉骨血成汤。自写戒约离境，永革异地他方。来年再若还转，众同拿缚沉塘。谨慎逃归故里，万世切莫回乡。

字示各村乡邻里，除邪正守为善良。切莫心思为滥棍，睁观平段潘日昌。不知时遇灾劫至，刑捆妇打血成汤。皮碎肉浓逐出境，永古来生再回乡。

特字通知训儿郎，休听闲行是益良。尝见扰乱成大干，但看串索知日昌。女伤鬼叹遭鞭打，男忿神怒美人椿。量想昧心动雷部，永古受革流外乡。

特立禁贴离堂飞，滥棍索行陈玉贵。滋扰吞谋公费资，串通血酒逆团规。徒回合

---

① 关于潘日昌的命运，此处所记载与上文《清乾隆年间至1949年大寨老12次决事》有所区别，《决事》中记载是将潘日昌沉塘。

② 《广西少数民族地区碑文契约资料集》，民族出版社2009年版，第180页。

款立戎字，但伊骄傲聚成非。为此王章龙颜怒，永古受革万难归。

（九）壮族社会乡规民约的特点

乡规民约是一个村寨或几个村寨共同制定的用于约束全体村民的制度性约定，它不仅是村民道德的体现，很多情况下也是针对当地急需的特定领域的强制性要求。从上述若干个乡规民约中可以看出，其所规范的内容首要的就是防盗防贼。防止偷盗有的是总括性的要求，有的具体到不能偷窃马、牛、羊或者其他生产生活资料。除了预防偷盗行为，除暴安良、协同抵御外来土匪或敌人入侵也是重要内容，龙脊乡十三寨所签订的协议就是典型代表。扶绥县双甲屯《立例禁约碑》有窝藏赌博、匪类偷窃、严查匪类、不得窝匿、出入相交守望、众力相助等内容。西林那劳区维新乡乡约规定，凡是有土匪抢劫，没有被抓到，由该地的人负完全责任。在荒野上发现土匪没有被抓到，荒野是哪一村屯所管理就由哪一村负责，因此有“打破油落问地主”的俗语。清咸同年间（1851—1874），有土匪在板桥乡那竹村附近抢劫杀人，抓不到凶手，由那竹村负责赔偿人命及其全部被劫财产，全村被迫卖了可种140斤谷种的水田来偿还。到民国七、八年后，因土匪抢劫太多，这个规则才被打破。①

维护生产生活的正常秩序是乡规民约的另一个内容。如，龙脊乡《团务农民会禁约》中规定：本会之设立以保护物产为目的。通龙脊洞十三寨会议禁约规定：田边地边园边之牛草不放乱割，务宜各占之叶各自去割，违者罚钱×千文。光绪四年（1878）的禁约中规定：种土杂种耕地于牧放之所，各将紧围固好，如牲践食，照公罚赔补；地方至春忙栽种之际，各户不许放牛羊鸡鸭踩食田禾，如有走头等情，各将田兜赔苗，如有不遵，任凭送究。如在西林县那劳区维新乡，牛马损害庄稼一般照量赔偿，但只损失十蔸八蔸的，不用赔偿，对畜主提醒一下就行。猪糟蹋农作物时，物主可以把它打死，并把猪头割回来自食，随即报告村众自己检查，由畜主到田里去取回猪身。这个规则一直延续到解放前夕。②

乡规民约中，乡老头人在排解矛盾纠纷方面具有重要作用。乡老头人在纠纷处理中不仅可以行使调解权，还可以行使审讯和裁决的权力，甚至包括处死的权力。光绪年间，召开一户一成年人的十三寨群众大会，判处大惯偷、大匪犯潘仁星以“活埋”；召集户长参加十三寨群众大会，判处赌徒、屡教不改的惯偷潘日昌以“沉塘”极刑。

①② 《广西壮族社会历史调查》（二），民族出版社2009年版，第168页。

靖西武平乡乡规民约规定，违反者按古例要“置深潭”，今例要“火烧”。在各地的乡约中，凡民间纠纷，均先由头人排解，不允许群众私自奔告，要向官府禀告，要经由头人“带告”。当然，所有的乡约都承认官府的最终决定权，违反乡约，在地方可以罚款，甚至处死，但多数乡规民约都以“送官”作为威慑手段。

这些乡约在维护生产生活秩序、防盗防贼方面起了很大作用，符合现代的法律精神。而许多乡约从今天来看还有其自身特色，如物品被盗后，不管多长时间，只要失主查实在哪个人手上，都可追回，而且购买赃物的人要被罚款。这点类似于今天法律“赃物不适用善意取得”的规定，也类似《物权法》所规定的物上追及权。如《龙胜地方乡约》规定：偷盗仓中之禾与室内之首饰、衣服、布帛，顷刻无踪无影，不拘年深日久，失主查访后买家同罚钱6000文。此外，如果有人家里物品被盗，失主在经村里的头人同意后，可以到别人家去搜查，其他人不得阻拦。如《龙胜柒团禁约简记》规定：“禁被盗之事，失主经鸣头甲，任由各家寻搜，有无是否，不敢阻拦违抗，藉故滋端。”

对于乡规民约的法律性质及历史作用，朱苏力、梁治平和谢晖等学者都将其作为法治的本土资源进行研究。其中，朱苏力先生在《秋菊的困惑和山杠爷的悲剧》一文中指出：只要有人生活的地方就会有纠纷和冲突，就会需要化解纠纷的制度，在这些国家法律规范不到的地方，由乡村社会自发产生了许多规则、习惯、风俗，因此再偏远的小山村也存在着“地方性法律”。这种“地方性法律”尽管可能违反了正式的国家制定法，但它获得了村民的欢迎和认可后就具有了合法性。

这些乡规民约在自己的特定社区中产生并发展，成为社区中的“法律制度”。这些制度从其结构上不符合国家制定法或今天的法律规范，但它在性质上就是壮族乡村社会中起社会规范作用的法律，是被证明有效而且有用的法律制度。在这些乡规民约中，多数的内容都是禁止偷盗及对盗窃行为的处罚，其内容很明显就是维护社会秩序、保护财产。可见，壮族民众具有强烈的财产意识，这一点在下一章中有专门论述。

ZHUANGZU DIQU TUDI JI QITA WUQUAN ZHIDU

第五章

壮族地区土地及其他物权制度

以所有权为基础的物权决定了社会的生产关系，所有权也是划分社会阶级的基本要素，只有在所有权基础上才会产生诸如转让、借贷、使用、担保等法律关系，因而在社会法律体系中占据着举足轻重的地位。虽然在中央王朝的成文法中历代的律例并无所有权的抽象概念，但对于所有权归属的规定却是明确的，在壮族地区也存在所有权及其利用的制度。

从对所有权的占有与使用的历史记载来看，它又反映了壮族人观念中带有原始社会下社员共同占有公共财产的印记和残留。在新中国成立后情况已有所不同，非私人所有的林木和果树都被视为集体所有，但不能否认在集体所有权产生之前部分财产所有权的模糊性。

一、土地制度是土司制度的基础

（一）土地分官田和民田

土地在生产力诸要素中占据着重要的地位，土地所有权几乎决定了社会政治制度的性质。《诗经·小雅·北山》曰："普天之下，莫非王土，率土之滨，莫非王臣。"

壮族土司不像流官，其不享朝廷俸禄，因此土司的最大权力就体现在对土地的拥有及支配上，土地也是其最大的利益来源。如，"白山土司（位于今广西平果县境内），在府东北。宋皇祐间，随狄青有功，世袭土舍。明嘉靖七年，以王受明为白山土巡检。传至王如纶，清初，归附，仍袭旧职"①。《白山土司志》云："尺寸土地，悉属官基。"②

在扶绥县安平土司，土地都属于土官所有的前提下，各地因情况不同存在着不同类型的土地占有形式，大致可分为民田和官田两类。民田要服劳役以及交贡纳和赋税，故又名"役田"；官田则不交粮赋，纯属土官及官族的私有财产。③ 土官的"那番"（即役田）遍布全境，许多田便以负担的各种劳役和贡纳的名称为田名。安平土司设置有名目繁多的公田，计有挑水田、坟田、马草田、抬轿田、赶鸟田、柴田、石匠田、洗衣田、竹器田、解匠田、煮粽田、看猫田。有的农奴虽不种役田，但仍然保

① 《清史稿》。
② 《白山土司志》。
③ 《广西壮族社会历史调查》（四），民族出版社2009年版，第29页。

留原来承担的劳役和贡纳，如歌手、煮粽子、打猎、烧茶、扫楼、抬旗牌、运粮、幕布。① 这些公田为土司所有，为村民所耕种，耕种的村民为土司提供各种名目繁多的劳役。

（二）土司之田不纳租税

壮族土司中，知州得到的是“养印田”。养印田“犹圭田也”②，按《礼记·王制》中“夫圭田无征”的规定，无需缴纳各种赋税。而知州以下得到的则是“荫免田”。“荫免田”又称“俸禄田”，一般都是最好的土地。土司还可以把其余土地分给其手下，有甲田、目田、哨田、亭田、保正田、头人田等，把分给农奴耕种的称为“计口给田”。为了让其管内民众为土司提供劳役，土司还设置名目众多的诸如“抬轿田”“挑水田”“石匠田”等役田。

广西太平土官（在今广西崇左市境内）各种土地名目很多，据调查有下列几种：鼓手田、打柴田、打炮田、旗田、蒸尝田、抬轿田、郎头田、山羊田、勒置田。③土官早期土地占有状况及其变化有挑水田、旗锣田、坟田、抬轿田、看猫田、养马田、香烛田、夫役田、斟酒田、监工田、杀猪田、兵田、番田、印田、杀鸡田、塘田、粮田、蒸尝田、印田、养姑田、峒长田、总目田、总番田、祈头田、总先田、总扫田、亭头田、郎头田、客长田等。④

南丹土司也拥有各种各样名称的官田，其中：

班夫田：又称“夫田”，由土官交给农民耕种，佃户不纳租，不上粮，为土官提供诸如抬轿、挑担、打柴、割草等劳役，基本上每个月去帮土官做三五天。在南丹县，类似的还有为土官到处跑腿的“狗弯田”、为土官抬轿的“四脚马田”、为土官提供火药的“火药田”、为土官提供割草喂马的“马草田”、为土官点灯挑水的“点灯挑水田”等。

哨目田：是土官分赐给哨目的田产，如庆远州哨目卢显川约有60挑的田产在拉易乡。哨目又将田租给农民耕种，每年与佃户平分粮食。

课田：又称“养兵田”。据说同治年间土官莫七为应付与其他土官长达十年的武装冲突，强迫一些田产较多的富户贡献田产作为养兵之用。

养印田：土官赐给发妻掌管印信的田产，其妻不得买卖。妻子的儿子继任为土官

---

①③④ 《广西壮族社会历史调查》（四），民族出版社2009年版，第31、82、158页。
② 《桂海虞衡志》。

时，该田转给儿媳掌管。①

由于土官在土地集中方面带来很多弊端，在明朝时，已对设置土官并为土官拨付土地有所节制。“辛亥，置南宁、柳州二卫。时广西行省臣言便宜三事，曰：‘庆远，故府也，今为南丹军民安抚司，虽统地十有七州，然其地皆深山广野，其民多安抚同知莫天护之族。天护素庸弱，不能御众，而宗族强者动肆跋扈，至于杀河池县丞盖让，与诸蛮相扇为乱，此岂可姑息，以胎祸将来？乞罢安抚司而复设庆远府，置军卫以守其地，庶几其民知有府之治而不敢自恣，诸蛮知有兵之重而不敢为乱，此久安之道也。’”② 此文大意为，广西行省大臣向朝廷提议：广西庆远府土官莫天护向来平庸软弱，其强势族人飞扬跋扈，与其他地方的土官相互煽动作乱，甚至杀死河池县县丞，请求撤销安抚司，设府置卫。弘治九年（1496），两广军务兼巡抚邓廷瓒请求拨付田地让东兰土知州韦祖鋐之子率领土兵在古田、兰麻驻兵耕作，而朝廷商议认为古田土地多数是居民的世代祖业，如果以韦祖鋐之子担任土官，恐怕几年后这些居民和良田都不再为朝廷所有，因此不准。

土司还拥有自定课税的权力。土司对于中央王朝只需进贡即可，不仅不纳税赋，而且在其统治范围内还可以自定税赋。据《隋书》记载，土司所需要的所有物产，都由土民提供，临时确定收取数额，并无固定的法律条令。③ 少数民族地区的人每年将马卖给官府经过土司境内时必须向其提供货物、盐、牛，不给则堵塞道路。④ “诸蕃岁卖马于官，道其境，必要取货及盐、牛，否则梗马路，官亦以盐、彩和谢之”。

二、不许擅鬻的溪峒专条

《礼记·王制》曰：“田里不鬻。”周时，将土地分封给领主，不允许擅自买卖。广西土司统治的地方，在宋代时有“溪峒专条”，即山瑶、峒丁的田地不允许与当时的汉人“省民”交易。据《文献通考》记载，宋嘉定七年（1214），有朝臣向宋宁宗进言说：“夫熟户、山傜、峒丁有田不许擅鬻，顷亩多寡，山畲阔狭，各有界至，任其耕种，但以丁名系籍，每丁量纳课米三斗，悉无其他科配。熟户、山傜、峒丁乐其

① 《广西壮族社会历史调查》（二），民族出版社 2009 年版，第 4—6 页。
② 《大明太祖高皇帝实录》卷五〇。
③ 《隋书·食货志》。
④ 《岭外代答》。

有田之可耕，生界有警，极力为卫，盖欲保守田业也。近年以来，生界傜、獠其没省地，而州县无以禁戢者，皆繇不能遵守良法，有以致之。夫溪峒之专条，山傜峒丁田地，不许与省民交易，盖虑其穷困，而无所顾藉，不为我用。今州郡谩不加恩，山傜、峒丁有田者悉听其与省民交易，但利牙契所得。而又省民得田，输税在版籍常赋之外，可以资郡帑泛用，而山傜、峒丁之米挂籍自如，催督严峻，多不聊生，往往奔入生界。溪峒受顾以赡口腹，或为乡导，或为徒伴，引惹生界，出没省地，骎骎不已，为害甚大。宜明敕湖广监司行下诸郡，凡属溪峒山傜、峒丁田业，不得擅与省民交易，犯者以违制论。仍归其田，庶山傜、峒丁有田可耕，不致妄生边衅，实绥靖远民之良策。”“从之。”

因为熟户、山瑶、峒丁的田地面积大小宽狭都各有界至，不允许他们擅自买卖，即“不许擅鬻”。熟户、山傜、峒丁都乐于有田可耕，如被侵犯会极力反抗，以保护其田地。如果他们卖了田地，生活无所依靠就会到处奔走，为害甚大。因此，凡是溪峒山傜、峒丁的田地，不得擅自交易，犯者追究责任，并将所买田地归还山瑶、峒丁，使其有田可耕，免生是非。①

三、土地等财产所有权的转移

（一）土地买卖先尽亲房族人地邻

进入清代以来，壮族地区土地所有权转移已经比较常见。土地转移的方式主要存在买卖、典当无法赎回、继承、抵押权实现等几种，而且这些转移方式大都通过中人以双方签订书面契约的方式实现。清朝时，虽然土地已经可以自由买卖，但传统壮族社会的土地交易也有各种各样的乡规或习惯，其中“土地买卖先尽亲房族人地邻”是应遵守的原则。也就是说，田地的卖方在出卖土地时，采取先亲后疏的原则，首先要征求本亲族各房是否愿意买此土地，如无人购买才能卖他人。出于对财政与田地买卖的控制，清代规定田地买卖必须使用规定的契纸。如，光绪朝的《钦定大清会典事例·户部·杂赋·田房税契》载，顺治四年（1647）覆准：凡买田地房屋必用契尾，每两输银三分。

---

① 《文献通考·四裔考五》。

清代法律对于田地典卖和绝卖契约的内容也做出了明确规定："嗣后民间置卖产业，如系典契，务于契内注明回赎字样；如系卖契，亦于契内注明绝卖永不回赎字样。其自乾隆十八年定例以前，典卖契载未明，（追溯同年）如在三十年以内，契无绝卖字样者，听其照例分别找赎；如远在三十年以外，契内虽无绝卖字样，但未注明回赎者，即以绝卖论，概不许找赎。如有混行告争（要求打价回赎）者，均照不应重律治罪。"①

根据以上规定，清代壮族社会的田地买卖一般要经过三个环节：一是找中人，即买卖双方经中人说和，议定价格。二是由买卖双方、中人、写据人和所卖土地的四界地主共同丈量，确认四界之后书写买卖契约。契约包括双方姓名、田地的面积和类型、位置和四至、中人、写据人姓名、时间等，有的还包括今后永不反悔之类的内容。三是各方签字画押或按手印之后，田地的买卖手续即告完成，同时契约须经官府盖印才发生法律效力。

在百色两琶乡，田地转移的形式主要是买卖、典当和继承，也有的作为借贷抵押物被占有。土地买卖被称为"买断"或"卖断"，典当土地被称为"买当"或"卖当"。无论买卖、典当都由卖主找人"过话"，即请人去找买主。有时过话者即中保人，有时则为两人。如为两人，在写买卖契约时"过话人"也在场，文契上除写明中保人和代笔人外，还注明"过话在场"。在清朝，出卖田地要先通知本族，如果本族无人愿买才可卖给外人。田地卖断后，即由买主管耕，所有粮赋夫马公项等均由买主负责。如果事后发现该田来历不明或有争端，则由卖主负责。②

广西都安高兴公社壮族社会的土地转移也可分为买卖、典当、继承、霸占、抵押等五种，其中以买卖最为普遍，其次就是典当。其原因多是由于遭遇各种灾害（如水、旱、病等）和婚丧等巨大开支，自己无力负担而把土地出卖或典当。但也有的急于用钱而向别人借债，放债户需要借债户的土地作为抵押品，由于利息过重，无法偿还，不得不把做抵押品的土地割卖给地主。无儿子的人，为了接香火而过养房族兄弟的儿子，过养人即成为该户财产的继承者。也有一些人虽然绝嗣，但他们不要人过养，死后遗下的土地给较亲近的兄弟继承，因此土地就转移到新继承户。③

在广西武鸣县双桥镇，新中国成立前，土地买卖时一般须中农以上的中人作证，

① 《大清律例·户律·典卖田宅》。

② 《广西壮族社会历史调查》（二），民族出版社 2009 年版，第 197 页。

③ 《广西壮族社会历史调查》（六），民族出版社 2009 年版，第 113 页。

并立契约，摆酒席，中人报酬200枚铜仙，1亩田价为450元大洋。①

田地买卖契约的名称虽各有不同，但其内容与程序相差不大。以下列举壮族社会的一些田地买卖契约，并试图总结这些契约内容的共同特点：

黎崇贤卖畲地契约②

立约卖畲地人黎崇贤，系本村居住。因为无钱还债，不已，夫妻商议，愿将本分畲地一片，坐落科村，广下种一斗谷之地，问到本族黎成高处承买，本实铜钱二千文足，即日钱约两交。其畲随约连痕，把渠界交与钱主任从耕种，以为世代子孙长业管耕，不干卖主之事。恐口无凭，人心难信，故立文书为据。

同治六年三月初五日黎崇贤立约

本契约所载内容构成为：立约人；卖地原因；坐落；面积大小（种一斗谷之地）；买受人（族人）；价格；卖方不再干预的承诺；立约时间。本契约虽名为“契约”，但只有卖方的签字，并无买方的签字，因此更像卖主给买主的收款凭据，不过内容已比较完备。

断田契③

立约卖断田本寨廖正旺，今因家下缺少使用无从出处，夫妻商议，情将自躬（已）分下水田一块，将来出卖，从落土名社面一块，禾苗十二把整。请中问到本寨廖金英应言承领，时值价禾三十三秤整，即日凭中亲手接领回家应用有靠。其田卖后，便由买主管业，起土耕种，卖主不敢异言翻悔。如有异言，卖主自甘其罪。今恐无凭，立卖断约存照为据。

买主人　廖金英

卖主人　廖正旺

凭中人　廖金才（禾一秤）

代笔人　廖玉明（木一百）

通道鸡一只、酒四斤、米四升。

光绪十年甲申岁闰五月十三日立

本断田契约所载内容构成为：立约人；卖地原因；坐落；面积大小（禾苗十二把整）；买受人（族人）；价格；卖方永不反悔、不干预耕种的承诺；立约时间；买主、卖主、中介、代笔人的签字及报酬。

---

① 《广西壮族社会历史调查》（三），民族出版社2009年版，第122页。

②③ 《广西少数民族地区碑文契约资料集》，民族出版社2009年版，第79、183页。

买卖田产文契①

立买退吐公田，契保人在者架牛角村黄布身，今紧急使用，是以夫妻商议，情愿有将遗下之公田，坐落在牛角那同乱，受种贰拾斤足七十五地，大小三丘，先通房族，后问邻里，请人托中求卖退到本村黄品隆处，看田中意，备出本价花银壹佰伍拾毫正，即日当中三面言定，其田交与买主耕管，万代子孙永远为业，若有钱粮庄谷公项一切耕田走，后日不得赎回找补，两比意愿，不敢异言争论，恐口无凭，立退吐田存照为凭。

中保人

过话人　陆卜孔　资银二毫

代　笔　黄家殃　资银三毫

宣统三年六月十五日立字

本买卖田产文契所载内容构成为：标的（公田）；立约人；卖地原因；坐落；面积（受种贰拾斤足七十五地）；买受人（先族人，后邻里，最后是本村村民）；价格；卖方永不反悔、不干预耕种的承诺；立约时间；卖主、中介、代笔人的签字及报酬。本契约也没有买受人的签字。

姜仕清卖田契约②

永远卖田人姜仕清，系西化埠新村居住。今因无钱度活，饥寒两逼，难以周年。不已，愿将本分祖父遗下之粮田，土名唤那楞，大小共一片，禾苗八把地，先通亲戚，后通邻近，坐落在本处，无人承受，凭中问到本村黎卡处永买，取出本铜旧钱七千文正，即日亲手领钱回家度活完讫。当面言定：其田随约交与钱主，年中管耕修整，自耕自割，永为世业。此系明卖明买，实钱实约，并非折账等弊。自买之后，任从当堂挂号钤盖印信。年中额例之粮，照田办纳。其田或生成黄金宝贝，或水冲成河海两相无悔。日后年久月深，所不义之辈冒认为我业争娄者，系在约内有名人承当。如违约内之言，任从执此文约赴上陈理论，甘罪无辞，仍照此田永不挪移是实。今恐无凭，人心难信，为此，立约一张交与为据。照田例钱二十四文。

立约永远卖田人　姜仕清

请人代笔

同治五年□月初五日

---

① 《广西壮族社会历史调查》（二），民族出版社2009年版，第198页。

② 《广西少数民族地区碑文契约资料集》，民族出版社2009年版，第77页。

本卖田契约所载内容构成为：立约人；卖地原因；坐落；面积（禾苗八把地）；买受人（先问族人，后问邻人，最后是本村村民）；价格；卖方永不反悔、不干预耕种的承诺；立约时间；卖主、代笔人的签字。

有的田地买卖还附有条件，约定买家要让卖家佃种所交易的田地。如在广西西林县维新乡，土地买卖有两种：一种是自卖土地后，在契约上写明卖主要做买主的佃户，如不能做佃户就不卖田，而转卖给别的佃耕者。卖后，土地使用权仍在卖主手中，做佃户的一直做到买主把这份田卖给别人为止。一般的佃户都是秋收时与买主平分稻谷，或以固定租额交租给买主。另一种是不做买主的佃户，自卖后互不再过问。西林县维新乡90%农户的水田除了卖给地主，还有少量的水田在中、贫农内部买卖，但买卖双方都以自己的宗族房族居多。①

卖断土地必须先通知族内，从近亲到远亲，倘宗族内无人承买，才能卖给他人。如果违反这一规则，将会招致麻烦，亲族内的人会认为该交易行为违反乡规而起来反对，甚至挑起诉讼。在那坡县，卖田的不多，由于担心卖主出卖田地没有通知亲族，这里出卖田地时买主一般要求有族亲在场，否则买主就不买。②

民国二十六年（1937），隆林县岩晚乡黄卜堆卖断田地，没有通知全族即将一块可种约100斤谷种的田卖给委乐屯黄公堆，不久被同族的黄卜论等知道，不同意他卖出去而惹起诉讼，要求把该土地追回，但黄公堆在付了铜钱10万文以后，立即赴县用了30块光洋“买上嘱下”，将契约入了税，在县待了一个多月领到新照归来，并立即在同族宴客，要求获得全族的支持，这样黄卜论等也就无法可想了。③

在大新县雷平村，到民国时，壮族社会村民之间的土地买卖已经很常见，但仍然遵守“土地买卖先尽亲房族人地邻”的原则，后双方找中并达成一致，即签订地契，然后还要到官府履行田契的验证以发给执照。以下是一份卖田契约及一份验契执照：

赵必免永远卖田契约④

立约永远卖田人赵必免，系恩城后州居住。今因急中无银支用，不已，兄弟商议，愿将祖上遗置城田，土名唤那科派一子共四片，那密一子，共十二片，那措一丢，共八片，那科桥一片，共田二十五片，先通族内，后问近邻，无人承受。凭中问

① 《广西壮族社会历史调查》（二），民族出版社2009年版，第156页。
② 《广西壮族社会历史调查》（三），民族出版社2009年版，第139页。
③ 《广西壮族社会历史调查》（一），民族出版社2009年版，第34页。
④ 《广西少数民族地区碑文契约资料集》，民族出版社2009年版，第107页。

到安平五处农村赵启英是实永远买取，许出本价银三十大圆正，是日亲手领银回家支用。当面言定：银契两交清讫，其田交与买主永为世代子孙恒业。此田或后日崩成河海，或产出黄金均系两愿，各不反悔。恐年深月久，或有不肖子弟冒言生端者，系在契内有名人承当，无涉买主之事。此乃明卖明买，公平交易，并无折债等弊。恐口无凭，人心不古，故此，立约一纸，交与买主收执为据。

中保人　必冠

中华民国十一年二月初十日立

本卖田契约所载内容构成为：立约人；卖地原因；坐落；面积；买受人（先问族人，后问邻人，最后是本村村民）；价格；卖方永不反悔、不干预耕种的承诺；立约时间；中保人的签字。

从以上契约及其内容构成可知，清代壮族民众之间田地买卖契约的内容构成基本一致，都有主体、价格、位置、面积、时间等内容，在出售田产的时候都遵守先亲族后近邻再村民的顺序。有所区别的是，一些契约没有买方的签字，但由于已有卖方的签字与承诺，而并不影响契约的效力。

（二）田地之外的其他物权买卖

除了田地买卖，壮族社会还有许多其他物权的买卖，如山地、河流、木材、宅基地、卖房等，这些买卖都以契约的形式对双方权利义务进行约束。

一般而言，土地交易的卖方往往是急需资金的农民，而随着社会的发展，一些土官因各种原因也成为土地交易的卖方。

土官出售公山契①

茗盈州正堂李 头目时达等，今因急需无钱办公，不已，官目商议，原州属之荒地名更□陇一处，凭中立约永卖与本街□亲台农泽耀处，□取本纹银三十五两正。即日接银回署应争办公。当众三面言定，其他交过买主，任从牧牛种杂粮。倘有日后何人生端冒认，系印契有名之人承当，不敢异言。恐后无凭，为此立印契一约，交与买主收执，存据是实。

正中保堂侄挺朝

通引李耀宗

① 《广西少数民族地区碑文契约资料集》，民族出版社2009年版，第15页。

嘉庆十七年正月廿一日立约执笔人马德显

这是大新县全茗乡土官出售公山的文契。该土官是因无钱办公而出售土州的公山，虽是土官出售田地，但与一般农村出售田地的契约内容及构成并无二致，有所不同的就是它不像一般的村民出卖田地时必须表明问亲族、近邻无人承受的意思。

卖河契约①

文凭永远卖河人陈何金，系东化内凹村居信，今因急中无钱使用。不已，父子商议，愿将本分祖父遗下之河，三凹那二半至共合二六片，近河辨城，百长到凹口，不论何方打鱼鳖，分派先问无主无人，凭中问到李行吉处，实出许本铜钱一百二十八两足，即日新手领银回家使用。当三面言定：其河随约交与银主世代子孙，不论打鱼鳖，分派粮钱□七十文足，永管打为恒业。其河年中冒争者，系在约内明卖明买。银实约交与银主或变是实黄卖（句?），父殁子承，兄亡弟接，不敢异言。恐口无凭，人心难信，收执立约乙张存照。

立约凭永远　陈何金

中保　陈何美

乾隆□□年四月十一日

河流在今天属于不能独占的公共财产，但在壮族社会历史中，河流也属于可以继承、可以出卖的私有财产。上述契约即为乾隆年间广西大新县宝圩乡村民陈何金将其祖父遗下的一条河卖给李行吉。

汤光显卖木敬契约②

立约永卖木□汤光显，西化埠擦（新）村刀召主（住），因为急中无钱使用，父子商议将本分三木榕问到本村黎聪实取，出本钱三百文正，就日亲手领回家应用。两面言定，木永为世代子孙恒业以年，人心难信，□□□□□□□

上陈理论□□□□□□□

立永卖木歌汤光显

请人依口代笔

嘉庆十二年六月初四日

本契约由立约人、地址、标的、卖木原因、买受人、金额、不反悔承诺、代笔人、时间等内容构成，与卖田地相比，没有了先亲族后近邻的表述。

①② 《广西少数民族地区碑文契约资料集》，民族出版社2009年版，第41、42页。

卖塘契约①

立约永远卖塘人梁富，系在西化新好村居住。因为急需，无钱使用，父母商议，卖塘一个。先通族内，后通近邻，无人承领。凭中问到同村

黎聪正，出本钱三千五百正，即日亲手领钱回家使用。两人当面商定，并无异言。钱主任从自耕自割。其塘在□凹地名。交钱即日交约与钱主，不论近远，不可忤心反言所退。若有忤心反言者，钱主任从执是文契上陈理论，甘罪无辞。恐后无凭，人心难信，所以立此文约交与钱主收执为据。

嘉庆十五年七月初五日立

本卖塘契约的内容构成为：卖方；卖方地址；出卖原因；标的；先通亲族后近邻的表示；金额；不反悔承诺；立约时间。名为“契约”，并无买方的签字。

袁莅麟卖地基契约②

立约卖地基一所带石人袁莅麟，系著盈州旧街住。今因家贫无钱使用，不已，母子商议，愿将祖父遗下地基，连带石头，左近廖家，前后长八丈到街，横三丈，凭中立约问到同州住表兄苏贵奇处应承永买，取出本钱二千文足，即日钱约两交。三面言定：其地基交过钱主世代管耕起屋为业，父毅子承，兄终弟接。此系明买明卖，并非偷盗买卖，并非折债情弊。倘有日后年久月深，同堂叔侄敢冒认退赎，系在契内有名保人承当，再无异言。今恐无凭，人心不古，为此，立约一张，交与钱主收存执据是实。

中保　袁莅杞

立卖永远地基袁莅麟自亲的笔

通引　李玉林

同治十一年二月十二日

本卖地基契约的内容构成有：卖方；卖方地址；出卖原因；标的；四至；先通亲族后近邻的表示；买方；金额；不反悔、不退赎承诺；保人责任；立约时间；担保人、卖方及中间人的签字。该契约内容构成也按田地买卖的方式，而且其面积也是以四至的方式划出，还多了一个担保人责任的内容，与许多契约一样，也无买方的签字。

①② 《广西少数民族地区碑文契约资料集》，民族出版社2009年版，第44、83页。

曾一理卖瓦屋契约[①]

立永远卖瓦屋人曾一理，系州城都楼街，移居五处岜贺村居住。今因急需，无钱生理，不已，父子商议，愿将瓦屋一座，四凤宽二丈四尺，长到沟边二丈五尺，连地基、石条、石墩一切，永卖与本村农余瑶处实买，取出血本铜钱八十千文足，即日亲手领钱回家生理。三面言定：钱约两交明白，其屋交与买主永为世代子孙恒业。倘日后地屋产出黄金，卖主不能退赎；或变成河海，亦不关卖主之事。此乃明买明卖，并非专私卖与别人。或年深月久，若有同堂兄弟冒言生端者，系在约内有名之人承当。恐口无凭，人心不古，故此，立永约一张并上手地基文契与钱主收执存照。

中保人　父亲

立约　曾一理

父亲手的笔

光绪十四年□月初九日

本卖房契约的内容构成有：卖方；卖方地址；出卖原因；标的；面积四至；买方；金额；不反悔、不退赎承诺；保人责任；立约时间；担保人、卖方的签字。该契约内容构成也与田地买卖的一致，其面积也是以四至的方式划出，也有担保人责任的内容，但无先通亲族后近邻的意思表示，跟许多契约一样，也无买方的签字。

曾一理又卖瓦屋契约[②]

立约永远卖瓦屋人曾一理，系州城都楼街，移居五处岜贺村居住。今因急需，无钱生理，不已，父子商议，愿将瓦屋一座，四凤三丈八尺，长到沟边，并神楼、横条、木板、门问、楼梯、石葱、下连地基、石条、石墩、石碟连代屋顶、地基二丈等，二丈匡到边，那隆代柑木一根，袖木二根，合共每件一切永卖与本村

农余瑶处实买，取出血本铜钱八十二千文足，即日亲手领钱回家生理。三面言定：钱约两交明白，其屋交与买主永为世代子孙恒业。倘日后地屋产出黄金，卖主亦不能退赎；或变成河海，亦不关卖主之事。此乃明买明卖，并非专私卖与别人。或年深月久，若有同堂兄弟冒言生端者，系在约内有名人承当。恐口无凭，人心不古，故此，立约永远一张并上手地基文契与钱主收执存照。

中保人　胞弟曾一敬

立永远约人　曾一理

亲手的笔

---

①② 《广西少数民族地区碑文契约资料集》，民族出版社2009年版，第95、95页。

光绪二十四年十一月二十三日

本卖房契约是上列卖主再一次出售房屋，买主也是同一人，其内容与上一份基本一致，内容构成有：卖方；卖方地址；出卖原因；标的；面积四至；买方；金额；不反悔、不退赎承诺；保人责任；立约时间；担保人、卖方的签字。该契约内容构成也与田地买卖的一致，其面积也是以四至的方式划出，也有担保人责任的内容。与上一份卖房契约的区别就是，上一份契约由其父亲充当保人，而这一份则由其弟弟充当保人。无先通亲族后近邻的意思表示，跟许多契约一样，也无买方的签字。

（三）田地买卖执照

一买一卖，签订买卖契约后其合同效力已经产生，但这些买卖契约只有经过官府的验证、缴纳税款后才能得到国家的认同，因此民间田地交易除了保存有大量买卖契约，还有许多由土州颁布的“产业执照”“谢纳印照”“田产执照”“民屋执照”“土地执照”等产权文书。这些土官颁发的执照类似于现代的土地或房屋产权证书，是产权归属的证明。

清代不仅规定田地买卖必须缴纳契银，如《大清律例·户律·典买田宅》规定的“典买田宅不税契者，笞五十（追）契内田宅价钱一半入官”，更规定广西庆远五府的土官司官庄田亩不准私下典买，否则要田归原主，按盗卖田亩追究买主的刑事责任。其规定如下：

田赋四①

远等五府属土官司官庄田亩，不准私行典买。若土目、土民典买土司官庄田亩，即将承买之人照盗卖田亩律每五亩加一等治罪，追价入官，田还原主，并将违例之土司查参降留，失察之该项管知府议。若查该土司有倚势抑勒情事，将勒卖之土司降级调用，失察之该管知府议处。

验契执照②

一二九次财字第九一五七号

现管业人姓名赵启英　籍贯雷平二区　住址农村

原得业人姓名　原出业人姓名赵必免

产业　种类田　四至面积

① 《钦定户部则例》卷十“田赋四”。

② 《广西少数民族地区碑文契约资料集》，民族出版社2009年版，第107页。

所在地那科派

价目三十元

立契日期民国二十一年二月十日　纳粮户名

交纳纸价一元六角，交纳注册费四角，交纳验费□□。

右契业经验讫，除截根分别存报外，合行给予执照，以资证明此照。

给该户赵启英收执。

壮族民众之间田地买卖执照须由官府颁发，颁发田照也成了一些官府敛财的手段。为此，清代镇安府（府治天保，即今广西德保县）知府赵翼曾严令制止，此事在他的《檐曝杂记》中有所记载。

又天保县令某，先与署府某商谋，谓民间田土无所凭，故易讼，宜按田给照以息争端，实则欲以给照敛钱也。而时未秋，民无所得钱，先使甲目造册，将于秋收后举行，而不虞余之自滇归也。夏六月，余忽回郡，廉知之，以此令向日尚非甚墨，因语以此事固所以息争，而胥役等反藉以需索，则民怨且集于官，不如自以己意出示罢之，尚全其颜面也。然计其所失，已不下万余金。某方衔次骨，而民间皆知以余故得免此横钱，是以感最深。每余出行，各村民辄来舁舆至其村，巡历而过，又送一村，其村亦如之，父老妇稚夹道膜拜，日不过行三十里。至宿处，土铚瓦盆、鸡豚酒醴，各有所献，不烦县令供顿也。及余调广州，时方赴桂林，途次得旨，即赴新任，不复回郡。时署中惟一妾，巾车出城，满街人户无不设香案跪送。又留一族孙鹤冲在郡，交代毕来广时，街民送亦如之。是岁九月，陈恂等七十余人又送万民衣伞至广，计程四千余里，距余出镇安已六七月矣。亦可见此邦民情之厚也。①

天保县令以民间田地交易没有凭证，容易产生诉讼，因此要颁发执照，以平息争端，实际上是想以照敛财，一些官差还借此勒索财产。镇安知府赵翼禁止之后，民间得知自己免了许多冤枉钱，莫不感恩戴德。赵翼到哪出行都有村民前来拜谢，民间皆知以其故得免此横钱，是以感念最深。买卖是壮族地区土地所有权转移的一种方式，当地还有另一种土地使用权的转移形式，即典当制度。相对于西方国家的土地制度，典当是我国特有的土地转移形式。

① 《檐曝杂记》。

四、田地典当制度

（一）田地典当的基本概况

典当是我国特有的一种法律制度，是出当人将其田地作为当物抵押给典权人而取得当金并在约定期限内出典人支付当金利息和偿还当金后赎回当物的行为。典当使出典人在获得一定金钱的情况下有条件地获得出典物的所有权的机会。与断卖相比，出典人仍然附条件地保有典物的所有权，成为暂时需要资金但又不想出卖田地的农民的一种较好选择。有的田地买卖契约中约定是断卖，有的则约定回赎是否附有期限。如在广西隆林县，多数土地买卖行为都不是买断，而土地典当则很普遍，因为农民受到残酷的剥削和压迫，在万不得已的时候，唯一的办法就是把田地典当，以期以够在经济条件允许的情况下赎回自己的土地。典当契约，以黄卜秀典田给黄卜连一例较为典型。①

立卖当田连地草木文契人布社村黄卜秀，情因账目深重无处出办，只得与弟商议，情愿将祖父遗下蒙田地一份坐落土名那管田地，大小三丘两遍沟归田，计种六白，凭中出与平歪村黄卜连看田如意，承领为耕，当中备酒言定其田作价得钱叁拾叁千零贰百文足，其钱每千柒斤重，即日钱契两交清明白，黄卜秀亲手领钱回家应用，自当之后，任从田主守耕田，不限年赎回，钱还田退，双方不得民言反悔，今恐口说无凭，立此当田一纸为据。

外批黄公秀、公福若有登仙，又问黄卜连，两方商定价钱四千文足，即日三面言清，不得异言反悔，今恐口说无凭，立此存照。

中保人　黄贵昌　黄卜成　黄亚才

依口代笔　黄卜彩

每人受钱百文

光绪十年七月二十日立当

不论是典当还是断卖，都要慎重地订立契约、请凭中人，并须请客和给每人一定的证明钱，称为“钱长”，即中保钱。断卖的中保钱较多，典当的中保钱较少。若要

① 《广西壮族社会历史调查》（一），民族出版社2009年版，第33页。

赎回，还有赎单。①

兹收到：

黄卜宛于民国卅八年向本人十九份六斗花户那云田公仔伍拾元正，每元染钱二分重，于民国叁伍年份六斗花户等倘与本人价田国币叁万元正照该年物价国币叁万元折公仔合伍拾元。

此据

经收 已有禄条

附记 该份田原系以前十九份等，倘与黄卜叔价银公仔一百八十元于民国三十年布也屯黄卜交依势公仔每一元折国币壹元二角六分照标赎去。

中华民国三十八年二月二十二日字

农班典当田契约②

立约典当田人农班，系陇糕村居住。因为急需，无钱还债。不已，夫妻商议，将祖父遗下六置田一子，坐落本村，大小共六片。先通族内，无人承受。不已，请保凭中问到州城都楼街黎釜讳胜秉处，实取价铜钱一十千正，即日当保亲手领钱回家还债。四面言定：其田随约交与钱主，年中临田观收禾把，冷苗四六，两相承（情）愿明白。此系明卖明买，并非折债等情。田主不敢别卖。无论近远，钱到田出。钱主亦不敢阻蓄（留）其田许赎。不许加所有谢纳钱粮。工件一切，系在田主办出，无干钱主之事。倘或年久月深，有生心冒认争夺者，系在约内有名人承当是实，决无反悔异言。恐后无凭，人心难信，为此，立约交与钱主收执为据。或违异言者，任从执出文约，投赴上陈理论，甘罪无辞。仍照约内追给还，不敢违口是实。

证见人堂叔 农兼

中保人同村 方俑

立约当田人 农班

请人依口代笔

嘉庆十年五月初五日

一般的典当契约内容由以下几方面构成：立约典当人；地址；典当原因；出典地的面积、坐落；先通族内近邻的意思表示；典权人；典价；田主不别卖钱主准回赎的约定；见证人、保证人、出典人、代笔人的签字。其中，由于出典的是田地，因此同

① 《广西壮族社会历史调查》（一），民族出版社2009年版，第34页。

② 《广西少数民族地区碑文契约资料集》，民族出版社2009年版，第42页。

样要履行先通族内近邻的程序，并且要约定是否允许回赎。

（二）田地典当期限与回赎

已典当出去的田地如果约定有回赎的期限，到期出典人不回赎则由典权人没收当物，并且出典人回赎典物有时间和季节的要求。

在广西武鸣县邓广乡，田地的典当一般以一月为期，收息10%。一件物件价值10元，一般最高能当5元。出当人要按期交息，如到期不交，典权人即可没收典当物。邓广乡地主黄启勋之所以发家，典当就是原因之一。如当一件衣服，月利要50%，期限很短，仅两三天，过期则卖给他人。其剥削程度是惊人的。①

赎回典当的田还有一定的时间和季节，即必须在腊月十五以前，否则一般不容许。因为那时即将开春，有的已经开始要筹划明年的耕作，或已翻土过冬。此外，凡翻过土的田地卖出，人们是不要的。因为人们习惯上认为田主已在地里落下了血汗，买了会损阴功。40年前，隆林县委乐乡岩晚屯的韦大祥典出5斤谷种的田给委内屯黄公新，后来韦大祥于腊月十六这天来赎，双方争执并殴打起来，黄公新说是按规矩办事，韦大祥说契约上没有这样写，口说无凭。但因仅迟一天尚不会影响次年生产问题，最后还是让韦大祥将田赎回。②

在武鸣双桥镇，典当这一制度始于何时已不可考。这里典当物的对象各种各样，从用地到棉被都有。收当的人多为富农和中农，地主有时也收当，一般日常生活用品的典当期可以分为10天、15天、20天、1个月几种。③ 在广西那坡县，把田地出当的一般是中农，典当期限一年、两年或三年不等，到期不能赎回，则断归地主所有。在百色两琶乡，典当田地在写契约时即规定典当期限，到期即由卖主赎回。在典当期间"银不起利，地不计租"，意为出典人从典权人处得来的钱，到赎田时不计息，典权人典入的田由典权人耕种也不用交租。典当期间该田所应承担的银粮夫马公项等均由典权人负责。如果典当期满，出典人还无钱赎田时可加补，即再继续卖当若干年，由出典人酌补一些钱，到期限时由出典人一起还钱赎田。也有事先申明不得加补的，则写明"限到几年，不得加补"。典当也有不限期限的，典权人何时有钱就何时赎田，

① 《广西壮族社会历史调查》（六），民族出版社2009年版，第14页。
② 《广西壮族社会历史调查》（一），民族出版社2009年版，第34页。
③ 《广西壮族社会历史调查》（三），民族出版社2009年版，第122页。

要写明不限期和“银到契退”字样。①

有的买卖当田后，卖主从买主手中佃来耕种，每年要向买主交租，文契上写明每年秋收时请买主来分半，纳粮完赋等均由买主负担。买卖当田还有一种卖“半苗”的形式，即买主出比买当要少得多的价钱（一般买当之价是买断的一半，买半苗又是买当之一半或更少）来买田，该田由卖主耕种，每到秋收时双方下田平分。②

典当加补款次后，一般就得将田割断与买主。经过加补款后卖断的田，在契约上都要写明自专断之后，该田“虽值黄金白玉皆是买主之福”，卖断者以后虽“有家财万贯”，也不能赎回该田。同时也规定该田如“崩成河海”，买主也不得悔退。另一种情况是在典当契约上就规定了“满限几年以当为断”，意为到时卖主如无钱赎田，就算卖断给买主了，买主也不加补银钱给卖主。农民所占有的“公田”也可以买卖或典当。以前在买卖典当公田时，有的是经过头人乡老同意的，有的则不经过头人乡老的同意。到民国时，田地买卖典当都不经过头人同意即可进行。

典当田地文契③

立卖偿公田契系人者架牛角村韦卜沉，众人头人乡老，为因家贫寒，无银应用，是以众人头人乡老台驾酌议，情愿将众人遗下之公田，土名那夏两处拾地，受种谷贰拾斤，大小四丘，土名那尾家大小三丘，坐落上河边。先通房族无人承收，不得已托中引求卖当到本村黄卜品隆处，看田如意，备出本价花银拾贰元毫子正，即日当中之面言定，其银两相交讫明白，卖主亲手领银，众人应用养军，并无挂欠分厘，自卖之后，任由买主耕管，自耕自收，限到三年不得加补。此系两愿明买明卖，日后其田租谷银粮公项夫马一概自己之顶，并非逼托勒债等情，倘有何人冒认争端，动称来历不明，系在承当，不干卖（疑为买）主之事，后无异言反情，口说无凭，人心难信，故此立契张，与买主收执存照为据。

中保　陆增华（银三毛）

代笔人　何宗昌（银三毛、酒肉一席）

民国十四年乙丑年四月初六日立字

如果田地绝卖之后，想要赎回就是对原契约的违背，必须要经得买受人的许可，否则不得行使赎回权。广西北流甘胜信在康熙末年将一荒坡地以 10 两银卖给韦镇科为业，雍正十二年（1734）又找价 10 两绝卖给了韦镇科，前后立契二纸，业经投税过割。韦镇科下工本将田垦熟，甘胜信不甘心两次要求回赎，后拦阻韦家收割，声言

①②③　《广西壮族社会历史调查》（二），民族出版社 2009 年版，第 197、197、198 页。

允赎方许挑禾，结果发生争斗，被打死。①

从新中国成立初期的壮族社会历史调查所获得的资料来看，田地的典当可以是附期限的典当，也可以是不附期限的典当。如果是附期限，一般的当期是三年以下，到期如果出典人无力赎回，所当田地即归典权人所有。也有一些典当在到期后，双方经过协商，可以加补，由出典人支付一些金钱，在加补期限到来时，把原来的典钱与加补期间的典钱一并偿还以取回田地。如果是田地已经绝卖，出卖人就不能再行使赎回权。除了田地典当，壮族地区还广泛存在田地租赁的现象，有的是以人身依附为特征的佃租形式，有的是在平等协商基础上形成的租种关系。

五、田地租赁制度

在壮族社会，除了广泛存在的田地出卖与典当行为，还有很多田地租赁或佃种的情况。租赁是地主与农民之间形成的租地契约。而佃种关系中，地主与佃户之间具有更紧密的人身关系，有的佃户可以退佃，有的佃户无法退佃，因此相对于一般田地的租赁关系来说，具有明显的人身依附关系。由于田地所有权的性质不一样，因此又可以分为公田的租赁与私田的租赁关系。

（一）公田的租赁

公田，是指所有权不是个人而是官家或集体的田地，可以是土官、团练或哨目等依职权所掌握的官田，也可以由宗族所掌握的公田或称为“庙田”“宗祠田”“扫墓田”。对于土官的公田，其所指为所有权控制在土官手中并且凭土官的官职和权力取得的田地。土官所掌握的田地可以分为依官职而享有的、可以世袭的官田和通过其他方式与手段而控制的私田。如在广西南丹，土官除了掌握土州境内大量官田，还占有更多的私田，出租给农民耕种，每年向佃户收主佃各半的实物地租。耕种土官的佃户，有的可以自由退佃，有的不能自由退佃，除非找到愿意耕官田者替代自己，以保证土官经常性的收入不受影响。父死子承，子死孙承，世代相袭，与农奴相差无几。耕种官田的租率不完全一致，在南丹六寨乡，除由土官提供耕牛外，农具、肥料、种子均由佃户自备，到收成时土官和佃户各收成一半。如果土官不提供耕牛，土官便得

① 第一历史档案馆、中国社会科学院历史研究所编：《清代土地占有关系与佃农抗租斗争》，中华书局1988年版，第332、374页。

到1/3，佃户得到2/3。但一般的租率都是50%。①

上思那荡乡200年前就已存在官田，面积约150亩，历来由团董掌握，交给农民佃耕，收货币地租，每产1000斤谷左右即纳200斤谷价值的银币。耕种这些官租田的农户如果今年纳不了，明年补纳。若是年成不太坏，佃户无法清纳时，则受到抵押。庙田面积约50亩，也由农民佃耕，利率为40%，比官租田高20%。宗祠田，是以族姓为单位共同占有，以定租的办法出租，租额与一般田租相同。地主租田百年来完全是以实物形式缴纳定租，只有谷不够纳时才允许以银纳租，一般租额在50%～60%。②

在上思县思阳乡，本地凡是同族姓的都设有祠堂，还有族坟、祠堂人公田、山林、土地等公产，也有扫墓田。每年租给族内外的人耕种，租额40%左右。房族祠堂是维系本族关系的一种封建组织，族长有极大的权威，族内宗法制度、习惯法的掌握以及内外的诉讼纠纷等，都得经族长许可。③

壮族地区历史上的公田如果是土官所有，其性质是依权力得到国家授权而占有的，代表国家权力性质，一旦世袭官员被剥夺，这种所有就不再存在。而那些庙田、宗祠田、扫墓田等从某种性质上被视为某一个宗族的集体所有，大多数情况下，租种的都是族内成员，如果宗族内部无人愿意耕种，可以由外人来租种，而且地租比一般的私田要低。

（二）私田的租赁

除了公田租赁，壮族社会还有许多私田进行出租，由于历代均采用土地私用化制度，因此其范围比公田租赁还要广泛，私田租赁往往采用实物地租的形式。如，在广西武鸣县邓广乡，历代以来的田地租赁的地租形式主要是实物地租。武鸣县的实物地租分为定租和活租两种，有的甚至用标的方法来决定。定租又称为固定地租，是族田、公田和地主在外乡的土地出租所采用的；活租又称为不固定地租，多数情况下是私人出租田地所采用。地租的租额按实际收成的一半确定，在农民进行收割时，地主会到田边去监督，收割完毕双方各取一半。④

同在武鸣县，清江乡基本上都是实物地租，很少采用货币地租。农民向地主租赁

---

① 《广西壮族社会历史调查》（二），民族出版社2009年版，第12页。

②③ 《广西壮族社会历史调查》（三），民族出版社2009年版，第82、86、70页。

④ 《广西壮族社会历史调查》（六），民族出版社2009年版，第11页。

土地时，要写文书契约，并且还得请担保人。契约内容大抵是：如收入达不到租额时，承租者不能自留一粒谷、一分钱，要把全部收获物交给田主，若收获物未补足租额，即以家资抵押。若承租者不能付租额，则由担保人顶付。租期一般以一年为限，如果承租者在一年内交不清租，地主即可夺田。这种地租形式，使出租人无论如何都优先得到收成以收回地租，而对租赁的村民来说，如果收成较低，意味着他必须首先交租之后才能留下自己的粮食。这种就是固定地租，不管年景好坏，均须按契约规定交付，租额一般是60%～70%。对分租即收当年产量的50%，但实际上出租地地主往往却无缘无故地增加租额，强迫承租人为他交一半的公粮。①

广西都安高兴公社壮族地区，田地租赁普遍实行的也是实物地租，没有劳役地租，货币地租则属于情况特殊。如果是货币形式交租，一般是土地在外乡，路程较远，实物地租不便挑运。而采取货币地租，租率一般采取对半分的活租方式。但分租则只分主粮部分，杂粮由佃户收取。②

在上思县思阳乡，租赁田地的租额一般按四六分，即除谷种外，主户六成，佃户得四成。借钱是30%的利息，到期不还时按利上加利计算。③

武鸣县双桥镇，田地租赁的租额一般是每亩200斤谷子，有的达220斤。在坛雷社，农民租赁土地没有任何手续，地主可随时夺佃；在大路社，农民租田须写契约，请中人作保，并定有期限。④

在西林县，土地的租金有三种：一是对半分租。向地主租田后，收获时对半分成，收割时地主来监督，地主不来就不能收割，收割后各取一半。二是固定额租。一般低于对半分租的租额，相当于30%～40%，但租谷要晒干扬净，并送到地主家。对半分租和固定租都是由地主决定。三是货币地租。农民开荒山地向地主缴纳的租金，一般每开10斤种子的山地就需缴纳2—3毫白银，没有钱缴纳者，则以猪、鸡或野味代偿。⑤

百色两琶乡的租佃关系，除了发生在地主富农之间，也发生在农民之间。向地主租田不需要写租约、请酒，也不需要交押金，只要地主同意租佃就可进行耕种。每到秋收时，佃户即将租谷晒干称足交给地主。农民内部租佃也不写租约，但也有写租约的。租约都是写两份，一份为交佃，一份为领佃，分别由出租者和佃耕者收执。在领

①② 《广西壮族社会历史调查》（六），民族出版社2009年版，第51、113页。
③④ 《广西壮族社会历史调查》（三），民族出版社2009年版，第51、121、122页。
⑤ 《广西壮族社会历史调查》（二），民族出版社2009年版，第156页。

佃的一份租约上还加上“晒干称足不敢少欠”及“日后领佃人不敢称为私业”等字名。租田耕种是交实物地租，租额在名义上是常年收成的一半，似乎是活租率，但实际是在一般收成正常和歉收时是定租，在丰收时是活租，即歉收时“荒田不荒粮”①。

关于私田租佃的特点，壮族地区多数情况下地主与租户是以口头或书面契约的方式形成，少数情况存在人身依附关系，多数情况使用实物地租，在收成季节现场收取，关于租额，不同地方的租额会有所区别，但基本是在地主与租户五五至六四之间。

田地地主与佃户之间的佃租关系既与地主拥有产权有关，也与两者之间的可以支配的人口、财力等因素有关。以下面的西林县《永安主佃告示》碑为例：

西林县《永安主佃告示》碑②

加五品御赏戴蓝领西林县查案委员补用正堂杨、署理西林县补用县正堂五级纪录五次陈：

为出示勒石晓渝，以主佃而颂滕事。照得县属那比五份业户岑祖培、岑集章、岑集宽、岑集政等，呈控五份佃户黄承恩、黄昌华、罗卡吉、韦小雅、黄抢廷等，历年故抗租息一案，奉置右江道宪吴转奉督宪岑礼饬本委员按临同本县案传两造各到案，当堂撤讯，令各呈新老契据查验。据该黄承恩等呈出前抚宪史告示一张，全篇语气祇不准岑姓向五分苛扰，并未令五份人民抗缴岑姓业租，更无谓那比非岑姓之业；又呈出光绪七年前曾告二十一张，内有：如果五份人民真占岑（姓）之田，则急退还，如无，则各管各业等语。并未将那比山场田业断截判断，尤不足据为定详。此外，则无凭据。而该岑祖培等，则呈出伊之先人，历年控经各前府具发给岑姓管业册照、告示等多件，悉旧存断卷宗相行，内乾隆八年前县范批准迎发岑姓之户册一本，附有委照一道，内云：据里民岑武盛、把事黄抱郎等呈，世主岑香早故，所遗子盛武、隆武、光卿三人，或聋或废或幼，均难理事，请将那比山场回主分为两股，原盛武、光卿各管其一，并请于各寨分设把事五人帮理粮务，租例仍由业主，俟光卿成长，再行自理等情，合行各行给委等语。是那比岑姓之业，其言甚详。按今五份之称，即当年黄抱郎呈恳保孤时，请设丑把事帮助粮业之所由来，传至今名色尚在。虽千载而后，亦不能谓五份人民非岑（氏）佃丁，此那比为岑姓之业凿凿有据者一也；又嘉庆三年前本府李严禁恶佃抗租告示，内有西林那比恶佃王世康等，领种已革里民岑崇琼等田地山

---

① 《广西壮族社会历史调查》（二），民族出版社2009年版，第200页。

② 《广西少数民族地区碑文契约资料集》，民族出版社2009年版，第226页。

场，藉称里民奉革，其田租可不偿，实属恃蛮抗顽等语。岑姓苟无其业，何谓其抗租，此那比为岑氏之业凿凿可据（者）二也；又嘉庆七年，前县王告示内云：据那比佃户鄂存亮等呈悉，免设保正，情愿归顺业主岑鸣绪管理钱粮，以免一身二役等情，立即照准等语，是岑姓为业主，而佃户已有自尽招供，此其凿凿可据者三也。其他告示均明书那比业户某等字样，重重叠叠，无一不为主佃下定铁板注脚，虽以千八百人之力，团结一体之势，亦难结争间。据该祖培等供称：那比山场田业，系改流时赏赐养老，租归主收，归佃纳，每户每年租例：鸡一只，钱二百五十文、工三日。道光三年前尚在照征，自咸丰之乱，岑姓惨遭杀害百余命，亲属仅存数人，从此，主弱佃强，抗不缴租。匪平后，历经具控。光绪二十二年，蒙前县谢秉公判断，而恶佃于结案之后，仍敢翻异。兹不忍见先人造业终于乾没，愿将充入祠堂等语，核与历供前节，悉相吻合，而该黄承恩等则供称：有生以来，不知那比是岑姓之业，现要纳租亦可，只要求不归服岑姓，无论纳归何处均愿意等语。所称不知那比系岑姓之业，而物各有主，究系何人之业，无论纳入何处均愿意，如果信为主业，谁肯轻易与人；又称只求不归服岑姓，持此一语，而恃蛮抗租，情已毕露。数十年来，主佃视为寇仇奸人，藉以充饱，耗尽脂膏，废时失业，种种祸胎，莫不悉由此起，本应严究，念作俑之人现已无存。该黄承恩等系属忖顾，且自知悔，从宽判断，所有那比山场，理应仍归原主，惟据该岑祖培等自称，人单力薄，不能管理，情愿归入祠堂，作为蒸尝，自应准如所请。兹断令：凡是那比五份佃户，除照常自行纳粮、供差外，每户每年应缴租例鸡一只着免去，租钱二百五十文照旧缴足，工三日免去一日，每日折钱五十文。合共每户每年缴业主租钱三百五十文，孤寡之户，准其减半，按年秋后，概缴岑氏宗祠，值年管事收管。自此以后，不准稍有（违）抗，欠之租本应按数追缴，姑念成同以来，遭匪民贫，着缴一年归于学堂，限至本年年底缴到，余准全免。至该五份佃户盗出当给城绅叶、李、关三姓之业，内多弊奥，该绅等均姑勿置议。惟传集三姓后人，经将伊等先人所受那比一并退出，当堂涂销，嗣后不准该三姓后人再向那比收租。此项业租，既系岑祖培等自愿全部归入宗祠，从此即不能为已有。应将契据全行点交祠内管事人收存，以杜日后翻异之弊。该管事人等，务须悉心经理，不得盗卖侵染，亦不得向各户另有索取。致于查究两造人等均各悦服，各置摹结附卷完案。嗣后该那比五份人民，务各永远遵守，安分农业，毋再滋事。此乃本委员、县秉公劈断，尔等宜如自爱，敢有如前违抗，不惟从严重究，并将从前恶欠租息，全数追出来，以示惩儆。除印发执照给该岑氏宗祠值年首事收存，永远管业，并禀请各大宪主案外，为此勒石示。仰该岑祠值年管事及那比五份人民，一体知悉，其各凛遵毋违，特示。

岑氏宗祠

光绪三十二年四月十一日竖西林县置晓谕

那比五份

从这一告示中可以看出，地主即出租一方的势力发生逆转时，佃户会挑战这种佃租关系，地主不得不向官府求助。在确认相关事实后，县衙做出了这一《永安主佃告示》。在这一告示中，岑氏指控黄承恩等五佃户拒不缴纳佃租，县官在查验了佃户与地主一方的证据之后，确认那比之地归岑氏所有。该起纠纷的根本原因在于，由于咸丰之乱，岑姓惨遭杀害百余命，亲属仅存数人，这导致主弱佃强，佃户因此抗租不缴。

（三）田地租赁制度的特点

在本节所列的田地租赁关系中，壮族社会田地租赁制度可以分为公田的租赁与私田的租赁。公田中的官田一般由土官管辖下的村民进行耕种，而宗族的公田一般由本族人进行租赁耕种，如果本族内无人耕种，可以外姓人租种。对于公田，一般都采用实物地租，其租额大致为收成的50%～60%，宗族所掌握的公田有的低至40%。对于私田，地主一般也采用实物地租的方式，租额往往是收成的一半，但也有地方的租额达到收成的70%。田地租赁的期限有的以契约的方式确定，其租赁期限一般为三至四年左右；有的则无固定期限，如土官名下田地的佃种，这种佃户连退佃都不自由，只有找到愿意接着佃种的村民，自己才可以退佃。

六、家畜租赁及孳息归属

壮族群众多数分布在南方水稻区，部分生活在山区。从事农耕生活离不开畜力的使用，其中水牛的使用占有很高比例，而少数地方会使用黄牛和马匹，因此经常会发生牛、马等家畜的借用或租用。对于牛、马等家畜的借用、租用不仅涉及使用、管理、风险承担问题，还会涉及所生小牛、小马的归属问题。

在广西武鸣县邓广乡，根据村民玉鼎汗的反映，四合村黄永勋将自己的牲畜出租给别人。他将牛租给农民，饲养全部由农民负责，死伤要赔，每年生下的小牛全归其所有，并且在农忙时，租牛户还要做两天无偿的劳动。农民没有牛耕地，也只得忍着残酷的剥削而去租地主的牛。黄永勋就是经过这种残酷的剥削，家有耕牛几十头。①

在广西上思县那荡乡，梁焕犹每年出租的牛达30多头，大牛每头年租谷850斤，中牛420斤，小牛420斤。有的富农放牛租，以工换牛，每年租者为牛主帮工20天左右，以谷租牛为主。②

在西林县维新乡，村民可以租牛来养，生得1头小牛后，牛的主人得1头；如果生2头小牛，则各得1头。但小牛养大后，租户如果要卖，得先通知地主，而地主则以买他的牛为名，一方面由租户继续管养，另一方面又不付钱，要到他家去取谷折款，从中取利。当地还有出租马匹的，村民租马来养，养得的小马各得一半，而租户所得之马也不能自己支配，要卖也必须通知地主。③

在百色两琶乡，无牛的人家要耕田时，只得租牛来耕。租牛期间，按习惯，所生的牛仔由租牛者和牛主对分，因而租牛的人家才得一头或半头的牛。④

在天峨县白定乡，有的村民为了耕种不得不借养母牛，牛主借母牛给缺牛者饲养，饲养者可使用母牛来耕田。母牛生下的牛仔，有两种办法，一是生仔2头的，两者各取其一；一是生仔3头，将2头给牛主，饲养者得1头。因为这里牛不多，所以放母牛、借母牛者都很少。除了借养母牛，有的村民还会借养母猪，由猪主将猪借给愿养母猪的人，母猪生仔时各得一半。分猪仔要大小搭配，如母猪生仔总数是奇数，平分后剩下的一头便归饲养者所得。白定乡各屯借养母猪的并不很多。如果说借养母牛和借养母猪的人不多，借养肉猪的现象则很普遍：由富有者买猪仔给愿意养肉猪的人饲养，猪长大后宰杀时，猪主和饲养者各得一半，但猪内脏全归饲养者所得。⑤

在广西隆林县委乐乡，也有租牛的现象存在，即替别人养母牛，在饲养期可以自由使用，牛粪也归其所得；若生3头小牛，2头归牛主，饲养者只得1头；生2头，牛主得半个；生1头，归牛主。倘遭到损失，看情况赔偿。若夜晚被盗走，饲者赔半价；白天被偷，赔全价。倘遇牛滚坡而死，其肉全归牛主。牛租在当地较盛行，全照惯例，不立契约。如，岩屯有13户，就有3户租牛。出租牛的人家都是中农以上的富户，因为他们每家有五六头甚至几十头黄牛，自己无法照顾。此外，还有猪租，即

---

① 《广西壮族社会历史调查》（六），民族出版社2009年版，第14页。

② 《广西壮族社会历史调查》（三），民族出版社2009年版，第85、86页。

③④ 《广西壮族社会历史调查》（二），民族出版社2009年版，第156、157、199页。

⑤ 《广西壮族社会历史调查》（一），民族出版社2009年版，第8页。

出租母猪。凡生猪仔时，先把1个给饲养者以抵饲料，约两个月后，双方分小猪，母猪仍归猪主所有。倘若饲养者将母猪从小养到生仔时，母猪也为双方共同占有了。另一种是从小养到大，宰杀时猪主与饲养者均分，养者只多得1个猪头。此种现象很多。养猪也有一定的规例，若被虎、豹吃掉或被偷时，饲养者不负责任；若瘟死，双方均分猪肉。①

在以上的资料中可以看出，对于牛租给农民后的风险承担，武鸣县邓广乡壮族租牛、隆林县委乐乡租母猪，双方有所约定，在租约关系建立之后，牛或者猪在饲养过程中出现的风险均由承租人承担。这种约定也符合情理，因为牛、猪是在承租人手中，日常管理理应尽到对牛的合理使用与照顾义务。租牛的租金形式，主要是以每年支付谷物为主，租牛期间承租人可以在合理的范围内自由使用耕牛。对于孳息，现代物权法对借用或租用物定物所产生的自然孳息的规定是归原物的所有人所有，有约定者从其约定。而在以上资料中，租牛或猪后，所产生的自然孳息，即小牛或小猪的归属有两种处理办法：一种是全部由原来的主人所有，如武鸣县邓广乡壮族或资料中的其他地方。另一种是小牛或小猪的所有权归属在均分的基础上倾向于原来的主人，即如果只生1只，归原主人所有；如果是生2只，出租方和承租方各分1只；如果是生3只，则由原主人获得2只，承租人获得1只。壮族社会中形成的租牛或马、养猪的责任分担、孳息处理方式等内容已经比较符合现代物权法的特点。

除了对牛、马、猪的租用关系，一些地方还有对耕牛的保护规定。如天等县镇结土官《禁止屠宰耕牛告示》，在新中国成立初期的壮族社会历史调查中已无法查核该告示的年代，但该告示的目的与内容都是关于保护耕牛及农业生产活动方面的。

禁止屠宰耕牛告示②

为严禁私宰耕牛事，照得牛只有功于世，屡奉宪行严禁私宰，久经遵行在案，况现值奉（春）耕须用牛力，莫容屠宰。兹查口圩，竟有射利不法之徒，每至圩期，擅将耕牛私宰剥卖，大干例禁。除饬差查拿外，合行出示严禁。为此示谕州属好长目甲及行长铺民人等知悉。自示之后，除老弱倒毙不能耕种者，许其呈报验明批示外，方准剥卖。倘有何人不遵，仍蹈前辙，仰好长协同目甲、行长人等，立将人牛一并缚拿解赴本州，按以阻挠抗之，例应宪办，决不宽贷。各宜凛遵，毋违特示。

该告示表明，天等县镇结土官已经充分认识到耕牛的作用。春耕需要使用牛力，

① 《广西壮族社会历史调查》（一），民族出版社2009年版，第36页。

② 《广西少数民族地区碑文契约资料集》，民族出版社2009年版，第133页。

如果宰杀，必然会影响生产，因此限制了杀牛的范围。该告示规定：凡是杀牛必须经呈报验明批示程序，否则目甲、行长等应立即缉拿送官。这一告示无疑对保护耕牛进而保护生产力起到了积极作用。

七、物权利用及相邻关系

壮族社会历史中，对于土地之外的其他物权的使用方式及相邻关系的处理也形成了一些基本原则。从对历史资料的分析来看，壮族群众对于水资源的利用以及对于相邻关系的处理，基本上是按尊重历史、维护现状、方便生产生活的原则进行处理，不许单独一方霸占水资源或共有之物。以下试列举一些材料以资说明：

太平土州《万世永贻碑》①

特调太平州汉堂加三级纪录五次薛：

为奉行遵照，永守沟水，利□□□□□前那封事，照得本年十一月二十六日，奉府宪何檄委一件，为檄委饬折事，太平土州民梁延参等，具控生员罗世美、李若兰等，占截水源一案。业经本府提集原被告人证讯，据罗世美私置土田，供讯与李若兰为商，同在于下教，拦水源添筑石坝，新开水沟，希图截占水利属实。因念该生等各知悔过，二情愿出具拆塞遵结，是以从宽，免其深究。檄委该员，会同土州查照前札，迅往该处，立将李若兰等前次添石坝，新开水沟，分别拆填清楚，禀复察核。等因奉此，当经本汉堂会同土堂，前往下教水源，传齐乡保居民，将李若兰等添筑石坝，新开水沟，刻行拆填清楚，取具乡保两造各结，禀复府宪，批行完结在案。为此出示，仰即遵照，后李若兰等，不得复行添筑石坝，刁占水利，有干究处，梁延参等，仰即抵遵照旧日管府水利，不得两相贿弊私许，复仍筑占，亦干未便。尔等遵守照管，毋相侵扰，倘经反复滋端，定予严办不贷。凛之慎之，毋违遵照。

嘉庆十四年十二月二十九日给仰渡雁村住民记碑

该碑是清代壮族社会水流物权利用原则的体现。其内容不仅反映大新县雷平村村民李若兰私置土田的事实，更重要的是李若兰与罗世美擅自添筑石坝，新开水沟，截占水源，改变了水流使用的历史，引起其他村民的不满，进而提起控告。该案特点为汉堂与土堂官员会同查证并下定裁决，亦即流官与土官共同审理完成，不仅召集当地

① 《广西少数民族地区碑文契约资料集》，民族出版社2009年版，第2页。碑存大新县太平公社科度村（今雷平镇安平村），1956年广西少数民族社会历史调查组抄录存藏。

保甲乡民到现场，将李若兰、罗世美新筑的石坝水沟拆除，恢复水流利用原状，而且重申今后不得再筑坝强占。这与今天民法在处理水流等相邻关系时尊重历史、方便生产生活的处理原则相一致。

同样强调水道取水利用中“宜守旧制”原则的，还有大新县雷平镇科度村的《以顺水道碑》。

太平土州《以顺水道碑》①

世袭太平州正堂加五级纪录五次纪大功一次李：

为奉口宪谕，勒石以垂久事。据贺村覃经文、梁廷玉，科渡村梁兴隆、梁金龙、黄生辉两村民等，田亩皆居漆更水沟之尾，取水灌田，恒苦不足，易至干裂。于光绪甲申年，两村首事农邦宁、梁世珍、梁旨堂、马肖襄等，邀求坝主敬德堂，前往查看无讹，曾向钟□村廖启安买得在漆更水沟桥上水车坝一个。水□□不复准立，以顺水路。价钱二十千文，立有契据。嗣后把该村韦安国与廖启安买获此田。今年复立水车，阻碍水路，以致两村田亩，多半拆裂，恳请查勘，饬令韦安国拆去水车，以顺水道。俾民田亩获资灌注。此再漆更水沟各村田亩分堂取水，各有度数，并恳谕矩各村民，此后须照章，毋得肆行妄开等情，前来本州即前往查勘，见弄贺、科渡两村田亩，多半干裂，确是韦安国所立之水车，阻碍水路以致之，并查阅甲申年，该两村与车主廖启安所买水车坝契据，确凿不讳，况韦国安所立之水车，只管得几片田亩，弄贺、科渡共有田百数十占，不宜以少碍多。当谕韦安国将水车折去，永远不得复立，连田归与两村，拨耕拨买，以承国课。又于光绪三十二年内，据武生梁金龙、民梁廷玉、闭学周暨阁七村民等，联名禀称：民业一带水田，向赖自制，恩城排村漆更、下教水坝，灌溉田亩，颇称膏腴，不料光绪二十九年，适匪四起，屡迫拜台，不敢轻从，特匪怀恨，遂将漆更水坝，毁坏石条，拽于别处，变坏古□，以致田干禾枯，则膏腴之田，变为瘦瘠之地，将见民无托业，祷望聊生，且碍国计，伏乞作主等情。据此，本州轻骑亲诣，逐一勘验，随将各情禀奉 上宪，拟饬遵行修整，以重国赋民生外，并将古制乡禁，因时制宜，逐一列后，勒石以垂不朽云：

一、修水坝所有瓦泥者。

一、路就近挖取，不得坏人田亩，若整大坝取石泥，酌给钱文。

一、年中修崩补曳，修整沟边，凡有田者，每家一名，照右例定，倘有违抗，禀堂治罪。

---

① 《广西少数民族地区碑文契约资料集》，民族出版社2009年版，第6页。

一、年中修整水道，每家出牛一只，犁把各备。

一、沟边所有之大木小木，不论何人刊（坎）伐，枝叶连根收拾上堤，不准丢放沟中，以致壅塞水道。倘有不遵，查出罚钱七千六百文。

一、私行通堂曳取田水，与扎拦堂取水，以灌己田者，查出罚钱三百六十文。

一、妄自倒堂偷取水灌，被人撞见，指证或被查出者，罚钱七千二百文。

一、擅自放鸭下田，践伤禾苗及啮害青苗者，查出罚钱三百六十文。

一、私自扎拦堂水网捕鱼，或放鸭群崽者，查出罚钱七千二百文。

一、首初播禾（未）到二十日者，不准鸭群下田，倘若查出，罚钱七百二十文。

一、开堂咄出分入那关一口，横二十、直五分，共田三占二十己地。

二、开堂咄分入那担一口，横七分、直五分，共田一占二十己

三、开堂咄分入那诸一口，横直二十五分，方孔，共田十八占二十五己

四、开堂咄分入那诺一口，横六分，直五分，共田九十己

五、开磋那磨三丈七寸，分入那磨二尺六十五分，余下会另立横堂一条，分入李俊秀之田，其堂长二寸。

六、开平堂吞钟，长二丈二尺九寸，分人吞钟二尺四寸五分，余下大合。

七、开那渠堂咄一口，分入那格婆横一十五分，直一寸。

八、开那渠桥下堂咄一口，横二寸，直一寸。

九、开平堂那渠长五尺八寸，分入那恨五尺八寸，卧寻六尺八寸，潭泌四尺。

……

上宪批准，古腾录，凡有田者，必有堂口，若无磋口之田，而其田近于水沟，且卑于水沟，如妄造取水者，即将其人拉到堂，案报照章治罪，以田归公。凡堂界俱定章程，各有额数，总人多寡。各宜守旧制，毋得借私娄取数外。凡堂界之下，沟口相连，不得以此沟多下之地，而凿开取水沟之水。此坝自于排村前面流至科渡村，并无人抢（撑）水车者，若有何人妄立抢（撑）水车以利已至损人者，先砍破其水车，后弃捉拿治罪，各宜遵章管照，毋违条例。

宣统二年十二月初八日给那弄贺村、科渡村民刻碑

该碑不仅规定了村民水车坝的灌溉取水原则，同时还规定了禾苗生长过程中不得放鸭群损害禾苗等基本生产原则。

判决地界书①

州正堂李：

为给付批示，照得旧街袁莅麟与同街苏贵奇相争地界，禀明在案，当堂分断。委团总街老量明立界，合行批示，并画地图给付苏贵奇两家遵照存据。至于旧门楼路，俱皆出入，日后两家不得混霸，而莅麟亦不得冒控，须至批示者。

同治十年遵照十月廿日批

这是广西大新县雷平镇袁、苏两户地界相争的判决书。该判决书强调，旧门楼路是大家出入的通道，任何一家不得独占（类似现代民法处理相邻关系时共有部分不得独占的规定），而是要尊重历史，以关照双方生活便利的原则进行处理。

对物的所有权的原始取得，按现代民法制度，有生产、先占、添附、拾得等若干种类。在壮族法律制度中，先占是取得所有权的一种重要方式。对于一般的物，如动产，谁先占，谁就获得所有权。对没有明确的所有人的树木杂草，比如在他人土地上生产的林木、杂草，自然应为该土地所有人所有。但如果该土地并不明确，如路边、无明确所有人的荒山、荒坡、河滩上的林木杂草就可先占取得。壮族人如果要割取某处杂草，可先在该处杂草上打结，其他人如果发现该处杂草已打结，意味着已有主人，就不得再割取。

再如，牛羊粪便是一种重要的农家肥。壮族人如果在路上碰到牛羊粪便，又未带工具，只要在粪便上插一根草，就表示这已有人先占。如对野生动物的取得，一般而言，谁是野生动物捕获者，谁就是该动物的所有权人，可以行使处分权，也可以让众人共享，变成共有。

《桂海虞衡志·志禽》有一段捕蛇后全村人分食的记载："蚺蛇，大者如柱长。称之，其胆入药。南人腊其皮，刮去鳞，以鞔鼓。蛇常出逐鹿食，寨兵善捕之。数辈满头插花，趋赴蛇。蛇喜花，必驻视，渐近竞拊其首，大呼红娘子。蛇头益俯不动，壮士大刀断其首，众悉奔散，远伺之。有顷，蛇省觉，奋迅腾掷，傍小木尽拔，力竭乃毙。数十人舁之，一村饱其肉。"② 这段记载是人们共同围捕蚺蛇的经过，而蚺蛇是大家共同出力，但并不是全村人都参与，一部分人捕捉，全村人分食。狩猎是一种生产方式，全村分食是获得物的共同所有权的一种方式。

共有物进行分割时讲究公平、等分是壮族习惯的特点，现可从一些记载中得以确

① 《广西少数民族地区碑文契约资料集》，民族出版社2009年版，第21页。

② 《桂海虞衡志·志禽》。

认。如《桂平县志》载："二朋二春社，乡民祭社祈谷，聚饮社坛，欢声四达。饮后分胙，宰肉必均。"胙肉是乡民在祭祀时向神灵供奉的共有物，不仅表明对祖先的责任人人有责，也因为每个人都有权平等地获得神灵的保佑和福分，因此要做到"宰肉必均"。

壮族在水源、河沟等公共物品的利用上，也同样讲究机会平等，不得独占。清嘉庆十四年（1809），太平土州的罗世美私下购置土民田地，并与李若兰协商，一起在太平的下教这一地方筑石坝，开挖水沟，企图截占水源，被梁延参等具状控告。经太平土知州传原被告和证人审理，被告罗世美、李若兰愿意出具保证书，拆掉水坝，免予深究。为此，太平土司特立有《万世永贻碑》作为警示。①

到了现代，对河流、水源的利用仍然遵守先到先得、不许独占的原则。如广西南宁右江流域的金陵镇，在雨季时通往江边的河沟里有很多鱼虾沿着河沟逆流而上，夜晚只要在沟口拦网截住便可捕捞。但由于只有在夜晚才会有鱼虾逆流而上，因此必须等到半夜十点左右才能捕捞，每一次捕捞要隔两个小时以上。因此，形成的规则是：下午开始排队，先到者可第一个捞，按顺序排队，一个晚上大概只能有五六趟。多年形成的习惯，没人破坏这规矩。后来者看到已有人守着，会问还有几个人排队，如果到自己时天已差不多亮，便不会再守夜排队。

八、借贷关系

借贷关系在我国早就出现。《管子·问篇》曰："问邑之贫人，债而食者几何家?""问人之贷粟米，有别券者几何家?"意为调查邑内的穷人靠借贷过日子的有几家，调查借出粟米而手握借券的有几家。这表明春秋时期已有借贷关系。《史记·货殖列传》曰："吴楚七国兵起时，长安中列侯封君行从军旅，赍贷子钱。子钱家以为侯邑国在关东，关东成败未决，莫肯与。"所谓"赍贷子钱"，颜师古注曰："行者须赍粮而出，於子钱家貣之也。貣谓求假之也。"宋叶适在《故昭庆军承宣使崇国赵公行状》中说："民业耕者，田主借贷之。"《金史·熙宗纪》载："（皇统四年）十月壬辰，立借贷饥民酬赏格。"明唐顺之在《与胡梅林总督书·三》中说："弟亦搜括家赀，并借贷，仅得银五百两，通公所给，是千金而已。"清黄生在《义府》中说："赍贷子钱，谓操券以贷钱也。"

① 《广西少数民族地区碑文契约资料集》，民族出版社2009年版，第2页。

以上史载中，“赍贷子钱”即为借贷，而“子钱家”则为放贷之人。宋时叶适的“民业耕者，田主借贷之”对农民的借贷做了描写，意为农民从事耕种，田地的主人给予其借贷。至于借贷的客体，可以为钱、粮等物。

广西壮族的借贷关系在史书中早有记载。如，恩明府郡志中载：“蓬头跣足，畏官法，无医乐，如有假贷则刻竹比指信若契书。”① 就是说，借贷关系中思明府壮族人刻竹比指的效果相当于订立了契约文书。

借贷关系中，多数情况下都要求借方提供抵押或质押，或者要求有中人作为保证。作为借贷抵押物或质押物的，可以是田地、家中房屋或物品甚至是儿女。唐韩愈在为柳宗元写墓志铭时曾就岭南柳州以子女作为质押的习惯进行了描述：“因其土俗，为设教禁，州人顺赖。其俗以男女质钱，约不时赎，子本相侔，则没为奴婢。子厚与设方计，悉令赎归。其尤贫力不能者，令书其佣，足相当，则使归其质。观察使下其法于他州，比一岁，免而归者且千人。”② 这是唐朝韩愈为柳州刺史柳宗元写的墓志铭，提及当地的风俗之一是用儿女作为抵押向人借钱，如果到时间不赎回儿女，等到利息与本金相等时就会被债主没收为奴婢。

在广西大新县，安平土官管辖之下，借贷关系的客体有放钱、放谷子及贷牛三种。农奴如受到水旱灾害，生活无着，解决生计只能寻求高利贷的帮助。借贷不是没有条件的，借贷中的放贷者要看借方有没有偿还能力，如果家中有田地、有身强力壮的劳动力或其他财产，即有偿还能力的，可以借贷。放钱和谷的年利率为50% ~ 100%，以复利计算，到期还不了债，则以田地顶卖给放贷方，土官则要借方的子女为奴抵债。如在安平土官管辖下的科桥庄，放高利贷者都是土官和富户，放谷子从三月至同年九月，利率达100%，借钱则年利率50%，以复利计算，一般五年为期，到期不还，须将田地顶卖给债主。又如七腊庄，土官也是放贷者。有一年因大旱，七腊庄全屯的人都向土官借钱，有的借一贯，有的借两贯，利率是100%。有的因为还不上，利上加利，经过两三年后，只好把田割卖给土官来抵债。③

除了土官，富裕的村民也会通过放贷谋利，安平土司管辖下的百姓中富有者放高利贷比土官放贷还频繁。农民生活无着，借债度日成为他们寻求解决问题的方法之一。他们借贷基本上都属于高利贷，分为借谷和借钱：借谷从三至九月，利率达

① 《大明一统志·思明府·郡志》。

② 韩愈：《柳子厚墓志铭》。

③ 《广西壮族社会历史调查》（四），民族出版社2009年版，第210页。

100%；借钱则年利率50%。贷者放贷也要看借方的条件，要看有没有能力偿还（如家中有无田地、身强力壮的劳动力或其他财产）。以复利计算，一般五年为期，到期不还者，则以田地割卖给债主。土官则要借债者的女儿为奴，因为土官对零星的一两块田地是不要的。①

上思县那坡屯的江泰然每年放贷的铜钱达100万枚，每千钱50斤谷利息。另一村民陈光吉有土地40亩，自耕十来亩外，其余都出租，取定租50%，还以200光洋放贷，第10元取利息谷300斤，每年光收入债谷就达6000斤。②

借贷之物在不同地方还有所区别。在武鸣县清江乡，除货币借贷以外，还有实物借贷，借贷物主要是烟、谷子，其次是猪、花生饼干等。借贷的主要原因是家庭生活困难或遇婚嫁丧事、买耕牛、盖房屋等。现将各种借贷分述如下：

1. 借烟100斤，一年后连本带息达150斤，有的甚至达到180斤。

2. 借钱时利息达20%～30%，最高的为70%。

3. 借米的利息一般是30%，高的达60%～70%。

4. 借生猪100斤，利息为20斤，但不计年限。

村民借贷时要写契约或请有钱人担保。借者要用家产（如田地、房屋等）抵押，并要中人作证。中人费由借主负担，一般是2毫白银（约合9斤大米），并招待一餐酒饭。借贷契约也像租佃契约一样，对借者做种种苛刻的规定：借者若不能如期偿还本息，则债主即可收其田来耕种；若以后一两年内借者再不能还，此田即可归债主所有。③

在安平土官的索村庄田，农奴除了受到土官的剥削，还要受到庄内富户的高利贷盘剥。光绪末年，在下索村放高利贷的管田赵生六，每年放谷子500—600斤（一石左右），每60斤谷子要30斤利息，每年二三月借出，到同年的10月还，不少佃丁都是向他借贷。索村庄田也有农奴到庄外去借，如黄春映、农家进、农其瑞等五户农奴向虎渡屯的富户去借贷。他们每年每人要借1000枚铜仙，要一斗（60斤）谷子做利息，三月里借，到年底就还利。如果当年未能还本钱，第二年年底照样收利息。④

上思那荡乡壮族的借贷有银贷、谷贷及肉贷三种。

银贷。手续有二：一是有团总或保长担保的免予立契质押；一是没有取得团总、

①④ 《广西壮族社会历史调查》（四），民族出版社2009年版，第227、250页。

② 《广西壮族社会历史调查》（三），民族出版社2009年版，第84页。

③ 《广西壮族社会历史调查》（六），民族出版社2009年版，第51页。

保长担保的需立契约，以牛、田地作为抵押。一般借期三、五、八年不定，若到期不能偿还，立契者固然被迫割质，未立契者亦须以田地或牛、马抵偿，谁也不能幸免。放贷普遍以铜钱为单位，借钱1000折实物利息稻谷36斤，约等三分利。

谷贷。上思县过去很少使用谷贷，直至1931年谷贷才正式流行。其原因是民国军阀连年混战，货币兴废不定，贫民需要的是口粮。借谷一般均须立契质押，农民借谷千斤，在契约上就得写上连本带利2000斤，规定年限内还清，否则质押的田地、耕牛将被割断。

肉贷。为实物借贷形式，出现于1941年。抗日战争年代，谷物生产受到极大破坏，粮食产量降低，地主不轻易放出多余的粮食，农民只好代取猪肉变卖再购买粮食，或以猪肉直接换粮。借贷者同样必须立契约，借百斤猪肉必须偿还本利200斤，还时以肉抵还，否则割质。①

在广西武鸣县双桥镇，新中国成立前高利贷利息一般达到50%～60%，放光洋100元，三天收利1—2元；放烟叶100斤，一年利4%；放300枚铜板，三天就得100枚利息。农民除了生计所迫，均因婚丧之事、天灾人祸而借贷。押物主要为田地、牛、猪等，到期不还，押物就归债主所有。②

在武鸣县邓广乡，农民向地主、富农借债，多在每年二三月青黄不接的时候，借的多是谷、烟，更早以前借银子，钢板也很普遍。新中国成立前20年当中，也有借生麦麸的。地主放债的期限多半以半年为期，利息分为20%、80%、100%，甚至达到200%，其中以100%最为普遍。借贷要有抵押物，并须立契约。立契约的格式大概如下：

立写契约人□□□，因无钱，借□□□若干元，每年要利息若干元，限若干年还，另要每年帮□□□做若干工，到某年全部还清，若不得还清，帮他做长年长工，同时房屋（或土地）全部归他所有，一笔下纸，三家言定，山石不移，后无反悔。

立契约人　□□□

邻近　（左）□□□

（右）□□□

□年□月□日

在广西武鸣县邓广乡，借债者须找中人作保，而中人须由有钱人来充任。中人向债主负责，借者如期不能归还，中人根据契约规定，把借者抵押物割给债主。中人既

①② 《广西壮族社会历史调查》（三），民族出版社2009年版，第87、122页。

然负有催债的责任，因而对于中人的报酬，债主与借方都要给予。一般来说，借者付给占借数的3%～5%现金，债主则在成交当天请中人吃一两顿酒饭，有的也给少许酬金。借户向债主借贷，其所借到的款（或实物）一般只能占其抵押物价值的50%。如，一亩地当时的价值为100元，债主所借给的数量就在50元以下。如地好，债主很想要这块地，也可以借给60—70元。因为借额大，借户不易归还，田地最终会落到债主手中。地主利用高利贷剥夺农民土地的例子很多，1944年，邓广社（乡）地主陆植基就是通过高利贷霸占了陆日业的三亩土地。①

在广西都安高兴公社，借贷的利率一般以年利最通行，其次是月利。年利的利率一般是30%～50%，但也有个别达100%的，即所谓“一本一利”。这种残酷的高利贷尤以临近解放的那几年为最严重。广大农民因为失去了土地，不得不忍受严重的高利贷剥削，向囤粮户去借粮来充饥，囤粮户即乘机用“一本一利”来贷放粮食。借贷的一般都是农民向地主、富农借，当然农民内部也有互借的习惯。②

在广西那坡县，租种地主的田地要按六比四的比例分成，地主占六分，佃户占四分。农民因生活困难向地主借贷时，一般借1元，还1.5元；借2元，还3元。借谷子时，一般借50斤，还100斤；借100斤，还200斤。借谷子的利息比借钱利息高。借钱或借谷需要抵押，抵押品一般是牛、猪或鸡，写字据，找中人。借贷在年底到期无力偿还时，地主要拉牛、猪抵债。③

在南丹土州，放高利贷者多是官族、哨目、团总和地富阶级，放债的种类有稻谷、黄豆、棉花、银元、制钱以及耕牛等；利息的种类有月利、半年利和年利等几种。月利利率最低也在10%以上，半年利一般是50%，如借贷时间是三四个月，不足半年也作半年算。年利率有100%的，也有高达200%的。借贷者多是因缴纳罚款、还债、缺粮的贫农。借贷的手续各有不同，数目较大的须立契约。契约分两种，一种是“木契”，以长约4寸的小木或竹一段，上刻坎痕以记数目，剖而为二，各执一片为据；一种是用约书写的借约。但木刻与约契有同等效力。两者都要凭中作保，还以田地、房屋、耕牛抵押。如到期不还，则由中保负责清偿。如不能清还，不管抵押品是田地还是牛马，均可折算抵债。对于还债不取回借约的，俗语云：“还债不结约，留到马生角。”④

---

①② 《广西壮族社会历史调查》（六），民族出版社2009年版，第12、113页。
③ 《广西壮族社会历史调查》（三），民族出版社2009年版，第139页。
④ 《广西壮族社会历史调查》（二），民族出版社2009年版，第13页。

在西林县维新乡，货币借贷每借法币1元，到年终须付利息谷50斤，也有的是30—40斤。而1元法币仅能买到谷子50斤，利率将近100%。如果借较多的款项，还要立字约，并取得担保。借谷子，一般是借谷100斤，利息50斤，多在四五月份青黄不接时，秋收后还清，半年之间利率达50%。如果该年还不清，明年就利上加利。①

在天峨县白定乡，高利贷种类有借谷子、借银元两种，一般年利是50%。高利贷数目最大的要算是那力屯富农岑见。从高利贷者的阶级成分来看，中农占着大多数，而地主所占的比例却很小。②

在隆林委乐乡，借贷时，有的放青苗为利息，即5元法币到年底要收利息谷子百斤，折光洋2.5元，利率达50%。还有借钱还钱的，有年利50%的利息，限期赔还。③如下：

立借约钱，北楼六我村韦卜全，因中无钱使用，只得请中上门求借到三来村黄先生号永昌阁下，借出本净钱千四百文足，即日三面言定，其钱每千六斤重，行利加肆，照算，本年十一月内凑足交清，不敢少欠。若有少欠，中保一力承担，今恐空口无凭，立引存照，一纸为据。

中保　韦八万

依口代笔　范超文

光绪二十一年五月二十五日立

吴英全借钱约书④

立约借钱人吴英全，系五处托村住。今因急需无钱应用，夫妻商议，不已，凭中问到同村农叔甫田处，实借取出本铜青钱三十四千文正，即日亲手领钱回家使用。当面言定：其钱行利三分，限至本年十月内就将本利还清，不敢少欠。如有越限少欠者，钱主任从到家追同原本，借主亦不敢生端反悔异言。如有之，钱主任将上城田那彭一召大小共七片发卖赔清是实口恐口无凭，人心难信，实钱实约，立约存证。

保人　妻赵氏

立约借钱　吴英全

证人　族内赵武

---

① 《广西壮族社会历史调查》（二），民族出版社2009年版，第156、157页。

②③ 《广西壮族社会历史调查》（一），民族出版社2009年版，第8、36页。

④ 《广西少数民族地区碑文契约资料集》，民族出版社2009年版，第71页。

请人代笔

咸丰十一年三月十五日

根据这些借钱契约的内容可以看出，壮族村民之间的借款行为基本上都是应急使用，其契约的构成与田地买卖契约基本相同，只是一者为买卖，一者为借贷。而在内容上有所区别，借款契约有借款人、借款原因、借款本金、利息、还款时间、抵押财产、违约后果、担保人等，最后是借款人、证人签字。

九、环境保护制度

壮族社会在长期历史发展中，根据生产生活的需要，形成了一些富有特色的环境资源保护制度。这些制度可能由土官颁布，也可能由当地村民自行协商制定，但客观上都起到了保护林木、水源、牧场、农作物的作用。

在天等县镇结土官所公布的下述文告中，认为没有牛就无法耕种、没有马就无法乘坐，而养牛、养马有助于耕种，因此必须要有放牧的地方，从雍正六年（1728）就已禁止将这一带开垦为田，今后也永远不允许开荒为田进行耕作。

严禁耕犁牧场以繁养畜牧告示①

为严禁牧场以裕繁滋，以免违犯事。照得开荒固资生之本，而放牧养亦助耕之源。不有牛何以耕，不有马何以乘，故牧养之地，亦人世之不可无也。查□□洞一带，原有官居田嵇查古案，于康熙十二年间，因无处放牛马，遂将此田放荒，以为牧场之地。迨到雍正六年内，经先太祖官居出示严禁，自□处□至□交界为界，不许民违禁，耕犁为□，严禁放牧以便为牧场，乃是通州官族目民均有裨益。何以至尚有人胆敢开犁种□，且于本月二十日竟将本州衙所畜之马戳伤，故意违禁，凶恶已极。除另行密访严提究办外，合行出示晓谕严禁。为此示谕州属居人等知悉。自示之后，该洞一带自□□□为界，永远严禁，□□留作牧场，以便牧养。此是相沿古例，并非创自今始。倘有何人胆敢擅行耕作，有碍牧养，定行严提究惩，决不宽容。各宜凛遵毋违，特示。

在龙胜龙脊乡，收集到的环境保护的资料更为丰富。如，清同治十一年（1872）的《龙胜南团永禁章程》规定："遇旱年，各水渠照依旧例取水，不得私行改换取新，强夺取水。隐瞒私行，滋事生端，且听头甲理论。如不遵者，头甲禀明，呈官究治。"

① 《广西少数民族地区碑文契约资料集》，民族出版社2009年版，第129页。

清末的《龙脊地方禁约碑稿》规定："禁地方各卖管业，柴薪数年禁长成林，卖主不得任意盗伐，如有不遵，任凭地方乡老头甲送究。"清末民初制定的《团会禁山序》则已反映了当地壮族人民与自然和谐相处的思想。所谓"禁山"，即禁止进山砍柴、打猎或从事农业开垦等活动，用现代的话语来表述则为"封山育林"。

团会禁山序①

盖闻天生之，地成之，遵节爱养之，则存乎人，此山林团会之所由作也。我等居期境内，膏田沃壤焉。我可以疗饥，翠竹成林，惜我由堪备用，否则春生夏发，造化弗竭其藏，朝盗夕偷，人情争于菲薄。出此种种不法之徒，如利刁非，不顾羞耻，安得不严为之禁哉。今当立会之日，众等聚集，不禁乐纵趋事，序亦乐纵趋事，序亦欣然唯诺，不敢推诿良以。孔曰：见利思义。孟曰：出入山林。且先王之令曰：草木黄落乃代新，惟日时也；又曰：日短之则木取竹箭，亦维头时也。是故草前女动则有禁，勾萌尽达则有禁，继长增高命虞行大则有禁。以此论之，所关甚大，即云各管尔业，尚因时而入矧，乃物系他人，奚可乘虚妄取乎。自今以后，山有山无，必须谨守王章，会内会外，务要率循正道，倘唱山捕获，谁私卖容易，即属兄弟契戚之谊，理无二致，若有家庭朋友之辈，例应一同，于是规矩既严，应尔山林必盛。然为因天道、乘地利，杜枭风，而且境内之厚道可睹，里中之仁俗日照，例立会虽乏多人似私也，而实本公以为老禁之。

在龙脊的这一《团会禁山序》中，提出山林是"天生地成"，因此要"遵节爱养"，对于山林的利用要节约爱护，必须做到"谨守王章""率循正道"才能使"山林必盛"。在其后的《复立团会序》中又提出："山林蓄禁，盗砍当除。"其文如下：

复立团会序②

团会置序负矣，其可思谊之笃，规例之严耳。少闻者匪不欣赏，目睹咸深咏叹，应永垂于弗托，存百世代而不磨。否则人心难料，银钱拖欠不输，因之尔轻心荡忘主，而序以失固负立会至意，显虚创序之意心然。而一时振起无愧，昔之视今古众姓，仍前奚虞今之异昔，伏愿叔侄兄弟朋友亲戚，同心同德，本利之银钱，务席上齐扶粟苗莠秕，无容境内讬足庶几，皆夜穿壁之徒，当必抚心面愧，即彼乘便偷割之盗，谅亦观感，而至若土田相（近），越界宜惩，山林蓄禁，盗砍当除，又不得言奚烦锁证，由是银两或领或义利之，积累难量，诸君一年一饮合欢，心之友爱日敦，则见道不拾遗风可仰，亦家不闭户之势自来，记弗关乎人心之齐集，彼此之完终也哉。

①② 《广西少数民族地区碑文契约资料集》，民族出版社2009年版，第201、202页。

是以继遗序而参未之云耳。

封山育林保护资源禁规①

属防城县安良团，居住永福村，乡长及职役同众人上下等：

盖闻皇朝启支，天下共享太平之福。兹民尊村居王志、王民系从官长国家之法律，为乡党上良心善俗为根。兹民村从前先祖遗居成邑，系是千万年以来，原居沿地六路多歧，最掌养山林要条秀茂，以济风水，多赖神安民乐，至兹已二十余年以来，其内各邻村利党之徒，用力为强，不遵不咱，兹村约擅入盗斩散败，致以神不安民不利。为此等因，会合足目同群，兹立券约，甘结盟各条，前作后从，置留万代，各依遵从，永远据依此约，开列如后：

计：

一约本村系有高山庙一座，水口大王庙一座，四姿庙一座，及民居后林一带，共山林四处，析生枯木树木根等项，一皆净禁，自后或何人不遵如约内，贪图利己，擅入盗掘，破巡山各等，捉回本村，定罚铜钱三千六百及猪首一只、糯米十斤、酒五十筒，谢神有恩不恕。或余村人等何系可堪，捉得赃物回详，本村定赏花红钱一千六百文正，盗人所赏不恕，兹约。

一约定禁山林、木条、生藤及木根等项，一皆净禁，若不论何人不遵禁例。擅入斩伐，守券扣得，本村定罚券钱二千六百正，收入香灯，或村内诸人捉得，本村定赏红钱六百正，诸盗入所受不恕，兹约。

一约本村净禁诸各地头及高坡四处，一皆净禁，不得开掘，若何人不咱如约，擅入开掘，本村定为铜钱三千六百下不恕，或罚何不不咱，送官究罚不恕，兹约。

一约各禁诸条若犯，不肯送官究治支费钱期众村，一皆同受不恕，兹约。

一约各券诸员结束为兄弟，同心协力，兄弟同胞是骨肉，勤敏方宁除禁奸人，所有监公咱其号令齐到正券官理会合以里为伦，若员不据罚钱三百六元（本村放出）。

经明江平自治分所钟杰兴、黄积新

本文存江平乡沥尾、江龙等村头人手中，由1953年中南民族事务委员会和广西民族事务委员会联合调查组搜集。年代原稿无记，估计系清末年间订立，其时已非常明确地提出“封山育林”的口号。《禁规》中指出，本地原来就山林茂密，得以济风水，神灵得以安宁，民众安居乐业，但20余年来，一些贪图私利之人违反村约，擅自进入山林盗砍滥伐，导致神灵不安、民众不利，为此由乡中头人等协商订立禁规，

① 《广西少数民族地区碑文契约资料集》，民族出版社2009年版，第263页。

禁止进入高山庙、水口大王庙、四姿庙及民居后林一带砍伐生木、枯木、树根、生藤等，一律禁止代取，也不得开垦，违者罚款，如果拒绝缴纳罚款，将送官究治。这种封山育林的措施对保护森林资源起到了重要作用。

那克护林碑①

奉官面示，竖碑禁后。此岽土名亭毛，岽自我祖遗下历已数代，种树养育，蓄水灌养那土，名亭毛，数三十余丘田，以备旱年之计，永无他人斩木、放火、烧草，水出长流，田禾丰稔，国课不灵。突至民国八年，外人斩伐殊多，水源渐断，田禾枯色。迫不得已，经鸣，总团甲村等历劝解释，两边不服。控到官长知事张，面断与我陆泰山，亭毛岽一所，留养此田。过后凡人不得入界内伐木、采茶、作畬。立禁碑警示于后，永不朽云。此岽上至□□为界，下至平田为界。碑竖之后，谁人私打石碑坏，谁人认证者，赏红钱七千二百文。岽禁之后，谁人私入伐木、采茶，谁人得赃认证，主赏红钱三千六百文。

民国八年十二月□日立

该碑位于大明山东坡，在上林县西燕乡寨鹿村那克自然村附近路边，海拔约500米，东距国有大明山茶场伝潘分场约2公里，西距那克村0.75公里，距现保护区边界约1公里。碑用青石刻制，立于溪边缓坡大石板上，碑高85厘米，宽46厘米，厚13厘米。碑前为通往那克村小路，碑后现为寨鹿至那克简易公路，东面山坡是伝潘茶场（分场）茶山。该碑是民国八年（1919）大明山民众为保护森林、禁止乱砍滥伐的历史记载。

① 《大明山的历史遗迹考察》，http：//gxi. zwbk. org/info－show－34751. shtml。

ZHUANGZU HUNYIN JIATING ZHIDU

第六章

壮族婚姻家庭制度

婚姻，不仅指男女双方建立婚姻关系的结婚行为，也包括夫妻间的权利义务关系。《礼记·昏义》中有云："昏礼者，将结两姓之好，上以事宗庙，而下以继后世也，故君子重之……敬慎重正而后亲之，礼之大本，而所以成男女之别，而立夫妇之义也。男女有别，则后夫妇有义；夫妇有义，而后父子有亲；父子有亲，而后君臣有正。故曰：昏礼者，礼之本也。"在古人看来，婚姻不仅调整夫妻之间的关系，而且借婚姻来调整父母子女等家庭关系。因此，其范围与家庭关系有重合。婚姻不仅有婚姻关系的建立，也包括婚姻关系的解除，即离婚。婚姻制度开始于结婚，终于离婚，而结婚则必须由择偶行为发展而来。壮族的婚姻习俗和规则有很多自身的特色。

在汉族地区，历史上由于青年男女受封建礼教的约束，女子不能与男子自由交往，所谓"父母之命，媒妁之言"，结婚双方青年男女在婚姻中基本处于被家长决定的命运。父母之命对青年男女来说是不可违抗的，很多成家的青年男女甚至直到新婚之夜才知道对方的模样。相对于汉族地区，壮族社会发展的早期，青年男女双方拥有充分的恋爱与婚姻自主权，可以自行决定自己的婚姻对象，自由恋爱结婚，也可以离婚、再婚。但到了清末，由于受封建礼教的影响，壮族社会青年人结婚已经开始具有中原地区汉族婚姻的特点，结婚也要"父母之命，媒妁之言"，要遵循特定的婚姻程序。

一、恋爱方式与结婚条件

（一）以歌为媒，私订终身

广西自古有"歌海"之称，人们在劳作之时便以对歌为乐，"虽耕田，亦必口乐相之"①。宋《太中寰宇记》中曰："男子盛服……聚会作歌。"

相对于中原汉族地区的婚姻必须以"父母之命，媒妁之言"来确定婚姻关系，壮族先民的婚姻方式与制度更为自由，男女青年以歌为媒、两情相悦即可，无须经父母同意便可订终身，也不讲究门当户对。此俗大异于实行儒家礼法的中原地区，因此东汉时的交趾太守任延说："骆越之民无嫁娶礼法，各因淫好，无适对匹，不识父子之姓，夫妇之道。"② 广西很多地方都有歌圩，每逢农历三月三，四面八方的年轻人都

① 《岭外代答·平南乐》。

② 《后汉书·循吏传》。

来赶歌圩，以歌为媒选择恋爱对象，情投意合才会通知家长。在历史上，除了农历“三月三”，歌圩的时间还有上元、中元、春秋社日等。如，《粤西丛载》中说：“南丹溪峒之人呼为僮，……婚不避姓，时上元中元春秋社日，男女答歌苟合，至有妊娠始归夫家。”① 不仅壮族如此，其实在广西的其他少数民族也有以歌为媒、以舞会友、不经父母、私定终身的习惯。如，瑶人在每岁十月旦（旦，指农历初一），全峒都祭祀都贝大王，尚未成家的男女青年各自成群联袂而舞，男方“入女群中负所爱而归，于是夫妇定矣。各自配合，不由父母”②。到了清代，道光年间的《广南府志》亦云：“（依人）婚姻则以歌唱私合，始通父母仪财礼。”③ 可以说，在长期历史发展过程中，甚至直到清代道光年间，很多的壮族地区男女青年都是以歌为媒来选择自己的意中人，然后才告知父母缔结婚姻。“浔州（今广西桂平市境内）俍人，……其风俗从小就开始练习对歌，男女青年都以对歌的方式自行选择配偶。青年女子结伴在野外行走，数十青年男子则跟随而行，轮流对歌，等女子对歌同意留下其中一男子，该男子就会送女子一条扁担，扁担上有蝇头小字般的几首歌，扁担上还有金色所绘的花卉间插其中。女方则赠给男方自己所做的绣花衣裳、锦带之类的物件，约定成为夫妻，各自告诉其父母，还要聘请媒人带上染上苏木汁的槟榔和石灰以示订婚。”④

赵翼的《檐曝杂记·卷三》中对壮族人以歌为媒、私订终身的习惯有详细描述：

粤西土民及滇、黔苗、倮风俗，大概皆淳朴，惟男女之事不甚有别。每春月趁墟唱歌，男女各坐一边，其歌皆男女相悦之词。其不合者，亦有歌拒之，如“你爱我，我不爱你”之类。若两相悦，则歌毕辄携手就酒棚，并坐而饮，彼此各赠物以定情，订期相会，甚有酒后即潜入山洞中相昵者。其视野田草露之事，不过如内地人看戏赌钱之类，非异事也。当墟场唱歌时，诸妇女杂坐。凡游客素不相识者，皆可与之嘲弄，甚而相偎抱亦所不禁。并有夫妻同在墟场，夫见其妻为人所调笑，不嗔而反喜者，谓妻美能使人悦也，否则或归而相诟焉。凡男女私相结，谓之“拜同年”，又谓之“做后生”，多在未嫁娶以前。谓嫁娶生子，则须作苦成家，不复可为此游戏。是以其俗成婚虽早，然初婚时夫妻例不同宿。婚夕，其女即拜一邻妪为乾娘，与之同寝。三日内，为翁姑挑水数担，即归母家。其后虽亦时至夫家，仍不同寝，恐生子则

① 《粤西丛载》。
② 《岭南代答》。
③ 《广南府志》卷二。
④ 陆祚蕃：《粤西偶记》。

不能做后生也。大抵念四五岁以前，皆系做后生之时。女既出拜男同年，男亦出拜女同年。至念四五以后，则嬉游之性已退，愿成家室，于是夫妻始同处。以故恩意多不笃，偶因反目，辄至离异，皆由于年少不即成婚之故也。余在镇安欲革此俗，下令凡婚者不许异寝。镇民闻之皆笑，以为此事非太守所当与闻也。近城之民颇有遵者，远乡仍复如故云。

从以上记载中可以看出，粤西土民每年春天都会赶圩对歌，如两情相悦，则互赠定情之物。凡是男女私自结合，叫作“拜同年”，或者“做后生”，这些行为都是在未嫁娶之前。如果嫁娶成家，就不能再参加这种活动。①

徐珂的《清稗类钞·粤西荡子赠簪》中亦说：“广西某县女子之未字者，率有外遇，家人知之，不之禁也。凡荡子与所欢订交，如系室女，必赠以簪，或金或银均可。欢愈多，簪愈伙，群相稽察，不许假冒，嫁则携以去。盛妆时，俱插之于鬓，妯娌亲戚间竞相夸示，以多为贵。簪之多者，且可骄其夫。”②

《粤西偶记》也记载狼人自幼习歌，倚歌择配：“狼人者，其俗自幼即习歌，男女皆倚歌自择配，女及并则纵于诸野，少年从者且数十，次第歌功颂德，俟女歌意所答而一人留，男遗女以扁担一条，歌数首，字仅如绳头，间以金彩作花卉于上，沐以漆，盖其俗女子力作所必需也，女赠男以绣裳、锦带、诸物，皆女所自制者，约为夫妇，各告其父母，乃倩媒以苏木汁染槟榔、石灰定之。婚之日迎亲送女，络绎于道路，歌声振林木，女至丈夫家合卺。其夫用拳击女背者三，女乃用夫所赠担汲水至瓮中，旋回母家，不与丈夫相见，另招男子同宿，名曰野郎，与之共居母家，待有妊，则弃野夫而归夫家偕老焉，故野郎亦曰苦郎，当其在野郎才女貌也，本夫至其家，反对奸论，及其归夫家也，野郎至其家，或至其母家，及他所相会，亦以奸论。”

古代壮族人倚歌择配，约为夫妻后才回家各告父母，完全没有“父母之命，媒妁之言”的规定。该记载还说明了结婚的程序及不落夫家等内容，对于不落夫家而导致的夫妻及第三人的关系也有介绍。

歌圩在桂西壮族地区特别是左右江一带最为盛行。这种习俗流传已久，每年都有固定之日期，一般是在旧历三、四月，而正、二月和五、六、七、八月较少。歌圩的那天，青年男女都盛装打扮集会在一个地方，高高兴兴地唱山歌，谈情说爱。有的约情人来会面，有的寻觅他（她）们心爱的情侣。通过唱山歌的文娱形式，借着优美的

---

① 赵翼：《檐曝杂记·边郡风俗》。

② 徐珂：《清稗类钞·风俗类》。

音调和富于感情的内容，以吸收对方的爱慕。人们在歌会的场合中结识后互赠手帕以做信物，初步建立了感情。不少青年男女在这样的场合中，经过唱歌认识、恋爱、结婚而建立了美满的家庭。① 到了近代，有一些地方男女的婚姻决定权开始由父母掌握。如在环江县龙水乡壮族，近六七十年来，② 这里壮族的婚姻决定权完全操控在父母手中。儿子长到十四五岁，甚至还不到这个年龄，父母就为他订婚或结婚。未婚妇女虽然可以通过唱歌的社交方式言情谈爱，订下白头之约，但最后必须经过父母的同意和合婚的手续，否则便不能结合。因此而演变成自杀惨剧的事件也时有所闻。③ 在隆林县委乐乡，壮族的婚姻主要是由父母包办。男子长到五六岁，父母就替他找爱人，到了十三四岁或十五六岁，甚至有些只有七八岁就要结婚。由于婚龄太早，儿女不懂事，从订婚到结婚都是父母做主，特别是女子不能抗拒。结婚后，由于儿女年纪渐长，懂得人事，他们趁不落夫家的日子里男女性关系较自由的机会另找合意的配偶，有的就把原来的婚姻关系解除了。到今天，广西许多地方的歌圩仍然得以保存，地方政府将其作为民族文化及旅游资源加以保护及开发。

（二）结婚不避同姓

历史上的中原汉族地区，依例不允许同姓通婚。《左传・僖公二十三年》曰“男女同姓，其生不蕃”，《国语・晋语》中也有“同姓不婚，惧不殖也”的记载。同姓通婚不符礼法，历代法律都禁止同姓通婚。如，《唐律・户婚》中规定“诸同姓为婚者，各徒二年，缌麻以上以奸论”，明清律中也有“凡同姓为婚者，各杖六十离异”的规定，尽管现实中同姓男女婚姻在历史上也不少例子。

但在壮族地区，并无同姓之间不许通婚的规定。宋范成大在《桂海虞衡志》中说，广西经略使管辖25个郡，侬智高叛乱被镇压后，许多侬姓人被允许改成赵姓，有的一村都是一个姓，而同姓之间通婚并无不妥。有的部族首领娶几个妻子，都叫“媚娘”④。宋人周去非在他的《岭外代答》中也载，邕州各个溪峒之间相互通婚，峒官以黄姓居多，都同姓通婚。⑤

清代耿昭需所编著的《武缘县志》卷六也说：“财用槟榔、猪油，女家接领以分

---

① 《广西壮族社会历史调查》（四），民族出版社2009年版，第91页。

② 所指时间为20世纪50年代的广西少数民族社会调查。

③ 《广西壮族社会历史调查》（一），民族出版社2009年版，第264页。

④ 《桂海虞衡志・志蛮》。

⑤ 周去非：《岭外代答》。

新族。婚期前一二日，具酒肴遍请亲族食饮，各亲戚亦送有银簪、戒指、布帛等仪，名曰帛其箱。新妇过门拜见姑章，或用手巾鞋袜或衣服布帛，合朴而非略，文而近古，礼教其可舆。然婚不避同姓，冠不师古，陋习之相沿也久矣。果无良有司之表正耶，抑士大夫之家未有以倡率之耶，挽弊习而复之古道均不容辞其责已。”这里也有婚不避同姓的记载。而随着礼教在广西壮族的推行，一些地方壮族群众也开始有了同姓不婚的习惯。

（三）婚不避血亲

在现代婚姻法中，要求三代以内旁系血亲不得结婚。而在新中国婚姻法实施之前的很长历史时期里，由于对近亲繁殖缺乏科学的认识，因此亲上加亲是一个普遍的现象。壮族社会历史中也有婚姻不避血亲的习惯，其结婚对象可以在表兄妹之间，也可以在表姑舅之间，还可以在堂兄妹之间。如，在太平县下石土州，“有对于表姑舅之亲分别结婚者，如姑子可娶舅女”①。在天峨白定，王甫色的儿子按惯例聘娶其妹夫岑其武的女儿，享有外甥女出嫁舅家表亲优先的权利。甚至存在侄妻其姑的习俗，清宣统年间百定祥旺屯罗甫耀与姑姑罗米耀成婚便是一则明证。② 龙胜龙脊由于处在多民族杂居的地方，通婚又没有超越民族内部，加之历史上流传下来的男女关系的杂乱，五代以外便可婚配了，因此在结亲时并不计较辈分的高低。据说龙脊乡有很多都是越辈成婚的人，直到解放后仍然存在。龙脊马海屯50%是同姓堂兄妹成婚，“婚姻不避血系关系”③。在上思那荡，黄姓之间可以通婚。④ 在都安县地苏乡，壮族韦姓分为两种，庆年节初一的韦姓与庆年节初二的韦姓可互相通婚。⑤ 结婚虽不避血亲同姓，但已经有门当户对的观念。安平土州（今广西大新县）规定，圩镇的居民与农村的居民不得通婚。⑥ 在靖西县，圩镇女子宁可终身不嫁也不能嫁往乡间。⑦

在天峨县白定乡，外甥女出嫁，舅父之子有优先权，即所谓“除了青岗（木）无好柴，除了郎舅无好亲”“郎舅为大”“先有理，后不灭；先无理，后无称”（即舅之

---

① 《广西民事习惯报告书》（上册），广西官书局排印本1911年（宣统辛亥），第46页。
② 《广西壮族社会历史调查》（第一册），广西民族出版社1984年版，第19—20页。
③ 刘锡蕃：《岭表纪蛮》，商务印书馆1934年版，第282页。
④ 《广西壮族社会历史调查》（第三册），广西民族出版社1985年版，第120页。
⑤ 徐舸：《清末广西天地会风云录》，广西师范大学出版社1990年版，第52页。
⑥ 《广西壮族社会历史调查》（第四册），广西民族出版社1987年版，第13页。
⑦ 《广西各县概况》，广西民政厅秘书处1933年出版，第118页。

女嫁给外甥的亦有，但必须是自愿的）。即使舅表是脚破、手曲、耳聋、眼瞎都得去嫁，否则强迫捆绑去，外甥女不可反抗。只有在舅父无子或双方不愿成亲时才可嫁给别人，但必须将小部分聘金及一只羊送给舅父，称为“羊钱”。而舅父出嫁那天才送些布帛给外甥女。① 隆林县委乐乡壮族则有同宗不婚的习惯，当地青年男女恋爱结婚可以在同屯同村中进行，但同一宗族内就不能通婚。②由此可以看出，不同地区壮族社会多数地方婚不避同姓，许多地方婚不避血亲，也有部分地方讲究同宗不婚。

（四）结婚年龄

东汉南阳宛人任延在职时，就以“骆越之民无嫁娶礼法，不识父子夫妇之伦，乃移书属县，各使男年二十至五十，女年十五至四十，皆以年齿相配，其贫无礼聘，令长吏以下，各省俸禄以赈助之，同时相娶者二千余人，然后产子者始知种姓”③。从这一段资料来看，在古代，女方 15 岁就可以结婚，男方一般是在 20 岁左右。

到了近代，壮族不同地方的年轻人结婚时间各有不同，但其特点是男女青年的结婚年龄普遍较早，有的地方的女孩结婚年龄是 15 岁，有的是 16 岁，甚至有的是 8 岁。

太平府下石西土州（属今广西凭祥市）习惯：16 到 20 岁为婚期，已婚者 16 岁称为成人。④ 龙胜县龙脊婚姻习惯：婚龄皆在 8 至 13 岁间，年达十五六岁成婚已属少见的现象。⑤凤山县习惯：婚龄大体为 16 岁。⑥ 宜山洛东习惯 15 岁、东兰那烈习惯 10 岁便已成婚。⑦

广西上思那荡乡壮族，一般在男十五六岁，女十三四岁结婚。⑧ 那坡壮族早婚情况很严重，一般 16 岁就结婚，甚至有个别 11 岁结婚的。离婚时各写字据一张，请村中父老作证，当面互换字据即算有效。此地壮族有上门的习俗。

在武鸣县清江乡，解放前一般的结婚年龄是 13 至 16 岁，男女双方仅相差两三岁。但也有个别的五六岁就结婚。如男方家中父母年龄较大，为了增加劳动力，娶的妻子年龄就要比丈夫大一些。⑨

---

①②⑤ 《广西壮族社会历史调查》（一），民族出版社 2009 年版，第 20、62、134 页。

③ 《桂海衡虞志・志蛮》。

④ 《广西民事习惯报告书》（上册），广西官书局排印本 1911 年（宣统辛亥），第 4 页。

⑥ 《凤山县志》八编，民国三十五年修纂，1957 年广西壮族自治区博物馆油印本。

⑦ 《广西壮族社会历史调查》（五），民族出版社 2009 年版，第 66—163 页。

⑧ 《广西壮族社会历史调查》（三），民族出版社 2009 年版，第 103 页。

⑨ 《广西壮族社会历史调查》（六），民族出版社 2009 年版，第 68—70 页。

至于早婚的传统，不仅与思想认识有关，婚姻关系早定意味着两个家庭，甚至家庭之间形成某种联合，不仅在亲属关系上，而且与生产力发展水平有关，生产生活中都需要相互照应，女方也得到一定的财礼以资使用。在以男性为主的社会中，早婚对于男方家来说，即意味着多了一个劳动力。早婚在历史上寿命较短的情况下还意味着生育年龄的提前和延长，有助于家族的延续与人口增长。

（五）卷伴习俗

在古代，广西的许多地方由于法纪松弛，婚姻多数不按汉族地区正常的婚姻程序进行，一些人在村落中使用暴力强行将他人妻子或女儿劫到别的地方若无其事地生活，这种现象称为“卷伴”，意为劫他人妻女作为伴侣。有女子经历数次“卷伴”还未终止的，直到她的舅姑及前夫走访得知她所在之处，到官府处申诉，要求官府追究，才发现所谓的“前夫”，也是劫走他人之妻女之后又被其他人所劫走。只有她的亲生父母和兄弟以及最初娶她的人申诉，她才能回到原来被劫走的家。①

《岭外代答》也记载：南方的习俗，生女的多，而婚姻嫁娶多数不遵礼法。商人到南方，偷偷诱骗岭南女子回到北方，称为“卷伴”。当地土人自己也卷伴，但不能像商人一样直接一走了之，因此当地人的卷伴与商人卷伴北归有所区别。他们一开始就有私下的约会，将婚礼聘书暗藏于父母的床上，然后约定晚上一起私奔。父母一旦知道女儿消失，必然知道有婚书，在被子里找果然发现，于是扬言要告官诉讼，但不会真的去做。过得年余，女儿有了孩子，就会与女婿准备好礼物一起回娘家。他们知道父母一开始肯定不会接纳，首先准备好酒水进门，父母会假装发怒，将酒瓶摔碎。女婿会请邻居来求情，父母才会索要财礼，然后以翁婿之礼相待。这是大户人家的做法。而一般的老百姓有女儿，还害怕没有人将其引诱走。如果有人几次引诱而女儿不愿去，她的父母必然要求女儿到男方家中，“其俗如此，不以为异也”。

从以上两种“卷伴”所记载的内容看，一种卷伴是以暴力方式掠夺他人妻女的行为，即《桂海虞衡志》中所描述的，它是原始社会抢婚的一种残余形式。该种形式的婚姻使用的是掠夺方式，强制与妇女缔结婚姻，不问被劫妇女的意愿。而《岭外代答》中的“卷伴”，第一种是以诱骗的方式将他人妻女拐走，最后一种其实是当地男女未经父母同意、私订终身并离家出走的行为。

---

① 《桂海虞衡志·卷伴》。

到了近代，一些地方的壮族村落还有抢婚的行为。如隆林委乐乡，有妇女不满父母的包办婚姻，坚决不愿出嫁，父母多方逼迫仍然不从，在迎娶那天仍然不肯去夫家，于是她的丈夫就邀请族内的亲属用绳子捆绑新娘，用竹刺捆扎在新娘身上，又用木梗硬把新娘抬走。这种抢婚实为强迫婚姻的行为。①

二、结婚仪式与居家形式

（一）入寮

在古代，壮族先民的婚礼仪式有“入寮”一说：“獞人五岭以南皆有之，与猺杂处，风俗略同，而生理一切陋简……聚而成村者为峒，推其酋长曰峒官。峒官之家婚姻以豪汰相高，婿来就亲，女家于五里外结草屋与居，谓之入寮。两家各以鼓乐迎男女至寮，盛兵为备，小有言则兵刃相接，成婚后妻之媵婢迕意，婿即手杀之。自入寮能多杀媵婢则妻党畏之，否则谓之懦。半年而后归，夫家人远出，而归者止于三十里外，家遣巫提竹篮迓之，脱归人帖身衣贮之篮，以前导还家，言为行人收魂归也。”②

宋代邕州溪峒婚嫁以粗犷豪华的婚礼为时尚，定亲和送亲礼仪有的多达上千人，金银币帛固然有，而更多的是酒菜鲊料，因此花费很大。“入寮”时男方家击鼓奏乐送女婿入寮，女方家也以鼓乐送女方入寮。

《赤雅》对于僮官婚嫁也有类似记载：峒官之家，婚姻相竞豪华奢侈。女婿嫁来女方家，女方则在五里之外采香草花作为草屋，号称入寮，服装华丽筵席丰盛，击鼓奏乐引导男女进入寮房，而双方则“盛兵以备”。在寮房生活半年后，女方才与丈夫回夫家，出寮时有“出寮舞”③。

左右江流域这种女娶男嫁的入寮婚姻制度既非母系氏族公社以母系划分部落的社会，又非父系氏族公社以父系划分部落的社会，大体为古代母系氏族公社向父系氏族公社过渡的婚姻形式遗俗。这种婚俗花费巨大，有草寮“百余间”，人数多达数百人，既有盛装绮筵，又备盛兵，因此此种婚姻形式应非寻常百姓家所有，只为“峒官”家所采用。

---

① 《广西壮族社会历史调查》（六），民族出版社2009年版，第61页。

② 田汝成：《炎徼纪闻》。

③ 邝露：《赤雅》。

有学者认为，壮族“入寮”婚俗所体现的是母权制已颠覆但尚未彻底崩溃、父权制摄取女性荣誉地位而代之但还在继续争斗之中的一种过渡时期的婚姻遗风。对新娘来说，纯粹是为维护既往母权荣誉地位的最后顽固行为；对新郎来说，是默认母权荣誉地位的最后存在。在以往的对偶婚中都是男赘女家，那时候女子具有至高无上的荣誉地位。① 而在“入寮”婚俗中，既非男方嫁到女家，而女方也还没放弃自己的传统地位，因此便产生了母系氏族与父系氏族公社之间过渡的婚俗。

（二）哭嫁“送老”

近人刘锡蕃在《岭表纪蛮》中说：“壮女出嫁前夕，即号哭痛誉。其哭之段落则分为三：其始怨自身不为男子，稗承宗祀，次则述其父母动劳抚养，难报亲恩，终则数其兄弟裔己于人，希图谋占家产。婚期，女子别其父母而归于婿家，为母者例须以饭饲女，女不食，含诸口，出门，兄弟立于门侧，女吐饭，望而喷之，号泣而去。”此即为哭嫁之风。

《岭外代答》载：“岭南嫁女之夕，新人盛饰庙坐，女伴亦盛饰夹辅之，迭相歌和，含情凄惋，各致殷勤，名曰送老，言将别年少之伴，送之偕老也。其歌也，静江人倚‘苏幕遮’为声，钦人倚‘人月圆’，皆临机自撰，不肯蹈袭，其间乃有绝佳者。凡送老，皆在深夜，乡党男子，群往观之，或于稠人中发歌以调女伴，女伴知其谓谁，以歌以答之，颇窃中其家之隐慝，往往以此致争，亦或以此心许。”

“送老”，亦即哭嫁。《武缘县图经》记载：“城中女子临嫁登舆时必号哭而讴其词，则先怨祖宗不俾其为男儿以承礼祀，次则缅怀劬劳依恋父母……”哭嫁或触景生情，或感念父母，或倾诉衷肠，这一风俗至今仍在广西南宁、钦州和贵港、百色等地区壮族乡村中流行。

（三）不落夫家

不落夫家是壮族婚嫁制度的一个重要内容。这种制度早就出现，而且一直持续到清末民初才逐渐消失。

《粤述》对不落夫家做了详细的描述：“壮与瑶杂处，风俗略同，冬编鹅毛杂木叶为衣，居室缉茅衡板，上以栖止，下畜牛羊猪犬，谓之麻栏子。人娶妇，别栏别居。

① 郑超雄：《古代壮族入寮吐饭婚俗小议》，载《学术论坛》1985年第9期。

娶日，妻即还父母家，时与夫野合，觉有娠，乃密令人作栏。又数年，延师巫，结花楼，祀圣母，亲族男妇数百千人，歌饮号叫，三四日夜乃毕，谓之作星。少妇春时三五为伴于山椒水湄歌唱为乐，少妇群歌和之，竟日以及带相赠答而去。壮亦有生壮、熟壮，与生熟瑶相类。又有仡僚二种，依山林，无酋长版籍，射生食物。一村中推有勇力者曰郎火，余俱称火。"《粤述》中所描写的"人娶妇"之后其妻即还父母家，也即"不落夫家"，这种习惯中已婚的妻子回到娘家后即可以与自己的丈夫"野合"，而且还拥有恋爱的自由，甚至如《粤西偶记》所载的"不与丈夫相见，另招男子同宿，名曰野郎，与之共居母家，待有妊，则弃野夫而归夫家偕老焉"。这种不落夫家，其妻所生子女并不一定与名义上的丈夫有血缘关系。不落夫家导致在父母子女关系上以母亲为主确定名义上的关系，具有原始母系氏族公社的特征。

《赤雅》有载，在结婚当天，女方即回父母家，与其幼时女伴相处。这一期间，还可以与其丈夫"野合"，有了身孕才告诉其丈夫，回到夫家等待生产，这时才开始成为妻子。① 宋代《太平寰宇记》载："古党洞（废党州）夷人索妇，必令媒人引，女家自送相见后，复即放女归家，任其野合，胎后方还，前生之子例非己有。"

《粤西丛载》中亦云："婚之日迎亲送女，络绎于道路，歌声振林木，女至丈夫家合卺。其夫用拳击女背者三，女乃用夫所赠担汲水至瓮中，旋回母家，不与丈夫相见，另招男子同宿，名曰野郎，与之共居母家，待有妊，则弃野夫而归夫家偕老焉，故野郎亦曰苦郎。当其在野，郎才女貌也，本夫至其家，反对奸论。及其归夫家也，野郎至其家，或至其母家，及他所相会，亦以奸论。"② 在不落夫家期间，妇女除了有社交的自由外，还有性方面的自由。如《粤西偶记》说，结婚当日迎亲送女，歌声振林，至夫家后，夫用拳击女方背后三次，女方用丈夫所赠的扁担挑水至缸中就回其父母家，不再与丈夫相见。女子还可以招其他男子同居，叫"野郎"。女子与其情夫在母亲家同居，直到有了身孕才离开情夫回丈夫家生活，因此"野郎"又叫"苦郎"。

"隆安西南边境（都结万承边界）山陇重叠中有一种人，性愿谨，谢通志谓之瑶，本邑人谓之陇，就其所居之地名之，要不如统谓之蛮，盖此辈亦南大荒山著也。聚族而居，村之大者，数达百家以上。其姓氏大抵是梁、赵、黄、隆、农等居多……言语亦操土音（按：即壮语）。衣服男人与汉族无异，惟妇女则异甚，衣长仅及腰，袖甚

① 邝露：《赤雅·丁妇》。
② 《粤西丛载》卷二十四。

窄，以五色布条旋绕之认为饰；穿裙，裙之四周不下垂而撩起，外以布一幅围之，谓之围裙；耳环极大，圈径约二寸上下；颈戴银圈，齿染黑。近来服装已渐改变，与汉族妇女同化矣。婚姻甚简。其定婚纳采等事立同媒约，与汉族无大异。惟定婚之后，即请婿过门，名日新婿登门。迎娶之日，无彩典，女家宴饮后，新人腰带钩刀，头戴斗篷，先走出门，随有亲族男女数人送至男家，饮宴后，新人仍随嫁人回母家。此后每逢大节或种玉米时期则回夫家一二日耳，直至生有子女，始正式归夫家，今此风犹未尽改革也。"①《隆安县志》中此段所指的"瑶""陇"，由于其所使用的是壮语，以及其他与壮族相一致的风俗习惯，在其后的民族识别中已确认为壮族。其结婚程序较为简单，订婚纳采等与汉族基本类似，但却保留了不落夫家的习惯。

在天峨县白定乡，壮族人同其他地方一样，很久以前就有妇女不落夫家的习惯，时间的长短看具体情况而定，三、五、八年不等，只有农忙、过年节等男家派人去请才回来。要改变这种现象，必须等到生了第一胎子女，才长期住夫家，否则就好似客人那样来往而已。产生这种现象的原因，据了解主要是出嫁之初（由于早婚、父母包办等）妇女对"夫"及"家"生活不惯，等到生育后，有了婴孩的拖累，行动受到了制约，才回夫家去常住。这种现象在解放后仍然存在，只是程度不同而已。②

在广西隆林委乐乡，妇女嫁后不落夫家表现为两种不同的情况：一是在父母包办婚姻下的不落夫家。这些女子大都对婚姻不满，夫妻感情不融洽，回到娘家后就很少转到夫家去，每月去夫家一次或两次，住上一两天又回娘家。二是经过恋爱结婚后的不落夫家。经过恋爱后结婚的初婚女子，嫁后还是照习俗不落夫家的，但住娘家的时间不长，每月到夫家两三次，每次一般是五天或七天。这样大约一年后，就长住夫家，只是每月回娘家一次，住一两天。

妇女不落夫家，对男女双方来说，会引起很多不好的甚至悲惨的事。由于习俗如此，人们也无可奈何。有的男子明知自己老婆和别人谈恋爱，但苦于没有真凭实据，索性置之不理。

不落夫家的主要原因，首先是由女方对婚姻是否满意、对丈夫的爱憎来决定的。其次，结婚年龄的大小也有很大关系。十五六岁以下的女子，婚后还未懂得过夫妻生活，特别是对劳动生产未能胜任，父母有意让女儿不落夫家，直到年龄稍大可以过夫妻生活及可以担负家内劳动生产时，才催促女儿长住夫家。怀孕的快慢也是女子不落

---

① 《广西壮族社会历史调查》（七），民族出版社 2009 年版，第 164 页。

② 《广西壮族社会历史调查》（一），民族出版社 2009 年版，第 19、20 页。

夫家时间长短的一个因素。对父母包办婚姻感到不满的女子，总想拖延不落夫家的时间。不落夫家的另一个原因是为了生活自由。

当然，并非所有的男性都能接受不落夫家的习惯。如在中越边境上，越南的傣人因为风俗习惯不一样，对壮族社会的女性不落夫家的风俗不能接受而闹出纠纷。在与越南接壤的龙州县，越南傣人男子马文旭与我方妇女农氏连结婚，但因有不落夫家之习俗，同时可能是该妇女不喜欢其夫，因此，在结婚后两三年从未回过夫家。其夫派人来催促她回家，她也不愿回，其夫一点办法也没有。一天，当她在村边看牛的时候，被丈夫发现了，一口气就跑过来将她强拉过去，以后很长时间都不准其回娘家。当时，女家对其女没有丝毫的同情和帮助，而是说："这个我可管不了，嫁鸡随鸡，嫁狗随狗。"

上列情况与唱歌圩的习俗不是没有关系的。不少青年男女因唱歌圩而恋爱，有些得不到父母的同意而失败；有些已是有夫之妇（不落夫家），仍去歌圩参与谈情说爱，导致离婚。由于婚姻法宣传不够，有些对"婚姻自由"这四个字认识不清，因此随意结婚与离婚，有些是离了又结、结了又离的。①

不落夫家的社会习惯随着社会的发展而逐渐被消灭，一者不落夫家使男方结婚的目的得不到实现，虽然双方仍然有社会交往的自由，但很明显这种婚姻家庭形式很容易受到他人的破坏，对于家庭的稳定与社会有序发展是不利的，因此在清末民初，政府屡次采取措施禁止女方婚后不落夫家。

三、近代壮族结婚程序

在国家成文法上，世界各国对婚姻关系的承认存在着事实婚主义和形式婚主义两种。事实婚主义承认男女以夫妻名义同居的事实婚姻；形式婚主义要求两性结合以履行法定形式为承认婚姻成立与效力的依据，双方事实上有无同居关系并不是婚姻成立的构成要件。形式婚可以分为法律婚与仪式婚两种，结婚仪式又有世俗仪式和宗教仪式两种。在汉族地区，《礼记·昏义》、《唐律》和《明律》都规定了结婚应经历的"六礼"程序：一纳采。《礼记·昏义》曰："纳采者，谓采择之礼，故昏礼下达，纳采用雁也。"即男方派媒人到女方家提亲。二问名，即男方请媒人问女方的名字和出生年月日。三纳吉，即男方获得女方的姓名、生辰八字后，回到男方宗庙，求得吉兆，

① 《广西壮族社会历史调查》（七），民族出版社2009年版，第102页。

"归卜于庙，得吉兆，复使使者往告，婚姻之事于是定"。四纳征，男方占卜取得吉兆后通知女方，将聘礼送到女方家。五请期，《礼仪·士昏礼》中云："请期用雁，主人辞，宾许告期，如纳征礼。"即确定举行过门仪式的日期，吉日由男方选定日期后与约定女方商定。六亲迎，男方到女方家迎亲。这是从妻居制向从夫居制转变后的结果。

相对于汉族社会，壮族青年的婚姻显得更为简洁，没有"六礼"之说。如在广西太平土司治下，新娘到男家后，拜族长、亲戚，并送每人手巾一条。新娘路经桥头沟边时，用白布或白手巾铺在地面给新娘跨过去以后才收拾起来；如遇涉水，就要给人背过去。过去姑娘在出嫁前两天，都有女伴来帮做鞋和缝衣等工作。出嫁时多哭诉，即诉说父母抚育之恩以及姐妹、哥嫂亲密的手足之情，有的还哭骂媒婆等。来帮忙的女伴有三五人或七八人不定，她们有时与村上的男青年唱歌。新娘过门后马上转回娘家，不落夫家，顶多住一两天，以后每逢农忙时节才回去两三次，多数时间在娘家，少则一两年，多则四五年。续娶的人如果系闺女，其婚礼一切与初婚无异；如为醮妇，除送"醮金"于其前夫家外，其余皆从略。童养媳之风俗多属于贫苦之家，俗称"甲鸡对"，是买卖式之婚姻，到了适当年龄才举行婚礼。入赘在壮族中行之已久，今乡村尚有。其原因有二：一为维持女家之宗祀，故不论生男育女都同母姓；一为女家系富户，需人助理家务。入赘上门男子则多是家穷无钱结婚的人。

过去的官族、土目与村民不通婚，城市与乡村也不通婚。如果乡村的妇女嫁到街上，则跟汉人的习俗相同，不回娘家住。汉女嫁壮男，也从汉人风俗，要落夫家。但因壮人社会地位很低，一般汉女都不愿嫁给村民，故有一句俗语说："村女嫁街变白鹤，街女嫁村变乌鸦。"①

如果说壮族社会在早期的结婚程序更为自由，有入寮、以槟榔为聘、不落夫家、卷伴等完全异于中原汉族的结婚程序，那么进入近代之后，由于长期受到汉族婚俗文化的影响，壮族青年的结婚程序已经接近中原汉族了。

在广西马山县，对壮族人结婚的程序有这样的描述："订婚伊始，无论新民、土、客等人，均用媒人，向女家取年庚，送交男家，置于先祖香案前，俟过三日，无别凶兆，复交星士卜算，男女命无冲克，即为配合。男家随备饼二封，送与女家，后备银五六元，或十余元，择日交媒人送与女家，谓之定命，自后不准另配别人。此大致新民、土、客等人均同。至小异处，系属土人者，一经定命，尚未接娶过门，逐年新年正月，女家俱请女婿回门，女家伯叔，有若干家，女婿每家必送生猪肉一二斤不等，

① 《广西壮族社会历史调查》(四)，民族出版社2009年版，第90页。

鸡一只，糯米粽一对。至女婿回家，女家伯叔，逐家送布鞋一对，或白布黑布一二丈不等。”①

在武鸣邓广乡，过去男女结婚均由父母包办，本人不得做主，而父母一般又听凭媒婆之言。过去人们对婚姻对象的选择是：“男方对女方的要求条件是多嫁妆，次为明理能干；女方对男方的要求是富有，夫婿是读书人。”武鸣壮族人结婚大致经过合命、订命、行聘、迎亲四个环节，具体过程如下：

“合命”（算命）：男女双方父母同意后，男方就派媒人到女方家取其年庚八字，并带去两筒饼子。带回年庚八字后，与男方的年庚“合命”。如算命先生认为“命合”，即可成婚。

“订命”（订婚）：“命合”之后，男方即派媒人带10筒糖饼、10斤糯米到女家取命。女方即将女子的年庚用红纸书写好，交媒人带回男方。当天，男方约请吃一桌酒肉，女方不备。

“行聘”（亦叫“送礼钱”）：当天男家派人送往女家白银40—50元（后来有的改送洋纱4—5股），富者80或100元不等，极贫穷的户送20—30元也有。拜金多少，各个阶级、各个阶层视经济情况不同而有所区别。此外还送猪肉，一般是30—40斤，富者也有送80斤或100斤不等、鸡1对。“送钱”一般在婚前几个月即送，此钱为女家用来置备嫁妆。“送钱”这一天，男家一般摆一两桌酒菜，女家一般不摆。

“迎亲”：迎亲这天，男家给妇家送去的礼物有礼肉（猪肉）80斤或100斤、新郎肉10斤、鸡一两对、酒约20斤、芭蕉数斤。随礼去的有新郎、媒人及“八音”（本地乐队）数人、接新娘的轿子等。女家送来的嫁妆一般有被帐1床、面盆2个、木箱2—4个、柜子1个、桌1张、椅2—4张，以及少量的衣服与布条，有的还陪嫁1头牛。当天及前一日，男女双方均请亲友吃酒，男方张罗较大，耗费较多。男家一般耗费六七千斤谷子，女家是二三千斤谷子。女家所备的嫁妆多寡视男家所送的“礼钱”多少来定。以前，结婚后第二天，新娘仍回娘家去，三四天后，男方派人一再催促，新娘才回来，不如此，人家必然要耻笑她。新娘在结婚前两天就开始啼哭，直到男家门前才止。如新娘不哭，别人就会说新娘不爱娘家。

新中国成立后，颁布并实施了婚姻法，改变了过去不合理的封建婚姻制度，完全摆脱了过去的盲婚现象，并且废除了旧的礼规。如，马香村的陆银老人说：“我的儿子陆永芳在邻村找了一个满意的对象，快结婚时我才知道。结婚那天我才花了3斤猪

① 《那马县志草略》。

肉，青年人唱唱山歌，就办成了这件婚事，大家觉得很好很愉快。如果在旧社会，我要为我的永芳担一百二十条心，也难娶上媳妇了。”① 从对陆银老人的采访可知，由于新中国成立后歌圩得以恢复，年轻人又可以以歌为媒定终身了。这也是婚姻法所倡导的婚姻自由应有之义。

近代以来，不同地方的壮族其婚姻程序并不一致。如在田东檀乐乡，婚姻所经过的程序有三个：合八字、订好、迎娶。② 在隆林县委乐乡，婚嫁应经过五个程序：问亲、定亲、要八字、行聘、迎娶。③ 而在武宣县，结婚程序也经过四个：问名、纳采、纳币、亲迎。④ 近代的白山（今广西马山县）壮族仍然保留了传统壮族的婚姻程序：“婚姻不用庚贴，但槟榔一棵，戒指一对，送之谓契准口，行聘亦以槟榔为重，富厚家以不计用苏术染之，每八枚包以箬叶，累累数十百包。”⑤

在广西百色市的西林县维新乡，近代以来壮族青年的婚姻大事大都是“父母之命，媒妁之言”的包办婚姻。当儿女长到十几岁的时候，父母就为他们挑选自己认为满意的对象了，条件首要就是门当户对。在父母认为某家女儿适合自己的要求时，就托媒人去说亲，女方父母如果也认为合适，媒人就带着礼物到女家，女家则将礼物收下后，提出自己的条件，如彩礼多少等，然后请巫公算八字占卜，如八字相合，就换婚帖订婚。有的父母愿和自己女儿住在一起，便招婿上门，被招上门的人大都是贫穷人家和外来的男子。但该地上门的婚姻占总婚姻数的50%，招郎入赘是普遍的现象。结婚仪式因女出嫁或男上门而有所不同。若是女子出嫁，由男家派出媒人，带领乐队奏乐往女家去接新娘。到女家时，互放炮竹。新郎新娘先拜天地，次拜祖先，后拜父母及亲友。礼毕，新人和青年男女一齐唱到深夜。第二天，亲友和邻居都带礼物来恭贺。第三天，新郎偕同新娘回门探望岳父母。⑥

在天峨县白定乡，直到解放前，这里的男女青年婚事都是由父母包办的。从议婚到结婚必须经过下列手续：

1. 问同。当男女双方长大后，男方请两个女人来做媒，叫“内媒”，到女方家去问，经女方家长同意配给则为“同”。

---

① 《广西壮族社会历史调查》（六），民族出版社2009年版，第36页。
② 《广西壮族社会历史调查》（五），民族出版社2009年版，第121页。
③ 《广西壮族社会历史调查》（一），民族出版社2009年版，第53页。
④ 《武宣县志》八编，民国二十三年（1934）铅印本，第168页。
⑤ 朱锦：《白山土司志》卷九“风俗”条。
⑥ 《广西壮族社会历史调查》（二），民族出版社2009年版，第183页。

2．下定。女方同意后，再请两个男人来做媒，叫“外媒”，到女方家去商讨身价若干，同时带去光银三五十元，肉20—50斤、公鸡1只，请女方家亲族吃一顿，称为“下定”。下定后，男方每年春节得送米花一担及肉、鸡各几斤到女方家作为送礼。

3．取命。下定后到临迎新前一两个月，才取女方的生年日月来给相命先生推算，命配得合与否都得娶，因此只不过是一种形式而已。

4．迎亲。一般在冬季举行，全寨人有喜事的可以同日举行时，在一个日子进行。到那天，新郎和伴郎一人、房族若干人，由媒人带到女方家来接，一般不敲锣打鼓（富有者例外）。

在天峨县白定乡，男方的送礼耗费很大，除去婚前送的礼物，迎亲时又付洋银100—250元、肉70—100斤，共约银300元。女方在下定时，答礼送姑父鞋1对、裤1条以及手巾、笔墨各2条，接亲时答礼为被2—6床、帐2件和箱一两只及脸盆、柜等，一般都用男方送来的礼金购买，赔钱购买亦有之。由于送礼金额巨大，男方娶亲耗资甚巨，这种婚姻具有某些买卖婚姻的性质。①

在武鸣县清江乡，过去男女的婚姻也要经过合命、订命、送礼、迎亲等几个程序。除极个别自由恋爱结婚外，一般都由父母包办。双方父母同意，就去找算命人“合命”（要把对方的年庚来推算），如命“合”，即可订命（即订婚）。订命时，男方择吉日备猪肉、饼、面条各10斤或15斤送到女方家（由媒人带去），女方家接到礼物（按习惯酌退少量），就把女儿年庚用红纸写上给媒人带回男方家。结婚时，男方备猪肉120斤、白银40元（约1600斤谷子，以扣用钞票或洋纱）、鸡2只、面条20斤、酒10斤、芭蕉数斤、白糖半斤送到女方家，女方将面条、钱、糖、芭蕉、酒等全部收下，而猪肉和鸡只受一半礼。随礼去的除了新郎、媒婆，新郎家属、亲戚还随去两三桌人（16—24人不等）到女方家，吃一餐酒饭，即随新郎返回。女方备的嫁妆有被帐1床、床架1个、桌子1张、椅子4张、柜子1个、谷子200余斤（布到生小孩时才送到）。较久以前，还有的人陪嫁织布机1架，嫁妆随新娘同时送到男方家。同新娘同去男方家的有新娘家属及亲友10桌或15桌人（1桌是8人），到男方家吃一餐酒饭即返回。当晚新娘留在男方家一晚，还有同来姐妹数人相伴，和男方男女青年唱山歌，直至天亮。第二天新娘送同伴回娘家，即回男方家，住两天后再回娘家。以后每逢农忙、节日才回夫家，住几天又回娘家，习惯后才久住下来。②

---

① 《广西壮族社会历史调查》（一），民族出版社2009年版，第19、20页。

② 《广西壮族社会历史调查》（六），民族出版社2009年版，第68—70页。

在隆林县委乐乡，婚姻的缔结要经过问亲、合命、定亲、行聘、迎亲等几个环节。

1. 订婚。委乐乡壮族儿女订婚，一般需经这几项手续：（1）问亲。问亲都是男方主动。儿子长到五六岁或七八岁时，父母就注意选择一个合适的媳妇。找到对象后，就请一个成年已婚的妇女做媒。这个已婚的妇女，要夫妻健在、能说会道，生有子女更好，尚未有子女也行。（2）定亲。男方得到女方的八字后，请巫公推算命理，称之“合命”，看男女两人八字是否冲犯。（3）要八字。经过定亲以后，大约过了三四年时间（或再长再短些不定），男方就选好日子，请两个或四个夫妻健在的成年男子做媒，到女方家去取女方的八字。（4）行聘。要了八字以后，不一定马上交聘金及迎娶，其间隔时间主要看男方经济条件。一般是在迎娶之前一年，男方就把聘金及礼物送给女家，行聘和要八字时间相距二三年或四五年不等。

2. 结婚。①结婚前的准备。结婚前，男方在迎娶日期之前就养好猪、熬好酒，准备好糯米，以备结婚时应用。②迎娶仪式。迎娶前一天，男方选好时辰，把应许女家的一切酒礼送到女方家。③出嫁的仪式。出嫁时辰一般选在鸡啼后天亮前，群众认为这个时辰鸦雀无声，不会听见不吉利的声音；行人稀少，不会碰见不吉利的事；新娘也免得在路上碰到人而害羞。出门时，新娘总是啼哭的，以示惜别父母。④新娘入门仪式。新娘还未到家前，新郎家早已准备好，在祖宗神位上烧香、点灯、摆酒。新娘一进门，首先跪拜男家祖宗神位。⑤祝贺和贺礼。①

由于中央政权长期以来一直在壮族地区不断兴办学堂书院，推行儒家礼乐教化，力图移风易俗，故进入近代以来许多壮族地区的婚姻形式与程序逐渐接近汉族地区的婚礼程序，但一些地方出现包办婚姻，媒人的地位也在提高，在程序上也出现了问亲、定亲、八字、行聘等，或者问同、下命、取命、迎亲等，但其仪式、程序和汉族严格的婚姻程序仍然有所区别。

四、离婚、再婚与入赘

（一）离婚制度

在隆林县委乐乡，由于婚姻多系父母包办，所以女子离婚被公认为一种正常的习

① 《广西壮族社会历史调查》（一），民族出版社 2009 年版，第 57 页。

俗，不会被歧视和反对。办离婚手续，解放前要用很多钱和酒礼，谁贿送的钱多、酒礼多，谁就得胜。一般是经过当时乡村统治机构“甫甲”的调解，不管哪方提出离婚，都要带几斤酒、一只鸡、几斤肉等。①

在西林县那劳区维新乡，女方提出离婚，任何嫁妆都不能带走，并由女方赔还男方礼金100—150元，其他礼品不计。如有子女，都归男方，但子女尚未断奶时，则由女方带走养大后送回男方。男方提出离婚，女方送来的嫁妆一律退回，女方未再嫁之前的生活费用由男方负责，一直到她有新夫之日为止。如有子女，统归女方带走，留子女，须得女方同意。

男女双方自愿离婚，则将女方到男家后所置下的一切产业均分（原有财产除外），各自分离，如有子女，则男随父，女随母；男孩尚未断奶时，由女方带走，养大后送归男方。②

在一些地方，夫妻双方离婚不是以协议离婚而是以卖妻的方式出现，或者虽然以离婚书的方式，但其内容实际上却是卖妻。以下是新中国成立初期广西少数民族社会历史调查中收集的安平州村民卖妻文书。

黄河平离婚书③

立离婚书人黄河平，系安平州北化村梗甲下后村居住。因为父娶上后村梁廷□□□乳名叫宜利，年方二十五岁，与为妻，不科（料）数年反目，家道不和，愿将发卖与问到□□□傍村梁兄荣品，看人合意，年纪相配，愿将出身价三百五十毛正，即日立书，银约当面点清□□□银主带缘人回家为夫为妇。上（倘）日后年深月久，上山落水死者不关何平之事，生者梁荣品之人，死者是梁荣品之鬼，系在约内有名人敢当，任从银主执约赴当理论，甘罪无辞。此乃两头情愿，实银实约，明卖明买，并非私相接受等弊。恐口无凭，人心不古，故引立约一张，交与银主收执存照。

中保　黄庆财

黄河平手自立约

依口代笔

民国九年九月初五日

这是安平州黄河平的离婚书。从其内容上看，女方是在25岁时结婚，结果双方

---

① 《广西壮族社会历史调查》（一），民族出版社2009年版，第58页。

② 《广西壮族社会历史调查》（二），民族出版社2009年版，第168页。

③ 《广西少数民族地区碑文契约资料集》，民族出版社2009年版，第103页。

反目，男方所写虽为离婚书，实际是卖妻契约，卖给邻村梁荣品的价格是350毛，还表明卖出后，女方生为梁荣品之人，死为梁荣品之鬼。男方不是通过离婚让女方恢复婚姻自由，而是将其当作一个物品卖给其他人，可见女方毫无地位可言。类似的还有下面安平土司辖下的今大新县雷平镇安平村岜贺屯的卖妻契约。

王启义卖妻契约①

立约卖妻人王启义，幼年娶取陇美村农大业之女，乳名宜亲为妻，因夫妻不睦，□夫妻反目之忧，难得家室和平之福，故禀明父母，不留发妻，卖与岜贺村农徽纯处，实出洋银四十大元买取。自卖之后，善恶俱是农家人，生死不关卖主，荣安，本分休戚，各不相关。立此文契交与买主收执为据。

中保　王启仁

媒人　农允明

通引　农品秀

立约　王启义

请人代笔

中华民国十年六月十日

这是夫妻关系中较为极端的案例。大新县王启义因夫妻不睦，在禀明父母后将其发妻卖给岜贺村的农徽纯，得到40大元。这表明妇女在家庭中的社会地位较低。

（二）再婚自由

对于男子来说，再婚不存在任何问题。对女子来说，壮族的许多地方有“初嫁由父，再嫁由女”的习俗，离婚后的妇女可以再嫁，完全由女子自主，父母不再过问，也不干涉。

在武鸣邓广乡，过去寡妇如无子女，一般都会再转嫁。转嫁时，能带走自己的物件及自己劳动收入的财产，但其夫家的固定财产不能继承或分取。有子女的寡妇，大都在中年以上，如再嫁则受到亲友邻人的歧视。②

在武鸣县邓广乡“卖妻”（解放前离婚叫“卖妻”）一案中：离婚时，女方要赔偿男方结婚时所花去的财礼，这些赔偿往往由第二个丈夫负责。离婚后子女一般由男

---

① 《广西少数民族地区碑文契约资料集》，民族出版社2009年版，第106页。

② 《广西壮族社会历史调查》（六），民族出版社2009年版，第36页。

方供养，个别的可带女儿去，但绝对不能带男孩去。① 再婚的妇女都是恢复了自由身的妇女，如前所述，有些妇女在家庭不和之后不是通过离婚的方式，而是被转卖给其他男人，其结局更为悲惨。当然这种是特例，多数地方没有男尊女卑的观念，妇女还是拥有较高的社会地位。

（三）入赘制度

自父系氏族公社之后，婚姻中基本都是女方到男方家生活。壮族的不落夫家习惯是母系氏族公社的残余表现，而入赘则是男娶女嫁的婚姻传统的另一种婚姻形式，一般都是无男丁继承宗嗣的家庭所采取的。不同地方入赘的男方其社会地位相差很大，在壮族地区，由于男尊女卑的观念不强，因此入赘的男方拥有较高的社会地位。如在武鸣县邓广乡，过去有女无子的人，有的招婿上门。入赘者经改名换姓（改用女方的姓）后，即可继承女家的田地财产，女方家族和邻亲无权干涉，也无其他歧视。女方的拜扫习俗，入赘者也同样享受。解放后，入赘的更多。②

入赘之风在天峨白定乡亦流行，上门郎都是穷家子弟，无钱讨妻，而招婿上门的多是无男孩的人家。上门郎享有继承岳家财产之权利，妻不生子可以再讨小婆（妾），等到女方老人过世后可以随便回家。其责任是为岳父母养老送终。赘郎若是不务正业，干吹、嫖、赌、饮等坏事的，女方父母可以撵走他。入赘的礼金并不多，一般是送数元银给女方房族，买数斤肉请亲戚吃一顿就可以。年轻的妇女如果丈夫去世，可以改嫁或招郎入赘，由男方出若干身份给原夫家；若已生子女，再出嫁时，得到房族的同意可携带同去，子女以后可以回宗继承先父财产，后父若是有财产分给亦可以不回。女人改嫁后，若以后丈夫又死或无子，生活无着落，可以回到先夫之子家生活。汉族的“好马不吃回头草”或“出门不认娘，下堂不为母”的习惯在这没有影响。③

在广西，不同地方的壮族对于入赘有不同的态度。在天峨县，入赘是正常现象。而在隆林县委乐乡，入赘的人很少，一般未婚男女是不愿入赘或招郎的，因为入赘或招郎的男女双方社会地位很低，被人歧视讥笑，笑男方没本事讨老婆，才去上门，并且笑男的为“猪郎”（即公猪）。入赘后，男的要改姓女方家的姓，而且没有继承财产之权利。在女家宗族中也没有发言权，有时甚至被女方宗族的人赶走。入赘后，如妻子死亡，可以继续娶老婆续弦，其财产由儿子继承。入赘者所生的子女随妻子家的

---

①② 《广西壮族社会历史调查》（六），民族出版社 2009 年版，第 36、36 页。

③ 《广西壮族社会历史调查》（一），民族出版社 2009 年版，第 20 页。

姓；如果招赘的是寡妇，入赘者顶前夫的名。①

《那马县志草略》（今马山县）对入赘涉及的人身财产关系的处理方法也有记载："凡有女子，或有青年媳妇丧偶，尚无子嗣，父母皆老，又上无兄，下无弟，且颇有家产，父母女子媳妇，不忍分离，又男女室家之道，终不能少，不已迫招异姓年岁相当之男子入赘。凡父母养生送死，及一切家业香烟，均入赘者承顶负担，凡生男女，皆招入赘者之人。未经三代，入赘者不得回宗。"② 在这段记载中，入赘男子要承担其所入赘之家的父母生养死葬的义务，所生子女都是所入赘家庭的子女，未经三代，入赘者不能回归原来的宗族。此外可见，马山县壮族对于入赘者还祖归宗提出了更严格的要求。

解放前武鸣县清江乡有招郎入赘的现象，但并不普遍。贫苦人家的男子无法生活，就入赘到女方。入赘时，女方给男方一些猪头、鸡等。如男方无钱办婚宴，女方暗中给男方一些钱。入赘后，就"改姓就命"，将自己的姓名全部改掉，而且是永远地改换，其所生养的子女也用母姓。③

有些入赘的人为保护自己的权利，也向当地土官申请执照，以明确自己的利益。

安平土官颁发的执照④

世袭安平州正堂加三级李为给发执且以垂永久事。本月二十日据西化埠美村农辛呈称：情因本村农氏无嗣，单生一女，招民为婿，所有田产基地，一切归民掌管，恐后争扰，稽查无凭，不已遵例备办印色铜钱六千文纳堂，请给印照。所有田产舍地，准为民世代子孙恒业等情。据此，除批准外，合给执照。为此，照给农辛等遵照，所有农氏遗下田产畲地，一切准为尔世代子孙基业可也。倘后故绝，其田仍归公。今将田名列后，须至执照者计东上城回那土地二片、园地三片、渠七片、美卒二片、汰湾一片；北上城田那土地二片、并番地共田一子丢，递年共纳田例普照纹银四钱六分三厘正。其盐饷、婚丧礼，类众办纳毋违。

右照给北城埠美村农辛收执准此。

道光十二月十八日给

这是在安平土州关于无子嗣人家如入上门女婿后，上门女婿对于请求确认田产所

① 《广西壮族社会历史调查》（一），民族出版社 2009 年版，第 60 页。

② 《那马县志草略》。

③ 《广西壮族社会历史调查》（六），民族出版社 2009 年版，第 68—70 页。

④ 《广西少数民族地区碑文契约资料集》，民族出版社 2009 年版，第 21 页。

有权与处理权的执照。从中可以看出，女婿入赘后可取得田产舍地的管理权，而如果某户人家绝后，其田产今后将归公。

在西林县那劳区维新乡，如果女子招赘应宴请族内、村老等会饮一餐，取得全族公认即可，不用立字据。赘夫能继承女家全部财产权，但须以女方姓氏为主承顶世代香火，以自家姓氏为次。如果是寡妇招赘，也要宴请族内、村老等会饮一餐，取得族人公信，亦不立字据。赘夫能继承该家全部产业权，所生子女亦可承继，但随父上门的子女则无财产继承权。

如果寡妇再嫁，则不受原夫家任何限制，但随母出嫁的子女无继承新父财产权。子女长大后回原父家，可以照管原业，任何人不得侵犯。①

入赘涉及家族香火的延续，作为宗嗣继承的一种方式，在我国很多地方都存在，只是其规则有所不同。如在湖北省宜昌市五峰县，当地土家族人上门女婿必须遵守一项强行性规则，就是必须改姓氏而随妻姓。因上门入赘所改的名字，它只会体现在家谱中，在社会生活中人们还是使用原来的名字，也就是改名换姓越来越只具形式功能。无论上门改名还是归宗取姓，在当地公安机关的户籍管理中，每个人都只有一个名字，表明了民族习惯法独立于国家法的强大生命力。② 壮族地区的入赘后，男方也要改用女方姓氏，才可以享有财产管理与继承权。由于入赘是普遍现象，多数情况下不会受到人们的歧视。

（四）婚姻的特殊现象

1. 转房

在隆林县委乐乡，妇女死了丈夫，如果夫弟还未结婚或已婚妻死的，经家长征求男女双方同意，可以作为“兄终弟及”转房。这种现象相当普遍，少数也有弟死兄及的。本地壮族习俗上认为，兄妻弟及是正当的，但弟妻兄及则认为是乱伦，受人讥笑，称为“畜生”。转房一般是寡妇在原夫家生活较好而不愿出去以及夫兄或夫弟没有老婆而家长为了节省一笔讨媳妇的钱的基础上产生的。也有夫死后，寡妇和夫兄或夫弟恋爱，不愿离开，虽然家长不愿意，但通过旁人帮说而进行转房。③

---

① 《广西壮族社会历史调查》（二），民族出版社 2009 年版，第 168 页。

② 罗华、卢明威：《土家族婚姻家庭习惯法的现代变迁及其价值》，载《铜仁学院学报》2011 年第 3 期。

③ 《广西壮族社会历史调查》（一），民族出版社 2009 年版，第 57 页。

继承奉养文契①

立接宗字人廖弟林、侄弟广。堂兄弟碍因身故，无人抚养妻子潘氏，儿小年幼，难管家事，夫役社庙之理。古云：女（寡）招外人，媳（寡）接族门，方可接宗。之后，叔侄房族商议，甘愿请中廖才造、廖才和，向堂兄廖弟老继接奉养妻子为室，早晚承当夫役祭祀社庙，焚香祖宗接后等等。所有房屋一座，禾仓一个，菌场二块，田地五段，山一处，杉木竹木一并全业，凭中房族归弟老永远耕种管业。有侄长大准作亲子，北老有子合为兄弟，不得争论弟老自有田地、山场、禾仓等事，禾四十七屯，合归养老妻子，不得轻奉祖宗。日后，我等不敢异言翻悔生端，恐后无凭，立应接宗字为据。

翁尾男与千田、照界田、拿欲田、寨背田与公山。

凭中人　廖才造　廖才和

在场人　廖良孟　廖良包

代笔人　廖学诗

通道肉三十斤

廖弟林

嘉庆六年正月二十日

招赘抚业产契②

立招上门人廖弟林，今因堂兄廖弟碍身病亡故，有子年幼、妻寡。今我托媒人廖才造、廖才和，招廖弟老上门，养育妻子。今弟碍有田五处，山场一处，房一座，屋场二处，禾仓一个，全业一并归与廖弟老永远耕种管业，祭祀祖宗坟墓、社庙、夫役等项。弟老自有禾把四十屯，田地山场亦养妻子，今凭媒人断明，以后弟老子孙与侄毋许争论。今当中人全业交与弟老，子子孙孙祭祀。今我房族堂弟家门，世古不敢争夺他田、杉木、竹木。如有乱侵多言，凭中媒人，立写招字上门为据。

凭媒头人　廖才造　廖才和

在场人　廖良猛　廖良袍

代笔人　廖学诗

通道肉二十斤

廖弟林立

嘉庆六年正月二十五日

---

①②　《广西少数民族地区碑文契约资料集》，民族出版社2009年版，第151、152页。

上述两个文契记录了龙胜龙脊廖家寨的一则兄终弟及的案例：堂兄廖弟碍因病故，无人抚养其妻其子，廖弟林通过村中头人廖才造、廖才和做中间人，承接堂兄廖弟碍妻子为室，承担今后的劳役、祭祀社庙、给祖宗焚香接嗣等义务。第二个文契是第一个文契的继续，区别在于：后者内容是为继承奉养，明确的是人身和宗嗣继承的关系；前者主要是约定上门入赘的廖弟林取得其堂兄遗下的财产的管理权。

2. 一妻多夫及一夫多妻

壮族在过去早有一夫多妻的现象，如南宋周去非在他的《岭外代答》中说："余观深广之女，何其多且盛也！城郭虚市，负贩逐利，率妇人也。而钦之小民，皆一夫而数妻。妻各自负贩逐市，以赡一夫。徒得有夫之名，则人不谓之无所归耳。为之夫者，终日抱子而游，无子则袖手安居。群妇各结茅散处，任夫往来，曾不之较。至于溪峒之首，例有十妻，生子莫辨嫡庶，至于雠杀云。"① 宋范成大在《桂海虞衡志》中也说："婚姻不以为嫌，酋豪或娶数妻，皆曰媚娘。"②

在天峨县白定乡，据说古时一妻多夫或兄弟共妻的现象很盛行，近代仍在个别地存在。如光绪二十四年（1898），白定乡祥旺屯王保正和苏平韩二人娶一妻，这两个人均吸大烟，那女人极有钱，经常买烟给他们，于是爱上了两人。两人来到女家同居，某次两人打起架来，女人出来做劝解者："你们吵闹什么，有什么不公平有我做主啦！"成了后代一个笑料。光绪年间，百西村岑甫美、岑甫秧兄弟共娶一妻。民国初年，白定岑甫凤与岑甫仁兄弟共娶一妻，名义上说是兄的妻，但两兄弟都可以和女的同房。当地壮族历来都有"兄娶弟妇，小叔填房"的习惯，称为"转房"。此外，还有姐妹共夫的。如民国二十年（1931）前后，百西屯陈甫凤娶罗姓姐妹为妻，因为陈家是富户，生了几个孩子，姐姐死后，妹妹则配给姐夫来料理家务、接管财产，以后这些孩子亦叫其为母亲了。

在天峨县白定乡，社会舆论对男女关系中的混乱现象一般是不干预的，只要不闹事，人们总很少理会，因为这些事在旧社会太多了。然而不等于不受任何约束，要是被女方亲夫或父母兄弟当场捉住，会被痛打一场还罚钱 2000 元，有些甚至造成人命案。如光绪二十几年时，白定的甘景光讨了两个妻子，因大老婆和小老婆闹架而与大老婆分居，其堂弟甘景文夜里来和嫂同居，被兄看见，拿起大刀暗地里将其堂弟砍死。景文之舅、父母等到上鸦屯董领黄锦章处报案，共带来 90 多个团练，连闹了三

① 周去非：《岭外代答》。

② 范成大：《桂海虞衡志》。

天，景光跑到外面去躲。他们家族出来讲钱，花了700元光洋给董领（死者家只得数十元）才告结束。未结婚或结婚后不去夫家的妇女，情郎暗中来女方家过“密夜”时，如被女方父母发现，则将两人关在房中，向男的取索三五十元作为“遮羞”。①

转房所涉及的兄终弟及或弟终兄及是在一些少数民族地区存在的现象，其中存在经济因素。丧偶女子不改嫁就避免了分家导致家庭财产的减少，更重要的是避免女方改嫁带走男方家子女。转房的前提是女方同意，如若女方不同意，转房的事就不会发生。

五、家庭成员关系与分家、继承制度

（一）近代家庭的男尊女卑

在古代壮族社会中，妇女具有较高的社会地位，不仅可以自选恋爱对象，也可以私订终身，还可以像岑氏土司瓦氏夫人一样领兵打仗。但到了近代，封建礼教使妇女在家庭中的地位受到影响，一些地方男尊女卑的现象开始出现。

在隆林县委乐乡的壮族家庭里，男子一般是做主的。特别是年龄最长的，他掌握着全家全部的收入与支出，不受谁限制，而妇女从不敢轻易地向丈夫说一句冒犯的话。如三来屯的黄公万，四十余岁，有妻、妾各一人，有子一人、女三人、媳和外孙女各一人。他要在棉花地中种一些桐树，家里人的意见认为种在地边上好，以免妨碍棉花生长，但公万的意见就是法律，谁也不敢反对。此外，全家人的劳动都由他指派，每天鸡叫两三声时，高高喊子女、妻妾等挑水、舂米，忙个不休。天刚亮，全家就往田里赶，只留下一人管家务。家长既然是全家握有极大权柄的人，就可以打骂家里任何人而没有谁敢回击，特别是对妻子和女儿。对男人则不同了，兄弟与父子间才是骨肉之亲，妇女始终被认为是“外人”。儿子、兄弟和子孙都可以在面对祖宗的桌子上吃饭（其中分长幼），妇女则不能，违者被认为不敬，男尊女卑极为明显。对未落夫家或未生子女的媳妇更是百般束缚，使一个个青春焕发的青年妇女变成死气沉沉的小媳妇。在男人看来，她们是我们用钱买来的。此外，家族里任何大小事务都由男人特别是长者来商量处理，供奉祖宗、祭祀更不准妇女执行，认为她们身体不洁净。②

---

①② 《广西壮族社会历史调查》（一），民族出版社2009年版，第22、47页。

在壮族社会历史发展中，有些地方虽有男尊女卑的习惯，但男女平等的观念也是一种传统。这从以下一张大新县续弦文书中可以看出一些端倪。

续弦书契①

具立凭书夫农徽纯，因时运不齐，命途多劫，中年失偶，家道衰落，半世丧妇，事业荒废，终岁辛劳，难免饥寒之忧，每日疲倦，那□荣华之福，一见孤鸿而生，唷每睹单雁，而感悲加。以双孤待哺，谁助一力，三口衣食，在吾一身，殊难自其谋，更无计以营生，他人处此，试问将如之何。我逢此境，每祈雌方辅助，至今三岁，未得同志之人，适逢村邻，农□业之女宜亲，不谓我愚，不辞我贫，愿同心同德，□作家室，同情同意，合为夫妻，千秋恩爱，百年合好。至于工作，各任其事，出外居家，衣食同美。家产一切，由妻掌管，所得钱财归妻收用。前妻生存二子，若有过恶，任从痛责。若添生儿子家产一切均分。至年老力弱，子媳犹当孝敬，不得薄待继母。此乃亲父的笔写，与继母为凭。若遇恶逆子媳，请祈公众责罚。立此凭书为据，自当千秋不改，此证。

农徽纯亲手立凭书

中华民国二十年七月初一日

在这一文书中，续弦人农徽纯告诫自己的子女，家产由其妻子掌管，钱财归其妻子收用，其妻年老力衰时儿子儿媳要孝敬。这表明续弦人非常尊重其妻，给予妻子较高的家庭地位，体现了当地男女平等的思想观念。

（二）分家析产制度

在壮族地区，如果一个家庭人数较多，而且出现财产纷争，将会请中人作证对包括田地在内的家产房屋进行分配，或者一家人虽然已经分居，但由于财产方面没有划分清楚，因此通过请中间人进行调解确定财产范围。当事各方写下契约作为凭据，供后世遵守。壮族分家析产时，由于女儿一般都会外嫁，因此只有儿子成家并有子女后才会分家（如果某一家没有男丁，会招郎入赘），女儿不产生分家的问题。

以下是一份分田契约，反映了入赘、过继及嗣后财产处理的问题。

分田契约②

立遗书公分田产人潘氏，系本宗婶母，受赘为妇。昔我父潘良大，胞叔良厚兄弟

①② 《广西少数民族地区碑文契约资料集》，民族出版社2009年版，第33、162页。

二人，家业均兴。父叔两造元嗣。我父况育二女，次女适人，留我在家，招接赘夫潘金元承守家业，遗兴元废。因命塞无嗣，而夫早逝，诚忠守孀无异。其胞叔所招同族侄子潘弟足为继，生有六男，长次已故。据道光十年，我凭妹夫廖光福、蒙良床二人，招接继兄弟足三男抚多为嗣，承管家业，顶当户口，待老送终。今已有孙，母子和睦无逆。因道光十九年，缺人佣雇，接第六男顾养在边，望长佣作，代他娶媳。年今稍长，得妻负恩，留居多载，与家反目，意欲各囊。不已，经请房族中人，将家业均分。六三兄弟，各执拈阄受业，不敢拣择争取，各照分单各管。只奈老四五二人，因见八得宠而四五望蜀，起欲争兢（竞），故以凭中又将仓头田一处，价值三两；又拉救田二丘，价值二两；又寨古朗东田三丘，价一两；又寨古八两。每两价禾六十六秤。此数处归与老四五二人均占，乃在膳田分出。其余养老膳田，土名那梭田一段，苗禾三十屯，归与真接之子老三管业，永为子孙丧祭之田。六、五、四兄弟三人，不得扯动分散侵占。今我老口公分，兄弟各管业。今凭立书之后，不敢争兢（竞）口口生端，后悔异言。如有此者，任凭老三执字到官，自干其逆（罪）。六、五、四者，今恐无凭，确立分书合同，付与老三亲手收存，永远为据。

计开家业田山各处土名于后：

那梭田一处，禾苗三十屯，永为养老膳田，归与老三子孙管业。

又额外均分：

寨古田一处　奇乙山回边一处

更莺田一处　大盘山一处

房头田一处　达落山一处

仓头田一处　路朝竹山一处

此四处一共该苗二十二屯此数老三管业。

又浪枯回一处苗三屯。

金玉

凭中人　潘学纯

学美　笔

道光三十年庚戌十一月十五日立

潘良大、潘良厚为兄弟二人。潘良大无嗣，大女儿即立分田契约的潘氏招潘金元入赘，次女出嫁。而潘良厚招同族侄子潘弟足作为继子，潘弟足生有六男。潘氏因入赘的丈夫潘金元早逝，将其叔父潘良厚所招的继子所生的第三子为继子，后因为人手不够，又将潘弟足所生的第六子收养在身边，为他娶了媳妇。然而老六忘恩负义，反目成仇，而潘弟足的第四、五子看到老六分得田亩，也想分得部分田产。立分田契约的潘氏为了保证真正过继给她的老三的利益，将自己所有的膳田分出一部分，由此老四、老五、老六分别获得部分田产，剩下均由老三所有，其他人不得再侵占。这份文书名为“契约”，但并无契约几方当事人共同签字的特征，实际上是立契人对于自己名下财产的单方意思表示。

以下这份分居合同书涉及的是同胞兄弟分家析产问题的处理。

分居合同书①

立凭据合同人，同胞潘学荣、学禄兄弟二人，于道光三十年分居各囊，家业田山等项，实依婶娘口断，拈阄均分，各管各业，立有遗书为据。又咸丰元年，兄弟斗墙之争，复请中人理论，其老屋归学禄住，其山土名打落山一处，作为养老之山，其杉树、竹木又石登山杉树一处，于矮山杉树一处，归与学荣作为另造新宅之资，凭中又立合同一据。至咸丰八年，又因房价不清，复又请中人理论，其房三间，上瓦下地以及屏风、灶柜、楼板等项，又嗓墩二十个，受价禾四秤，此数项归与学禄。其余房头右边之地场，及房头小屋之瓦片，又龛堂一架，此数等项归与学荣管业。今凭中人断清之后，二比勿得翻悔，争竞斗墙，争长道短不清等语。如有此者，执字公照，自干其罪。恐后无凭，共立合同一样两张，各执收存，永远为据。

金玉

凭中人　学旺

老四

学美　笔

咸丰戊午八年□月十日立

该份合同书虽名为“分居”，但立据的双方已经分居，仅因为对分居时的财产有争议，在请中人调解确定之后，就财产划分立下字据。

以下合同是龙胜县龙脊村侯金活在其兄侯金汉去世后清理财产与债务而立的字据。

分财产清单合同②

同治九年庚午正月初七为兄侯金汉身于正寝。庚午年二月十二日为大嫂故世内寝，育侄女六岁为孤哀，年幼未知其情，是以当族亲戚面算，开列于后：计开各占祖父之田，恐后不知土名，开于内单：下饭横田上节禾苗六屯，下墨田乙处禾苗七屯，

①② 《广西少数民族地区碑文契约资料集》，民族出版社2009年版，第163、167页。

禾仓一个，瓦房三间，屋场地三间，慌（荒）田占下分谷四百斤，桥头田上升禾苗四屯，喇鱼田一处，禾秸（苗）二屯。钉锅大小六个、纵锅大小五个。饥钉两个，送龙堡二妹在内：酒罐菜坛七个，小坛钵头七个，大碗两个，锅斩（铲）一个，饭碗二十九个，酒杯五个。锄头三把，田基刀一把，小刀三把，斧头一把，大剪刀一把，小剪刀一把，锹一把，书柜一个，半边桌一个，四方桌一个，火钳一把。锥架一个，准宽（坎）一个，礁嘴一个，银梳一把，旁桶三个，水桶一对，石磨一付，桥桶一对，饭桶三个，花被窝一床。

我兄去世，共用钱十四千三百八十文结清，酒饭不在于内，下欠钱三千五十文，归与胞弟金活结还。

我嫂终世，费用钱二十千五百文，外送家婆（婆）裙一件，胸巾一块，又送家叔青麻布九尺一寸。

此张付与外岳，永远收存，二张一样。

当外岳廖金全未收。

当侯金活面立。

凭证房亲人　侯永福（收钱五十文）

侯金保（收钱五十文）

侯永贵（收钱五十文）

廖金秀（收钱五十文）

廖玉明（收钱五十文）

潘日映笔（收钱五十文）

同治九年庚午岁三月二十二日

在法律上，分家是现有家庭一分为二，涉及现存家庭成员之间人身与财产关系的处理，而遗产继承则是父母或其他家庭成员去世后对其名下财产的处理。在多数地方的壮族社会，只有儿子成家立业后才会分家；少数地方，如百色两琶乡，会存在女儿长大而分家的问题。即使是儿子成家立业后父母将财产的一部分分给他，事实上，在留下的那一部分财产中父母都会考虑女儿的份额，因为女儿出嫁需要嫁妆。而当父母去世，遗产继承一般都会涉及女儿的份额的问题。

（三）遗产继承关系

遗产分割时，儿子一般都会有继承权，除了适当照顾大儿子，几个儿子之间平均分配。在父母都去世的情况下，通常由家庭内的长者来分配，或者由舅公来主持。对于女儿能否继承父母所留遗产，做法不一，多数情况下女儿没有继承权，但父母明确要留给女儿的除外。

在百色两琶乡，田产的继承方面一般都是在子女长大成人后分家时平均分配给子女，不仅亲生子女能分得，就是收养的子女也可分得，女儿或养女出嫁或招赘时也可分得田产。收养的子女能否分得，决定于养父母对收养子女的态度。如果养父母是将养子女看成亲生子女，养子女可分得田产；如果养父母是将养子女当成雇工，就分不到任何家产。①

在西林维新乡，财产继承的处理和汉族差不多，父子相承，兄弟平分祖上遗下的财产。丈夫上门生下的子女，可继承妻子在自己家中分得的财产，丈夫则没有财产继承权，其中一部分子女还可以回到丈夫原家继承一部分财产。寡妇改嫁所带的前夫子女都有继承新夫财产的权利；如果没有儿子，女儿可以招婿，财产由女儿继承；没有女儿时，让过继近门子侄来继承财产。这些事务都由寨主来主持解决。②

在龙胜龙脊，女子一般不能继承财产，而没有儿子只有女儿的人家，多数会招郎入赘，财产此时就由女子来继承，但须将小部分田地分给较亲的兄弟或子侄，不然得不到亲属的承认，以后财产继承权就没有保障。如无嗣，经房族同意，已嫁的女儿及女婿可回娘家继承产业，但也要分小部分田产给亲属，并立契约保障日后财产所有权。③

不受业产字契④

立不受业产妻女字人，新寨廖永学、子胜富等，为背景（井）离乡，忘恩负德，以至老母妻儿，苦受饥馁事。缘我内兄系平段寨古潘日德妻梁氏夫妇等，膝下萧条无儿承祀。古云：不孝有三，无后为大。于前清戊戌年，我等自愿将次儿年已一岁半命，与内兄抚回承继为扰，逐日含饴，情同己子。奈因家道寒微，衣食莫给，常时与人佣工度日，供养妻儿。该次子年行八岁，业已成人，更蒙就传易姓，更名潘福喜，造其后年行三五，蒙为之娶媳廖氏。窃内兄一生，备历操劳，暇无半刻。讵料劳心过度，力倦神疲，于民国庚申年十一月内身故，遗下妻氏并子媳三人，依照守旧，于去岁四月，幸得诞见女孙，心不胜喜，讵料今年五月初一日，该次子顿起不良，人面兽

①② 《广西壮族社会历史调查》（二），民族出版社 2009 年版，第 199、183 页。

③ 《广西壮族社会历史调查》（一），民族出版社 2009 年版，第 110 页。

④ 《广西少数民族地区碑文契约资料集》，民族出版社 2009 年版，第 190 页。

心，不顾父母之养，无故逃出往外，四至访查，不知去向，无影无踪。上不顾父母，下不理妻儿。书云：父母在不远游，游必有方，是为人子之孝。我次子虽不能待其老母，养其妻儿，亦不可无遗嘱之句，无故奔逃，何能称其为子，则男子焉能称其大丈夫也。竟不知逆子之心如何，志向罪孽千重，不惟老母幼妻雏女失其所养，而反受其进退两难。为此，经鸣潘廖二比房族评论，任其内兄嫂与房族斟酌。以后或另招继儿承配廖氏，或廖氏愿意改嫁与人，我等亦不敢阻挡。该财礼任由多寡，我次子不敢收受分文，及内兄所遗之佃田、屋宇、山场、菜园等，业任由潘姓房族或留或卖，凡我廖姓亲房外族人等，不敢侵占毫芒。倘后我次子回家之日，防有外人滋事，言长道短，藉故生端，争其业产，索其工价，称以亲夫为权，父兄岂能逼子嫁妻。有此情形者，任由我父兄将逆子呈官究治，自干其罪。恐口无凭，立此不受业产妻女一纸，付与内兄嫂执照为据。

立字人　廖永学　子胜富

执字人　潘梁氏　潘福山

福庆

永道

凭中人　潘文保（共谢中人钱七百文）

训下依口代笔人　廖保元（钱五百文）

民国十一年壬戌岁七月十四日面立

以上字契，为龙胜县龙脊村廖家寨保留的文书。立契人廖永学的次子过继给潘日德承祀，并更名为潘福喜。潘福喜娶妻廖氏并生下一女儿，后来却不顾妻儿父母外逃。为处理潘福喜外逃所产生的后果，立契人廖家放弃与已过继给潘家的潘福喜的关系，宣布既不接管潘福喜父母妻儿的义务，也不承继其在潘家的所有财产，实为划清关系。

壮族的婚姻制度一直以来都具有自己鲜明的民族特色，如以歌为媒、私订终身；自由恋爱、不落夫家；婚姻自由、程序简单等都与中原地区汉族的婚姻制度有所不同，因此被一些统治者视为应革禁的“陋弊”，进而推行礼教教化。壮族地区的婚姻制度在清代后期已经逐渐与汉族地区的婚俗相似，从以下清《檐曝杂记》所载的一例中可以看出婚姻习惯的改变。

边郡风俗，是以其俗成婚虽早，然初婚时夫妻例不同宿。婚夕，其女即拜一邻妪为干娘，与之同寝。三日内，为翁姑挑水数担，即归母家。其后虽亦时至夫家，仍不同寝，恐生子则不能做后生也。大抵念四五岁以前，皆系做后生之时。女既出拜男同年，男亦出拜女同年。至念四五以后，则嬉游之性已退，愿成家室，于是夫妻始同处。以故恩意多不笃，偶因反目，辄至离异，皆由于年少不即成婚之故也。余在镇安欲革此俗，下令凡婚者不许异寝。镇民闻之皆笑，以为此事非太守所当与闻也。近城之民颇有遵者，远乡仍复如故云。①

婚姻家庭风俗或是制度的改变与接纳需要一个漫长的过程。历史上的各代统治者为了改变边远少数民族的习惯，不遗余力地推行教化，甚至采取包括行政、刑罚等强制措施的方式强行要求移风易俗，而招致少数民族群众的不断反抗。

① 赵翼：《檐曝杂记》。

第七章

诉讼与刑罚制度

由于长期以来中央政府对岭南壮族地区社会采取“以其俗治”的怀柔政策，多数情况下壮族社会在发生纠纷后都由乡甲头人依据乡规民约的规定进行处理，但如果还得不到解决，将由乡甲头人向官府或土官“带告”，矛盾纠纷由此进入国家法律层面，因此壮族社会历史中的诉讼制度必然涉及中央在广西地方所实施的司法制度。以下先介绍历代中央和地方司法机构及其职责，再对壮族社会的诉讼与刑罚进行说明。

一、我国历代中央司法机关及其职责

朝代	官职	职责范围
夏	夏王	最高审判权
	“圜土”“均台”“夏台”	监狱机构
商	商王	最高审判权
	“圜土”“羑里”“囹圄”	监狱机构
周	周王	最高审判权
	大司寇	实施法律法令，辅佐周王行使司法权
	小司寇、士师、乡士、遂士	辅佐大司寇审理具体案件
秦	皇帝	掌握最高审判权
	廷尉	中央司法机关长官，审理全国案件
	御史大夫与监察御史	法律监督
汉	皇帝	最高审判权
	廷尉	中央司法机关长官
	郡守	地方行政长官，也是当地司法长官，负责全郡案件审理
	县令	本县司法，负责全县审判工作
	乡里组织	负责本地治安与调解工作
	御史大夫（西汉）、御史中丞（东汉）	法律监督
	司隶校尉	监督中央百官与京师地方司法官吏
	刺史	监督各地行政与法律
北齐	大理寺、尚书台	执掌司法审判权
唐	皇帝	最高审判权
	大理寺	中央司法审判权，审理中央百官与京师徒刑以上案件

续表

朝代	官职	职责范围
	刑部	参与重大案件的审理，对中央、地方上报的案件具有复核权
	御史台	中央最高监察机关，监督大理寺和刑部
宋	皇帝	最高审判权
	大理寺	案件审理
	刑部	复核大理寺详断的全国已决死刑案以及官员叙复、昭雪等事
	御史台	中央最高监察机关，监督大理寺和刑部
	审刑院	大理寺审判的案件经刑部复核后送审刑院详议
	御史大夫、御史中丞官	监督大理寺、刑部审判工作
	诸路提点刑狱司	监督地方州县的司法审判活动，复核各州县的重大案件
元	皇帝	最高审判权
	大宗正府	中央司法审判机关，审理蒙古宗室、王公贵族及京师地区蒙古、色目人犯罪或诉讼案件
	刑部	中书省属下的司法行政机关，其职责除拟议刑名律令、掌管刑具等狱政外，还负责审理复核重大案件、谳录系囚、审辨冤讼疑罪等诉讼审判事务
	宣政院	专门负责审理宗教僧侣重大纠纷案件
	枢密院、中书省	审理涉及军事机密的重要案件
明	皇帝	最高审判权
	刑部	审判机关，增设十三清吏司，分掌各省刑民案件
	大理寺	负责刑部、都察院审判的案件复核
	都察院	纠察百官
清	皇帝	最高审判权
	刑部	执掌全国“法律刑名”，管理地方上诉案件，审核地方上的重案和发生在京师笞杖以上的重案
	大理寺	复核刑部判决的流刑案件，如刑部审理不当，可以驳回再审
	都察院	监督并弹劾刑部、大理寺的司法活动和发生的严重错误

夏、商时代，中央、地方还没有形成专门的司法机构，夏王和商王拥有国家最高司法权、立法权和行政权。夏朝设有监狱“圜土”“均台”和“夏台”，商朝监狱名称有“圜土”“羑里”和“囹圄”。

到了西周，中央开始设置大司寇，负责实施法律法令，辅佐周王行使司法权。大司寇下设小司寇，辅佐大司寇审理具体案件。基层设有士师、乡士、遂士等负责处理具体司法事宜。

秦汉时期，廷尉为中央司法机关的长官，审理全国案件；郡守负责全郡案件审理；县令兼理本县司法，负责全县审判工作；基层设乡里组织，负责本地治安与调解工作。

秦代的御史大夫与监察御史，对全国进行法律监督。

汉代，御史大夫（西汉）、御史中丞（东汉）负责法律监督。

西汉武帝以后，设立司隶校尉监督中央百官与京师地方司法官吏，刺史专司各地行政与法律监督之职。

魏晋时期，御史监督职能有明显加强。御史台主监察，权能极广，受命于皇帝，有权纠举一切不法行为。

到了北齐，开始正式设大理寺，审理中央百官与京师徒刑以上案件；流徒案件的判决，须送刑部复核；死刑案件必须奏请皇帝批准，对刑部移送的死刑与疑难案件具有重审权。

唐朝，在中央有三大司法机关，即大理寺、刑部和御史台。其中，中央最高审判机关是大理寺；中央司法行政机关为刑部，负责复核大理寺判决的徒、流刑以上的案件，以及州县判决的徒刑以上案件，并有权受理在押犯申诉案件；御史台是中央最高监察机关，监督大理寺和刑部的司法活动。“三司推事”由大理寺卿、刑部尚书、御史中丞共同审理重大案件。在地方，司法机关由行政长官兼理。

到了宋代，刑部负责大理寺详断的全国死刑已决案件的复核及官员叙复、昭雪等事。御史大夫、御史中丞下设台、殿、察三院，监督大理寺、刑部审判工作，参与疑难案件的审判，受理行政诉讼案件。大理寺审判的案件，经刑部复核后，送审刑院详议。中央或地方发生重大案件时，由刑部侍郎、御史中丞、大理寺卿组成临时最高法庭审理，即“三司推事”。

元代的中央司法机关较为杂乱，中央司法审判机关为大宗正府，专门审理蒙古宗室、王公贵族及京师地区蒙古、色目人犯罪或诉讼案件；刑部为中书省属下的司法行政机关，其职责除拟议刑名律令、掌管刑具等狱政外，还负责审理复核重大案件、谳录系囚、审辨冤讼疑罪等诉讼审判事务；宣政院专门负责审理宗教僧侣重大案件纠纷；枢密院、中书省负责审理涉及军事机密的重要案件。

明代时，刑部增设十三清吏司分掌各省刑民案件，以加强对地方司法控制。其负责以下事务：审理中央百官犯罪；审核地方上报的重案；审理发生在京师的徒刑以上案件；处理地方上诉案及秋审事宜；主持司法行政与律例修订事宜。大理寺负责刑部、都察院审判的案件复核，它的主要职责是复核死刑案件、平反冤狱，同时参与秋审、热审等。明设都察院掌纠察，纠察百官，会审及审理官吏犯罪案件，共设有十三道监察御史。重大案件由“三法司”会审。地方司法机关分为省、府（直隶州）、县三级。其中，省设提刑按察司，判处徒刑及以下案件。

到了清朝，1906 年官制改革之前，刑部执掌全国“法律刑名”，管理地方上诉案件，审核地方上的重案和发生在京师笞杖以上的重案。大理寺负责复核刑部判决的流刑案件，如刑部审理不当，可以驳回重审。清代设置都察院，监督并弹劾刑部、大理寺的司法活动和发生的严重错误。地方司法分州、县、府、省四级，其中州或县为第一审级，有权决定笞杖刑，徒以上案件上报。1906 年官制改革后，将刑部改为法部，负责司法行政；大理寺改为大理院，为全国最高审判机关，负责审判，同时负责解释法律、监督各级审判；取消都察院，设立总检察厅作为最高检察机关，行使检察权。

清灭亡后，南京临时政府在中央设“临时中央审判所”作为全国最高审判机关。

北洋政府的法院有普通法院、司法法院、特别法庭、平政院之分。南京国民政府的最高司法机关是司法院，在司法院之下设立各级法院。法院还有普通法院、特别法庭之分，其中普通法院又分地方法院、高等法院、最高法院三级，实行三级三审制。

二、广西地方司法机关

（一）民国之前的广西地方司法机关

中国历史上法律制度的特点是刑民不分，自秦始皇将岭南纳入秦的版图以来，历朝历代都在广西设置了管理机构，广西地方的各级行政机关同时也是司法机关。如，汉武帝平定南越国后，在岭南地区设置南海、苍梧、郁林、合浦、交趾、九真、日南、朱崖、儋耳等九郡。汉元封五年（前 106），分别在郁林、苍梧、合浦三郡设置刺史一职，以监督司法活动。

唐贞观四年（630），开始在今广西少数民族地区推行羁縻制度。是年起，先后在今桂西、桂西南、桂西北少数民族聚居区设置羁縻州50个，羁縻县51个。

在宋代，由路、州、县三级行政机关兼理司法，审判机构主要有州（府、军、监）和县两级，在州一级由知州通判主掌审判权，规定地方司法官必须亲自审理案件。为了监督各地州府的司法事务，宋朝还在各路设立了提点刑狱官。宋元丰改制后，各州虽然有独立的审判权，但是死刑的判决权归于提刑司，州只剩下徒、流罪的判决权。

1. 第一审级审判机关：知州、知县衙门

在广西，官制改革前各地基层行使第一级审判权的是州、县级审判机构。知州衙门与知县衙门既是地方的行政衙门，也是审理诉讼案件的第一审级司法机关，具有相同的地位。设有桂林、柳州、庆远、思恩、泗城、平乐、梧州、浔州、南宁、太平、镇安、廉州、上思、百色、郁林、钦州、归顺等知州衙门，这些知州衙门以下分别管辖数量不等的知县衙门。

具体的知府、知县衙门名单如下：①

南宁知府衙门（治宣化县，今南宁市）：辖宣化知县衙门（今属邕宁县）、隆安知县衙门、永淳知县衙门（今分属横县、宾阳县、邕宁县）、新宁知州衙门（今属扶绥县）、横州知州衙门（今属横县）。

太平知府衙门（治崇善，今崇左县）：辖崇善知县衙门、明江厅厅丞衙门（今属宁明县）、龙州厅厅丞衙门、凭祥厅厅丞衙门、左州知州衙门（今属崇左县）、永康知州衙门（今属扶绥县）、宁明知州衙门、养利知州衙门（今属大新县）。

镇安知府衙门（治天保县，今德保县）：辖天保知县衙门、奉议知州衙门（今属田阳县）。

廉州知府衙门（治今北海）：辖合浦知县衙门、灵山知县衙门。

上思直隶厅衙门（治上思，今上思县）：辖上思知州衙门。

百色直隶厅衙门（治百色，今百色市）：辖恩隆知县衙门（今属田东县）、恩阳州判知州衙门（今属田阳县）。

郁林直隶州衙门（治郁林，今玉林市）：辖郁林知县衙门、博白知县衙门、北流知县衙门、陆川知县衙门、兴业知县衙门。

---

① 《广西通志·审判志》。

归顺直隶州衙门（治归顺，今靖西县）：辖镇边知县衙门（今那坡县）。

钦州直隶州衙门（治钦州，今钦州市）：辖防城知县衙门。

桂林知府衙门（治临桂，今桂林市）：辖临桂知县衙门、兴安知县衙门、灵川知县衙门、阳朔知县衙门、永福知县衙门、义宁知县衙门、灌阳知县衙门、永宁知州衙门、全州知州衙门、龙胜厅厅丞衙门、中渡厅厅丞衙门。

柳州知府衙门（治马平县，今柳州市）：辖马平知县衙门、雒容知县衙门、柳城知县衙门、怀远知县衙门、来宾知县衙门、罗城知县衙门、融县知县衙门、象州知州衙门。

庆远知府衙门（治宜山，今宜州市）：辖宜山知县衙门、思恩知县衙门（今环江毛南族自治县）、天河知县衙门（今罗城仫佬族自治县）、河池知州衙门、东兰知州衙门、安化厅厅丞衙门（今属环江毛南族自治县）。

思恩知府衙门（治武缘县，今武鸣县）：辖武缘知县衙门（今武鸣）、迁江知县衙门（今属来宾县）、上林知县衙门、那马厅厅丞衙门（今属马山县）、宾州知州衙门（今宾阳县）。

泗城知府衙门（治凌云县）：辖凌云知县衙门、西林知县衙门、西隆知州衙门（今隆林各族自治县）。

平乐知府衙门（治平乐县）：辖平乐知县衙门、恭城知县衙门、富川知县衙门、荔浦知县衙门、修仁知县衙门（今属荔浦县）、昭平知县衙门、贺县知县衙门、信都厅厅丞衙门（今属贺县）、永安知州衙门（今蒙山县）。

梧州知府衙门（治苍梧县，今梧州市）：辖苍梧知县衙门、藤县知县衙门、容县知县衙门、怀集知县衙门（今属广东）、岑溪知县衙门。

浔州知府衙门（治桂平县）：辖桂平知县衙门、平南知县衙门、贵县知县衙门、武宣知县衙门。

这些知州、知县衙门除了综理民政、决断诉案、田赋税务、缉盗锄奸、文化教育、劝课农桑、例行风俗、赈济给纳等职责，司法审判也是其职权范围。

2. 第二审级审判机关：知府衙门

广西的府级审判机构行使第二审级的审判权，它是省与县（州）之间的一级地方行政机关。晚清时期，广西的知府衙门有：桂林知府衙门、柳州知府衙门、庆远知府衙门、思恩知府衙门、泗城知府衙门、平乐知府衙门、梧州知府衙门、浔州知府衙门、南宁知府衙门、太平知府衙门、镇安知府衙门、百色直隶厅衙门、上思直隶厅衙门、郁林直隶厅衙门、归顺直隶州衙门。知府衙门的职权是统领所属州县，审决讼案，稽查奸宄，考核属吏，征收赋税，执行国家政令，治理百姓，等等。

3. 第三审级审判机关：提刑按察使司

广西提刑按察使司，是广西的最高司法机关，行使第三审级之审判权。

提刑按察使司统属关系表

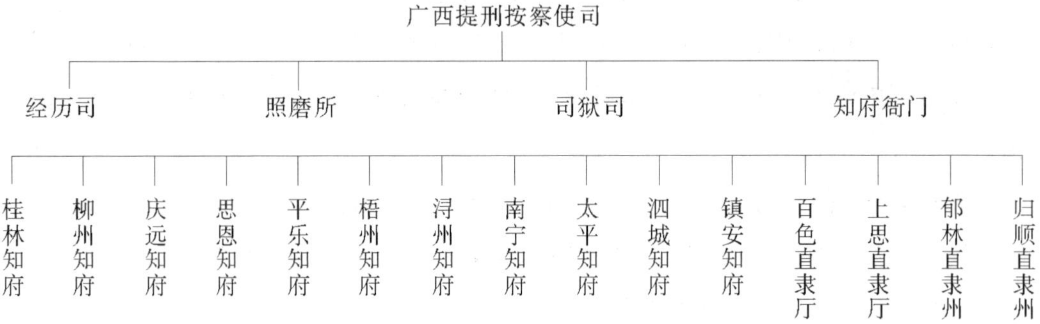

4. 第四审级审判机关：督抚衙门

总督衙门与巡抚衙门合称督抚衙门，行使第四审级的职权。晚清时期，广西、广东两省设总督一人，称为“两广总督”。经按察使司复核的流刑以上的案件，均须总督或巡抚审核后再咨于刑部候复。广西巡抚是广西省最高的行政长官。广西巡抚的职权为：宣布德意、抚齐安民、修明政刑、兴举利弊；考群吏之治，会总督以诏废置；三年大比，献贤武之书，则鉴临之；其武科则主考试；兼有第四审级之权。广西巡抚衙门内部设置有：民政科、法科、交涉科、度支科、吏科、学科、礼科、农工商科、邮传科、军政科等机构。

5. 清末产生近现代性质审判机关

清宣统元年一月（1909 年 2 月），经广西抚宪核准设立“广西审判筹备处”，筹备设置高等、地方、初级三级审判厅和检察厅。清宣统二年（1910）二月，成立广西高等审判厅、桂林地方审判厅、临桂初级审判厅三级审判机构。同年末，又成立梧州地方审判厅和苍梧初级审判厅。在未设置审判厅的府（直隶州、直隶厅）、县（州）两级，均由行政长官兼理司法，实行司法与行政合一。

6. 行使审判权的土司衙门

自宋以来，广西西部壮族地区一直实行土司制，虽经多次改土归流，许多地方的土司衙门（称为“土司公署”）始终没有取消。到清朝末年，广西仍有 25 个土州、4 个土县、10 个土司及 3 个长官司。这些土司衙门职权虽有不同，但都行使该地方的立法权、行政权和军事权，同时行使审判权，审理各类诉讼案件。这些土司衙门又分为两类：一类是土州、土县的土司衙门，为文职土司公署，由吏部授牒给印，可以世袭；另一类是长官司、土巡检的土司衙门，为武职土司公署，由兵部授牒给印，也可以世袭。广西的土州衙门有25个，土知县衙门有4个，土巡检司衙门有10个，其地位大体与县相同。在审判制度上行使第一审级的职权，直至民国十七年（1928）才被取消。

具体的土州衙门、土县衙门、土司衙门、长官司衙门名单如下：①

（1）土州衙门

南丹土知州衙门（今属南丹县）：宋元丰三年（1080）始置，民国八年（1919）改为南丹县。

那地土知州衙门（今属天峨县）：宋熙宁元年（1068）设置，民国十六年（1927）并于河池县。

凤山土知州衙门：宋崇宁五年（1106）置，民国十五年（1926）改为凤山县。

忠州土知州衙门（今属扶绥县）：宋皇祐年间置，民国五年（1916）改为绥渌县。

思州土知州衙门（今属宁明县）：宋仁宗时置，民国五年（1916）与思陵土州合并设立思乐县。

上下冻土知州衙门（今属龙州县）：元至正二十年（1360）置，民国十六年（1927）并入龙州县。

龙英土知州衙门（今属天等县）：元时置，民国五年（1916）与茗盈、全茗两个土州合并设立龙茗县。

茗盈土知州衙门（今属天等县）：宋皇祐五年（1053）置，民国五年（1916）并入龙茗县。

全茗土知州衙门（今属天等县）：宋皇祐年间置，民国五年（1916）并入龙茗县。

镇远土知州衙门（今属天等县）：宋皇祐年间置，民国五年（1916）与结安、都结、佶伦三个土州合并，设立镇结县。

结安土知州衙门（今属天等县）：宋皇祐年间置，民国五年（1916）并入镇结县。

都结土知州衙门（今属天等县）：元末设置，民国五年（1916）并入镇结县。

佶伦土知州衙门（今属天等县）：明时设置，民国五年（1916）并入镇结县。

向武土知州衙门（今属天等县）：明洪武初置，民国六年（1917）与都康、上映两个土州合并设立向都县。

① 《广西通志·审判志》。

都康土知州衙门（今属天等县）：明洪武初置，民国六年（1917）并入向都县。

上映土知州衙门（今属天等县）：宋皇祐年间置，民国六年（1917）并入向都县。

果化土知州衙门（今属平果县）：宋时置，民国四年（1915）与归德土州合并设立恩隆县。

归德土知州衙门（今属平果县）：宋时置，民国四年（1915）并入恩隆县。

江州土知州衙门（今属崇左县）：宋皇祐年间置，民国七年（1918）改为崇善县。

万承土知州衙门（今属大新县）：明洪武二年（1369）置，民国十六年（1927）并入养利县，民国十八年（1929）改为万承县。

下雷土知州衙门（今属大新县）：宋皇祐五年（1053）置，民国十七年（1928）与太平、安平两个土州合并设立雷平县。

太平土知州衙门（今属大新县）：宋皇祐年间置，民国十七年（1928）并入雷平县。

安平土知州衙门（今属大新县）：明洪武初置，民国十七年（1928）并入雷平县。

下石西土知州衙门（今属凭祥市）：宋治平年间置，民国十六年（1927）并入凭祥县。

（2）土知县衙门

罗阳土知县衙门（今属扶绥县）：宋皇祐年间设置，民国十六年（1927）改流并入同正县。

罗白土知县衙门（今属崇左县）：宋皇祐年间设置，民国十六年（1927）改为同正县。

忻城土知县衙门（今属忻城县）：始置于明宣德二年（1427），民国十七年（1928）改流置忻城县。

上林土知县衙门（今属田东县）：始置于宋皇祐年间，民国十七年（1928）与下旺土司改流合置思林县。

（3）土巡检司衙门

白山土巡检司衙门（今属马山县）：宋皇祐年间设置，民国四年（1915）与兴隆、古零两个土司合并设置隆山县。

兴隆土巡检司衙门（今属马山县）：明嘉靖初设置，民国四年（1915）并入隆山县。

古零土巡检司衙门（今属马山县）：明弘治年间设置，民国四年（1915）并入隆山县。

定罗土巡检司衙门（今属马山县）：明嘉靖七年（1528）设置，民国四年（1915）并入恩隆县。

旧城土巡检司衙门（今属平果县）：明嘉靖七年（1528）置，民国四年（1915）并入恩隆县。

下旺土巡检司衙门（今属平果县）：明嘉靖七年（1528）置，民国七年（1918）并入思林县。

都阳土巡检司衙门（今属都安瑶族自治县）：明嘉靖初设置，民国四年（1915）与安定土司合置都安县。

安定土巡检司衙门（今属都安瑶族自治县）：明嘉靖年间设置，民国四年（1915）并入都安县。

迁隆峒土巡检司衙门（今属宁明县）：明洪武二年（1369）置，民国十六年（1927）并入上思县。

上龙土巡检司衙门（今属龙州县）：明洪武二年（1369）置，民国十七年（1928）并入上金县。

（4）土长官司衙门

永顺正土长官司衙门（今属都安瑶族自治县）：明弘治五年（1492）置，民国十六年（1927）并入宜山县。

永顺副土长官司衙门（今属宜州市）：明弘治五年（1492）置，民国十六年（1927）并入宜山县。

永定土长官司衙门（今属宜州市）：明成化二十二年（1486）置，民国十六年（1927）并入宜山县。

（二）民国之后的广西地方司法机关

民国元年（1911）二月二十五日《广西临时约法》颁布，对法院的设置、活动原则和审判工作制度做了原则规定，设置了广西高等审判厅（厅治桂林左营街）、桂林地方审判厅和临桂初级审判厅。同年，恢复1911年停办的梧州地方审判厅和苍梧初级审判厅，其余府（直隶州）、县（州）未建立审判机构，继续实行行政长官兼理司法的审判制度。

广西高等审判厅受案范围：①不服地方审判厅第一审判决而控诉的案件；②不服

地方审判厅第二审判决而上告之案件；③不服地方审判厅之决定或其命令按照法令而抗告之案件；④不属大理院之宗室觉罗第一审案件。

1913 年，广西将全省的审判机构分为三级，即初级审判厅、地方审判厅、高级审判厅及其分厅，实行四级三审制，并在原有高等审判厅以及桂林、梧州地方审判厅和临桂、苍梧初级审判厅的基础上，增设了广西高等审判厅南宁分厅；南宁地方审判厅、南宁初级审判厅；龙州地方审判厅、龙州初级审判厅。

1926 年 8 月，广西省政府根据武汉国民政府司法部的规定，决定裁撤各级检察机关，然后在法院内设置检察官，将原来设置的广西省高等审判厅改为广西省高等法院。

三、土司治下的严刑峻罚

壮族在长期发展历史中，对于相互之间的纠纷，一般都在其所在的宗族或乡村处理。明《炎缴纪闻》中有载："峒人争讼不入官府，以其长论决之，号曰乡公。"① 其原因大致有二：一为官府出于"息讼"的政治目的。许多朝代都规定或授权宗族族长或乡甲头人处理，只有一方不服调处的矛盾，经由头人向官府"带告"。二为由于广大的壮族民众不识汉字，存在"畏官服法"的心理。许多壮族群众的"畏官服法"是有原因的，不仅因为没有文化，无法以书面的形式求助于官府，借助有文化的讼师需要支付不菲的代价，而且代表官府的土官在行使审判权和其他权力时所实施的严刑峻法使普通发众尽可能地不向官府投告。

古代壮族社会中，土司对于违反其命令、触犯其利益的人实施极为严苛的刑罚，而且这种刑罚具有极大的随意性，处死其治下之民无需任何程序。《赤雅·法制》载："土司法极严酷，鞭笞杀戮，其人死不也有二心，所谓怯于私刑，男于公战者。商贩入其境则输税，以二枪交植境上曰关，未税而越关者则射之，输税后虽露处野宿，物货狼藉，道路夜行，无敢窥者。"② 其意为土司法律极其严格，土司可对其民鞭笞杀戮，治下之民不敢怀有二心。峒民严刑峻法，勇于为集体而战斗。商贩入境时在边界布置武装设立关卡，不缴税就越过关卡可以射杀，只要缴税，即便是夜晚行走，在外露宿，货物散乱也没人敢觊觎。

土司通过对其治下土民的生杀予夺、严刑峻罚来体现其权威。《岭外代答》载：

---

① 田汝成：《炎缴纪闻》。

② 《赤雅·法制》。

“邕州左、右江提举峒丁，与夫经略司买马干官兼提举，皆此职也。熙宁中，系籍峒丁四万余人，今其籍不可考矣。官名提举，实不得管一丁，而生杀予夺，尽出其酋。钦州峒丁，虽不如邕管之已甚，所以奉其酋者，亦类此。尝闻道家有言，人罪重者，谪为边民，罔有艺极。峒丁日各以职，供水陆之产，为之力作，终岁而不得一饱。为之效死战争，而复加科敛。一有微过，遣所亲军斩之上流，而自于下流阅其尸也。日昏，酋醉酣，杖剑散步，峒丁避不及者，手刃焉。类以此为服人之威，何其酷也!”北宋神宗熙宁年间（1068—1077）邕州左右江系籍峒丁共四万余人，而其“生杀予夺，尽出其酋”①。峒丁一旦有轻微过错，就会被施以残酷的惩罚，土司派遣亲兵将峒丁拉到河的上游斩首，而自己在下游观看流下来的浮尸。黄昏时，土司喝得烂醉，持剑游荡，来不及躲闪的峒丁就会被砍死。②

西林县由岑氏土司管辖，那劳区统治者在岑宫保指使下有权对犯人执行各种刑罚。其刑罚大致有以下五种：

打屁股：官司中输家一定会被打屁股，打的板数按罪行的轻重而定。

踩杠：对犯人进行逼供时，命其下跪，将一根木棍压在他的膝盖关节背后，两端各有四五人用力踩上木棍，让犯人的骨头剧烈疼痛。

上冷板凳：将犯人的双手捆绑后，命其坐地，背靠屏风或墙壁，两脚伸直，再将两个脚拇指结起来，然后在脚跟垫上砖头，不承认罪状加垫一块，直到七块。

烫火：烧红铁烙在犯人身上，不承认罪状的，直烙到死为止。光绪十三年(1887)，维新乡那阳屯杨姆花因不满她的丈夫而找其他男人，被岑毓琪用红铁烙她的乳房至死。

死刑：在一定的时限内，犯人交不了罚款就会被杀害。清末民初多是用刀割颈，把喉管割断了就放，但被认为罪大者则斩首示众。到民国八、九年以后，多作勒颈、枪杀或吞烟而死的方式。③

对于壮族民众到官府衙门打官司所需要支付的巨大花费，《那马县志草略·司法》篇中有所记载：

凡有民事到署，除差役开牌草鞋费外，须有一条长夫礼（一条长夫礼折制钱一十二千文）或数条长夫礼。有刑事到署，除膳食及开牌草鞋费外，须有红袍过山礼（红

① 《岭外代答·峒丁戍边》。

② 《岭外代答·序》。

③ 《广西壮族社会历史调查》（二），民族出版社2009年版，第163页。

袍过山礼折制二十四千文），站堂捕案费（站堂捕案费，全案折制十二千文，半案六千文）。收管待质人，则有人笼出笼钱方准受理，其数不一。陋规则虽满满索，假造胜诉，假造败诉，不以情理为判断，仅以金钱或情面为转移。若夫刑具行法，则有铁索者，有皮鞭者，有夹棍者，有加号者，有站笼者，有手铐脚镣者，名目繁多，不可尽述。是故不惟案情重要之囚人，不准剃发、洗澡、接见来亲属，即寻寻常。田土婚姻之当事人，一经收管，亦概不以平民看待。逊清同治年间，那马改土归汉，移思恩府通判来守斯土，名称上虽曰汉制，实际上犹是专横。①

四、诉讼管辖及处罚

（一）先找乡甲头人后找官府

壮族社会历史上，各类各式的纠纷首先应由村里的族长头甲处理。清代赵翼的《檐曝杂记》中对此有详细的记载。

镇安民俗②

镇安府在粤西之极西，与云南土富州接壤，其南则处处皆安南界也。崇山密箐，颇有瘴。然民最淳，讼狱稀简。县各有头目，其次有甲目，如内地保长之类，小民视之已如官府。有事先诉甲目，皆跪而质讯。申目不能决，始控头目。头目再不能决，始控于官，则已为健讼者矣。余初作守，方欲以听断自见，及至则无所事。前后在任几两年，仅两坐讼堂，郡人已叹为无留狱，则简僻可知也。此中民风，比江、浙诸省，直有三、四千年之别。③

在这段记载中，当地壮族人性情淳朴，很少有诉讼产生。一般的村民将头目及甲目称为官府，有什么纠纷都首先找甲目，不能解决时找县里的头目，再不行才会求助于官府。赵翼在当地任职数年，仅仅处理两起诉讼。先甲目，次头目，后官府，这是多数壮族人选择纠纷处理主体的一般顺序。

对于经过村里的头人处理仍然无法解决的纠纷再由官方进行处理时，在实行流官统治的地方，由官府管理；在实施土司治理的地方，则由土官管理。而由于缺乏完善

① 《那马县志草略》。
② 明洪武元年（1368），镇安路改为镇安土府，今广西那坡县。
③ 赵翼：《檐曝杂记》卷三。

的制度，官府或土官的裁决往往难言公平。在田州，当土民有事向土司控告时，岑氏土司有时裁判不公，虽然土官受到流官的管辖，但蒙受冤屈的人也不敢到上一级官府投诉，只能跑到老土司的坟上痛哭。①

纠纷管辖分类上对于不同类型的案件，在乡老、头甲、土官以及州府之间有所区别。特别的情况下，朝廷会在不同机构之间进行诉讼案件管辖权的调整。如在明时，由于壮族社会经常出现冲突，仇杀不断，各地土官维护社会治安任务繁重，因此在明宣德六年（1431），将原由土官管辖的诉讼事务交由驻守当地的军事机构——“卫”来处理。都督山云奏：“广西左、右两江设土官衙门大小四十九处，蛮性无常，仇杀不绝，朝廷每命臣同巡按御史三司官理断。缘诸处皆瘴乡，兼有蛊毒，三年之间，遣官往彼，死者凡十七人，事竟不完。今同众议，凡土官衙门军务重事，径诣其处，其余争论词讼，就所近卫理之。”“报可。”②

不同类型的案件也由不同级别的官府进行划分。如在广西崇左市，过去太平土官统治时，人们诉讼除赌博、盗窃等较轻的民事案由土官审理外，奸、拐、命、盗及民事在300两以上的财产诉讼案归左州承审，土官无权审判。但土官在审理本区范围内的案件如偷鸡、偷笋或风流案件等时，一般来说这些案件的后果并不严重，但犯罪的人往往要受到极严重的处罚，因而破产者不在少数。由此可知，土官司法是极专制而残酷的。土官没有成文法的规定，审案时随他怎样讲就怎样办，有钱理长，无钱理短。他随时可以颠倒是非，陷害人民，真是“衙门八字开，有理无钱莫进来”③。

在广西南丹，当地实行承审制，南丹承审官属于河池县。南丹土官只能办理一般性的民事诉讼案，对于一些稍重要的民事案，需送河池来审理。对刑事案，南丹无权审理，必须解送河池。按规定，南丹呈报庆远府以上的公文必须由河池转报。④

在清朝和旧桂系统治时期，一般都是依据世代相传的、多数没有明文规定的乡规民约、族规祠规来处理。到了民国时期，新桂系要求各地制定乡规民约，民间纠纷先是按乡规禁约处理，然后才提起诉讼。这些乡规民约贯串了封建的纲常礼教，讲“三纲五常”，定长幼尊卑名分，维护封建秩序，歧视压迫妇女。民国二十五年（1936），广西省政府颁布的《广西乡村禁约》明文规定：“笃行孝悌忠信礼义廉耻。”

① 《清史稿》卷五一二。
② 《明史·广西土司列传》。
③ 《广西壮族社会历史调查》（四），民族出版社2009年版，第77页。
④ 《广西壮族社会历史调查》（二），民族出版社2009年版，第143页。

民国二十年（1931）冬，广西省民政厅训令各县政府设立息讼会。民国二十一年（1932）二月颁发训令，称设立息讼会“意在促进社会和平，减轻民众讼累，系属一种慈善性质”。至民国二十二年（1933），全省共有76个县成立息讼会，约占当时93个县总数的82%。其中，不少县在区、乡两级也建立了息讼会。

壮族社会中的纠纷化解一般采取先乡甲头人先行处理，无法解决才能由乡甲头人“带告”到官府，其中原因，一是国家政权还未实现对在壮族基层社会的真正控制，因此更多依靠当地的乡甲头人实现社会秩序的控制。二是整个社会都有厌讼、息讼的倾向，即宋王禹偁在《送柳宜通判全州序》中所说的“民讼甚简，兵赋甚鲜，固可卧而理也”①。清人闵叙在《粤述》中也说，粤西不毛之地，土瘠民贫，……讼牒绝稀。三是统治地方的土官对于前来打官司的民众极尽勒索之能事，处理纠纷、送达文书对当事人收取各种各样的费用，对当事人还要以刑罚自治，因此老百姓视到官府打官司视为畏途，有纠纷轻易不会进衙门。这些因素都导致壮族社会纠纷化解先乡甲头人后官府的处理方式。

（二）清末官制改革前的广西审判机关

1. 设置审判机关的地区

根据《大清律例》规定，广西实行县（州）衙门为第一审级、府（直隶州）衙门为第二审级、提刑按察使司衙门为第三审级、总督和巡抚衙门为第四审级，各级以其所辖行政区域为管辖区域。在不同的审级法院，所管辖的第一审案件有所区别：

第一审级衙门一般可受理一切刑事案件，但只对笞、杖、徒刑案件有判决决定权，流刑以上案件可拟定罪名、刑罚报上级审定。

第二审级审判不服县、州第一审的笞、杖、徒刑以下的刑事上诉案件和复审第一审级衙门呈报的徒刑以上案件，承办上级发交的案件。

第三审级复审下级解送的徒刑案件，申报或承办督抚交办的案件。

第四审级批结下级申送的非人命徒刑案件，审理并上报人命的徒刑案件及流刑、死刑案件。

被告不服可以逐级向府、司督抚直至中央刑部上诉。②

2. 实行土官统治的地区

---

① ［宋］王禹偁：《送柳宜通判全州序》。

② 《广西通志·审判志》。

在实行土司制度的地区，没有诉讼程序的成文法，通常沿用习惯法。刑事案件一般由土民检举或者被害人控告而提起，也有的是直接由土官捕获归案的。土司衙门开庭审判刑事案件一般日夜进行，名之曰“开堂审判”或“升堂审判”。审判时，大都由土司官员亲自坐堂审讯，但有时也委托刑名师爷代替土官审案。出公堂的工作人员，除了土官，还有一个录供（即记录口供的人，一般为师爷担任）、一个传供（即翻译人员）、一个检验（或称仵作）以及若干差役。如果是军事案（即盗匪、谋反、叛逆等案件），要特地增加警察二人。经过再三审问后，土司即宣告判决，由差役主持执行。土司官员是至高无上的统治者，也是最高的司法官，掌有对土民生杀予夺、区分是非曲直的审判权。其在决断诉讼案件的是非时，全以土官的意旨为标准，且奉行司法专横制度，不允许上诉。①

（三）刑罚

1. 天峨县刑罚

在广西天峨县，清朝统治时期，群众若到官府处解决纠纷，犹如登天之难，其难处非但“慑”于官“威”，被多方剥削，还因壮人没有文化，需央人代写状文，“笔资”少则光洋10元，多则50元。状文投递以后，差官又将告知开堂审讯日期的“批文”收藏起来，以3—5元做“孝敬”方可告知。待审期，差官又借故去传讯，索“草鞋钱”5—10元不等。至于被告，至少较上述多出一倍钱。当地流传这样的一句话：“打官司一场，不死也是伤。”人民群众之间发生各种纠纷，很少到泗城府去打官司，一般多在“保苏”“把土”处处理，而此地远离泗城府，统治者鞭长莫及。保苏和把土们仍利用群众“怕官如怕虎”的心理，在地方上为非作歹，实际上成为拥有很大权力的统治者。请保苏和把土仲裁纠纷，需先备一席丰盛的酒菜招待，并以银元1元送做见面礼。如最后系判决罚款和赔偿，无论原告、被告先抽出十分之一给保苏和把土作为酬谢。

从处理案件的方式、方法来看，天峨县的这些纠纷处理及处罚大体可分下列几种：

（1）和面酒。适用于同一案内偶尔犯小偷行为的人。由犯者备一只大雄鸡、酒和若干菜肴，请保苏、把土、乡老及失主共饮一餐，当面谢罪了事。

---

①《广西通志·审判志》。

（2）人命案。由死者家属、房族与同村人集体到凶手及其家族中去“讨论”，并将其财产全部挖光，最后还得由后者给若干“赔命金”，方肯罢休。①

（3）盗窃案。一般的盗窃案件多采用罚款的办法处理，将其中十分之一给保苏和把土，一部分做参与解决案件的人聚餐之用，余则留下做“团红尘费”，或在“议团”时给公众聚餐。对于重大盗窃案件，保苏和把土可以根据群众的意见，将犯者处以极刑（通常是丢下红河淹死）。例如，光绪末年（1908），贵州羊里屯韦仁富偷去上牙屯大肥猪一头，上牙人报知保苏，保苏便通知各亭，集起团练500余人捉住韦仁富，审讯属实后便丢下红河淹死。但处死刑必须得到其家族和舅父的同意立字为凭方可，称之为“除绝”。其亲族因案情涉及自己，怕群众公愤，更害怕承担犯者非法行为的后果，因而往往不敢提出异议，甚至主动向保苏和把土提出“除绝”的要求。例如，羊里屯韦志三因其弟经常偷窥别人财物，怕涉及己身，便向保苏提出“除绝”，表示对其生死不予过问，由他们将其弟捉去向群众宣布罪状之后丢下河淹死。

（4）肉刑。据说对于较严重的犯者，为了取其真实的供词，往往施以残酷的肉刑，大致有：针刺刑，即由细小的麻绳将犯者的手指绑紧，以钢针刺指甲；烧香刑，即将犯人的衣服脱光，四肢绑紧，燃香焚烧；吊梁刑，即将犯者反背绑紧，悬于梁上。②

2. 西林县刑罚

相比而言，西林那劳区维新乡对于偷窃行为的处理稍微轻一些。对偷牛、马的行为，除令偷者退回赃物或按价赔偿外，还可以视其家财进行罚款，没有钱就送官法办。看到强盗挖屋行窃或在路上拦获拒捕的，可当场开枪打死。对于偷谷物的，除令小偷悉数退回赃物外，视其家当予以罚钱或当众批评。对于偷衣物或其他农作物的，令小偷退回赃物并当众严加批评。③

在广西西林县那劳乡，该地设有乡团务总局，下设团务所、保董、十长三级，不同的机构也管理不同类型的案件处理。团总那掌握军事外，还办理民间的一切民、刑案件，拥有杀人权，但受泗城土司岑家宫保府直接支配。团务所办理除杀人放火大案之外的一切民事案件。夫妻闹离婚时告到所里，如果判准离婚，女方由所负责代嫁，不由岳家过问，所得聘金除交原夫一部分外，归所里。不管任何案件，输了定要罚款。团所为得到罚款，常常利用威胁手段阻止输家越级申诉，因此很少有人再到上一

①② 《广西壮族社会历史调查》（一），民族出版社2009年版，第17页。

③ 《广西壮族社会历史调查》（二），民族出版社2009年版，第168页。

级申冤。团务所以下设保董1人，办案职权与所长相同，但罚款比所长低1/2。保董下设十长，管理10户以上事务，与寨老协商可办理小案件。1927年后，西林县改设局董、保董、甲长三级。在清末，原、被告打官司初进衙门时，双方必须办见面礼，鸡、鸭各1只。在高山养不了鸭，也得买1只补礼，或用黄豆、清酒各三五斤代替。局丁送达传票时，被传者要按路程远近交纳脚辛钱。原、被告任何一方经传票通知后不及时到案，局中官吏会到他家逼案，未到一方要办丰盛的饭餐来招待。判决后，输家一方除被打屁股和罚款外，还要办洗案酒一餐，需50斤以上的猪1只，清酒三五十斤，大米按官员多少每人三五斤，食盐两三斤，等等。对于这些物品，土司宫保府占有1/3以上。未交完罚款时，晚上要被局丁吊打，或勒紧绳索追取宵夜钱。①

在西林那劳区维新乡，对于伤人案的处罚是，如果明打死人，凶手要被洗光家当，并被拿来垫尸。两人相互械斗，伤者、死者有理的，打者要负医疗费和营养费，医不好则按明打死人办理。如果错打死人，由错手者负责开吊和埋葬死者，并供养其家属——有父母的，要养到死为止；有子女的，则养到成年。错手伤人，亦由伤人者负责医疗和营养，不能痊愈则按错打死人办理。对于夫妻互伤的情况，如果是丈夫打死妻子，娘家组织几十人到他家杀猪宰牛坐食，并进行罚款，交完罚款后还要押到官府。如果是妻子打死丈夫，妻子被拿去垫其夫尸体活埋，或五马分尸。②

3. 奸案的处理

在广西天峨县，乾隆元年年间（1736），媳妇因奸而谋杀亲夫或翁姑的，一般与其娘家无关，娘家不会被抢洗，只将犯者本人处决，处决的方式有“五马分尸”“骑朝马”（将火炭放入钢质制成的像马腹一样的器皿中，将犯者绑于其上烧死）。光绪末年（1908），圭里屯黄引和那立屯岑国山之妹通奸，被岑杀死，圭里全屯的人都到那立屯去，将岑及其家属的财产分光，宰杀所有的鸡、鸭、猪、牛等，共吃了五天，最后还由岑的家族给付“赔命金”光洋200元。民国初年，圭里屯黄理华、李方元霸占百定屯黄光明之妹，黄理华被黄光明杀死，圭里屯男女都到百定将黄光明的财产抢光，鸡、鸭杀光吃尽，拆下房子，片瓦不留，黄光明不得不逃到贵州，此事方休。③

隆林委乐乡在父母包办婚姻制的儿女婚后“自由”恋爱纵欲的习俗下，曾发生不少杀人或因打胎致命的悲剧。约80年前，委乐乡委内屯黄卜奴和邻乡一个女子王嫒造恋爱。嫒造已经嫁到岩尝乡，嫁后不落夫家。嫒造想离婚，也受父母反对及夫家阻

---

①② 《广西壮族社会历史调查》（二），民族出版社2009年版，第161、169页。

③ 《广西壮族社会历史调查》（一），民族出版社2009年版，第17页。

难，怀孕又害羞，只得找草药打胎。服药后嫒造死了，夫家邀宗族十多人到卜奴家兴师问罪，在卜奴家坐吃，把卜奴家的猪、鸡、鸭、谷、酒吃光，叫卜奴赔命。卜奴畏事逃跑，由家长挽人多方求情，许诺赔钱，并赔了40块法光，给了保证书，对方才罢休。

几十年前，委乐乡一个男子黄卜纪和岩晚乡的一个已婚女子相爱。一天，女方放牛时约黄卜纪到牧场谈情，被其夫看见。其夫悄悄用一块大石击黄卜纪后背，此案最后也不了了之。

一般对通奸行为的处理：

（1）明知妻子和别人通奸、谈爱，但丈夫抓不到真凭实据，无可奈何，只有寻故打骂。当地有“拿贼拿赃，捉奸捉双”的说法，抓不到两头四腿不能算数；抓到双后，有将奸夫打死的，但大多数是对奸夫拳打脚踢。丈夫的亲族会把男女双方用绳子捆绑带回奸夫家中，向他的家庭问罪，聚在奸夫家中坐吃，杀猪、鸡、鸭吃喝两三天，吃到奸夫的牲畜精光为止。两人仍将保持夫妻关系，此后女方则受到夫家宗族歧视。

（2）如果当时捉不到奸夫，但是丈夫确实知道妻子和情人已通奸，就将妻子捆绑毒打，要她认出奸夫姓名，并带路去找奸夫家。经女方指证后，夫家和宗族也一样到奸夫家来坐吃。

（3）如果妻子和情人通奸怀孕，未被丈夫当场捉住，除了坐吃等问罪，还要游村示众。示众的做法是：在女的背后挂一个竹篾，男的手持一把巫公用的剑，一路游行，一面用剑敲竹篾，一面自己喊：“众人呵，听清楚呵！我俩因为奸情犯罪，请大家以后不要学我们样子！”游行毕，才放回家。

解放后，已没有捆绑、赔礼、游行的事情，但如果丈夫被当堂捉住，偷情的男女双方也可能被毒打一顿，然后带回乡政府，在群众会上批评，让其承认错误，保证以后不再犯。①

在武鸣县清江乡，过去有个别人乱搞男女关系，这种现象婚前、婚后（不落夫家或落夫家）都有。如果未婚时乱搞关系，女方怀孕后，有的就结婚，有的不结婚。如果被发现，就由地主以乡约禁条对他们进行罚款。这笔款项由男女双方共同负担，罚的是猪肉、白米、酒，由全村每户派一人来吃。如果不肯使出罚款，就不让这两家开门，用东西堆在门口。这两人出来时，要遭到别人歧视。而被罚款后，只有暗中受轻

① 《广西壮族社会历史调查》（一），民族出版社2009年版，第61页。

视。如男女双方被自己父母知道，也要受辱骂，私生子全部弄死，或者打胎。①

在百色市西林那劳区，如果发生强奸案，男方要被女方的丈夫纠集几十个人前往他家杀猪宰牛，并视其家庭财产情况进行罚款，交完罚款后才回家，否则继续坐食。如是，女方名誉非但没有受损，反而受到社会尊敬和丈夫的爱戴。如果事发后男方被打死，罚款可免。

如果男女通奸当场被发现，可把男女双方一并打死。抓到男方可即关押，而女方一般被送回娘家，不再合婚。她的丈夫可以另娶，而女方想另嫁须得原夫允许，立字为凭，方可再嫁。女方再嫁时不得与原奸夫合婚，并忍受社会舆论的非议，出嫁时所得的礼金一半以上要给原夫。通奸怀孕后，奸情就会水落石出，女方必须承认和谁通奸，否则被拿去做五马分尸，如果承认，可免受极刑，但也被送回娘家守寡，至原夫允许出嫁时才可再嫁，而原夫则可另娶他人。至于野夫，原夫可集队去杀猪宰牛坐食，并视其家当给予重罚，交清罚款后才离开。女方再嫁时，所有礼金须全部交给原夫。如果是有人杀夫奸妻，野夫要被死夫方洗尽家当，野夫本人被押来垫尸，而女方被送回娘家，再出嫁时，由原夫家收取礼金。②

4. 刑罚制度的总结

《广西通志·审判志》对土司的刑罚制度进行了总结，具体内容如下③：

(1) 死刑。这是土司官员剥夺土民生命的一种极严厉的刑罚，用得最多，动辄将土民处死，其残酷之状，惨不忍睹。常用的死刑方法有：杀头的、枭首的、火烧的、勒死的、生埋的、吊死的、饿死的、活剐的、枪杀的、剖腹的、饲虎的、五马分尸的、以笼溺水的、坐黑牢至死的，等等。

安平土司衙门规定“凡通敌、谋反、叛乱和重大盗窃者，皆处死刑”。

太平土知州衙门甚至规定，有罪的可以判处死刑，无罪的也可以判处死刑，有重大罪行的可以判处死刑，罪行轻微的也可以判处死刑，草菅人命。

该土知州审理刘□元通奸一案，被告人刘□元，曾在土官衙门内当收粮工作，因早晚从塘边经过，与常在塘边拾猪菜的李□的老婆、李□的妹妹等二人开过玩笑，被官族李赞看见，便诬告他与该妇女通奸。土官李□普即派兵把刘□元逮捕入狱，审问时将刘□元鞭打至半死，后命令四个土兵将刘抬到河边，用绳子捆住身体加一块石

① 《广西壮族社会历史调查》（六），民族出版社2009年版，第68—70页。

② 《广西壮族社会历史调查》（二），民族出版社2009年版，第169页。

③ 《广西通志·审判志》。

头，丢到河里淹死，还将李□的老婆关死在监狱里，李□的妹妹则拿到三角塘枪毙。

(2) 肉刑。又叫体刑。这是土官伤害土民身体健康的一种刑罚，使用更加普遍，有的审讯时使用，有的在判决时使用，有的在判决后使用。其使用种类，名目繁多。

南丹土州衙门审判时使用的肉刑就有五种：

打屁股：谁人在诉讼中败诉，要罚打屁股，打的数量视罪行的轻重及土司意志的喜怒程度而定，五十到一百不等。

踩杠：将一根约 3 米长、直径 2.5 寸的木棍压在被告人的膝盖节背后，两边各有四五人用力踩在木杠上，让被告人骨头剧烈疼痛，忍受不了而招供。

上冷板凳：将被告人身手捆绑后，命他坐地，背后靠屏风或墙壁，两脚伸直，再叫人将两个脚拇指结起来，然后在脚跟垫上砖头，不承认罪状的，再加垫 1 块，如此类推直至招供为止。

烫火：把烧红的铁块烙在被告人身上，直到招供为止。

屠杀：案子在判决以后，被告人在一定期限内要交纳罚款，如犯人者交不出罚款，就要被土官杀害。有用刀割喉咙的，有用绳子勒死的，有吞烟的，有斩首示众的，有灌醉酒后打死的，等等。

泗城军民府的土知府在审判时还使用针刺刑、烧香刑、吊梁刑等。

忻城土县衙门还有跪红链的，公堂上放一条大铁链，审判时就让犯人跪在上面，痛得呱呱叫，连听者都惨不忍闻。

(3) 罚钱。这是土官使用经济手段对土民进行惩罚的一种刑罚，使用得相当普遍，也是土官搜刮民财的手段之一。案件无论大小，无论案件的简繁，也无论刑事案件、民事案件，都适用罚钱的法律。

(4) 没收财产。这是土官采用经济手段制裁土民的最严厉的财产处罚。这种处罚是败诉者则判处罚款，罚无出者，即没收其牛羊入土司家。对判处不服、提出抗议者，没收其财产。

(5) 囚禁。这是土司剥夺土民自由的一种刑罚。土司衙门一般都设有监狱，专门用以囚禁“犯乱”的土民。囚禁多长时间，都由土官审讯决定，有的甚至囚禁至死。有的土司衙门设置黑牢、亮牢两种，牢内还有各种限制自由的刑具，如锁链、脚枷、颈枷等。

从以上列举的壮族地区刑罚来看，当出现刑事或治安纠纷，不管是民间乡甲头人的处理，还是土司土官衙门的处理，其刑罚的形式都带有明显的复仇惩罚性质，而且肉刑种类繁多，还带有奴隶社会以损害人的身体作为威慑手段及复仇惩罚性质的特点，与汉族中央政权封建法制的“旧五刑”“新五刑”限制刑罚类型的成文法典中的刑罚有所区别。

五、神明判决

在一些壮族地区，民众处理纠纷时确定一方或双方当事人是否应当承担责任的一种方式是通过古老的神判方式进行。神明判决是将人与人之间的关系通过内心确信的“神”的存在及其倾向性表示来决定某一事实是否存在或某一责任是否应由某人承担，其强制力来自于人们的内心压力。温德特（Wundt）认为：“禁忌里无言的命令会随着时间和地点而造成无数的变异，但它们的起源只有一个而且仅只一个，即：当心魔鬼的愤怒!”① 温德特所认为的神灵世界中的力量，也是信仰的来源之一。而弗洛伊德则从心理学视角来阐释一种禁忌，他认为禁忌是一种从潜意识里被禁制的行为。② 相对而言，恩斯特·卡西尔更为强调禁忌在维护社会秩序方面的作用，他说：“（禁忌）是人迄今所发现的唯一的社会约束和义务的体系，它是整个社会秩序的基石，社会体系中没有哪个方面不是靠特殊的禁忌来调节和管理的。”③卡西尔认为禁忌包含有某种神秘不可知的力量，这种力量也是神明判决在某一特写人群中得以存在的原因。神明判决是以人类社会早期形成的神灵崇拜为基础，人们相信神灵的存在，即所谓“举头三尺有神灵”“心诚则灵”，相信违反自己的誓言将遭受惩罚。这也是神判得以存在的原因。

在天峨县白定乡，壮族社会发生纠纷后，如果被告坚决不承认，而原告又无充分证据，各执一词，或者失主不知谁是偷者、无从判断的情况下，便采用神判的方法来“仲裁”。神判的方式有两种：一种是“捞油”，其做法是用一只大锅头，内放十二斤油脂和一个手镯，烧火煮沸，道师在油锅四周结七个草人，只念咒语，然后便由全村所有的人先后用手去捞油锅中的手镯。据说如果不是偷者就会平安无碍，如系偷者事油锅就会燃烧起来。偷者要赔还失主的损失，并杀猪、羊款待全村以谢罪。如捞者均平安无事，便是失主诬赖，也须备酒席向全村人赔罪。一种是赌咒，其做法是由失主准备狗、猫和大雄鸡各一，狗代表偷者，猫代表失主，将雄鸡杀死，烧香点烛，祭土

①② 弗洛伊德：《图腾与禁忌》，中国民间文艺出版社 1986 年版，第 34—39、49—101 页。
③ 〔德〕恩斯特·卡西尔：《人论》，上海译文出版社 1985 年版，第 138 页。

地公，由道师念经请神来监督。如果猫咬狗，对偷者便深信无疑，要赔还失主并罚款若干；如狗咬猫，便象征着是失主诬赖，需杀猪、羊来请村中父老及被诬者吃，当面谢罪。①

有的地方为申请神明判决，特地立有神判文书。以下是龙胜县龙脊的两份神判文书：

神判书②

立甘愿入庙社后字人，毛呈上寨众等廖贵照杨冈良铁仁红等。尝思世人不平则鸣，圣人以无讼为贵。况吾等因与毛呈田寨为地争兢（竟），土名枫木漕，一共五漕，原系吾等公山，伊称伊地，请中理论，头甲人等亥难分。窃思官山府海，各有分别，土产山业，岂无其主。一比心甘祷神，何人若作亏心事，举头三尺有神明，瞒心昧己，一动一静，神明鉴察，毫发不爽。而我等各缘庚贴，甘愿入庙祈神。

各大神对座前鉴察报应，谁是谁非，神明本是无私，分明究治。倘若我等何人风云不测，命入黄泉，实是诈骗欺夺，其班牌钱项尽属田寨。而我等并族邻不得说长道短，倚命而让祸端。如有悔言，自甘其罪。恐口无余，立甘愿字，付与地方执照为据。

甘愿立字人　上寨众等廖杨冈　良铁福　胜会贤

头甲执字人　廖金书　潘金旺　陈景章

地方证人　廖秀荣　元华

金成　光清

仁盘　玉连

日映　贵发

福金　仁礼

学继　美昌　仕美

潘美仁　玉贤　仕美

学茂　永义

依口代笔人 潘迁范（请笔五百文）

光绪六年二月初二立

上文是龙胜龙脊毛呈上寨与田寨之间因土地归属发生纠纷，经过乡甲头人的处理

① 《广西壮族社会历史调查》（一），民族出版社2009年版，第17页。

② 《广西少数民族地区碑文契约资料集》，民族出版社2009年版，第181页。

仍然未能得到解决，在纷争无解的情况下所申请的神判书。其内容交代了申请神明判决的原因，提出自己的主张，认为该纷争之地确信为上寨之地，因相信“举头三尺有神明”，愿意入庙祷神，相信神明能察觉是非，如果请神裁判的任何人有不测风云，他们就是诈骗欺夺。该神判书既有申请神明判决的内容，又有宣誓自己所言不假的意思。

神控鸣冤文①

具阴呈默状人白门潘氏，系广西省桂林府义宁县龙胜分府官衙塘桐木冲獞（壮）民人氏为白平屈冤，累次叠害事。情小民于本年七月初一日被盗。恶棍潘光美，年生于辛卯年二月十五日辰时，人面兽心，起意盗偷田地谷米等件。又至十四日，请中向说盗案，及来诈索钱文 1200 文，凭中过交。窃念前因，多端需诈过甚，暗敲索，为此难为安身，只得上天无路，入地无门，故以诚心纸香，乞一宅土地、灶君神主位前，伸叩本乡庙王、广福侯王、摩王大帝祠下，呈叩奏上玉皇大帝、众圣天神、准奏牒文，传下十殿阎君、天神大圣，准纸赏差提究，善恶冤枉，嫁害无辜，被伤良民难安。到速亲奏，情蒙天神下降，思念小民善者，必降添寿，恶者必受灾刑，重入地狱，小民情安。为此民间暗里受害，现身多端，免受冤伸。是以全家伸叩天恩，日日伸奏，时时念部，令旨报下，神圣显应吉祥，为此阴呈，伏乞伸叩。

这一鸣冤文的具状人是龙胜塘桐木冲的白门潘氏，控诉的是当地恶棍潘光美盗偷田地谷米反而诬赖其偷盗，并请中间人要求处理该盗案，诈索钱文 1200 文。白门潘氏不得不支付，因感冤枉却无凭据，因此提呈阴状，请求神明裁决，如自己所言为虚，情甘受神灵报应的惩罚。

但凡求助于神明裁判的，往往都是现实生活中当事人无法从现行司法制度得到解决或是无证据的难题。随着社会的发展，人们对自然界的了解越来越多，自然知识越丰富，科学水平越高，求助于神明判决的人越少，而法律制度的完善也是其中原因之一。

① 《广西少数民族地区碑文契约资料集》，民族出版社 2009 年版，第 195 页。

LISHISHANG GUOJIA DUI ZHUANGZU FALÜ ZHIDU DE YINGXIANG

第八章

历史上国家对壮族法律制度的影响

长期以来，历朝历代的统治者都为治理岭南而使用了大量的人力、物力，并力图改变当地的风俗习惯。正如康熙年间《广西通志》的编者所说的，“岭南相左的粤右为边服，文物稍逊于中州……瑶獠之居咸弃卉服而袭冠裳，挟诗书而讲礼让，由是观之，革俗易化岂不在人哉?”① 历代中央政府为推行壮族地区的礼乐教化采取了多种措施，既有“挟诗书而讲礼让”以文化推广的方式达到“革俗易化”的目的，也有以禁令的方式来改变壮族地区各种习惯与法律，使之符合统治者的要求。对于历代统治者对壮族地区社会生产、生活习惯及法律制度的影响，应该做客观评价：一方面，通过教化与禁令的方式，使一些不符合生产力与社会发展的习惯被废除，客观上促进了生产力的提高，同时通过长期的教化，使原来落后的政治经济文化得到发展，并以请求“内附”的方式产生了国家认同感，有助于最终形成统一的国家；另一方面，在影响壮族社会法律制度文化和风俗习惯的过程中，有少数禁令与措施如禁止“歌圩”等对壮族社会历史传统文化产生过消极的影响。

新中国建立之后，党和政府所实施的坚持民族平等团结、民族区域自治、发展少数民族地区经济文化事业、发展少数民族科教文卫事业、尊重少数民族风俗习惯、尊重和保护少数民族宗教信仰自由等民族政策使广西众多少数民族包括壮族的文化传统不断得到保护、传承与发展，广西也成为民族团结与和谐进步的典范。

一、颁布禁令，禁止人口买卖

我国历史上，岭南地区的发展要晚于中原地区。到隋代时，中原早已经进入封建社会，而包括广西在内的岭南地区仍然存在类似奴隶买卖性质的社会现象。如，《隋书·食货志》载：“又岭外酋帅，因生口翡翠明珠犀象之饶，雄于乡曲者，朝廷多因而署之，以收其利。历宋、齐、梁、陈，皆因而不改。”② 此处的“生口”，即为被贩卖的人口。

唐朝贞元二年（786），容州（今广西容县，为岭南五管所之一的容管所在地）经略使统领14州60县。五代时，容州设宁远军。明洪武二十三年（1390），设容县守御千户所。

唐朝时，“唐检校右散骑常侍兼御史中丞容州刺史李公去思颂禁人民之相虏卖者，

---

① 《广西通志》。

② 《隋书·食货志》。

执而诛之，以去其害，而童昏以安”。唐宪宗元和四年（809），天久旱，宪宗欲降德音（颁恩诏），于是翰林学士李绛、白居易上言：“欲令实惠及民，无如减其租税……宫人驱使之余，其数犹广；事宜省费，物贵徇情……禁诸道横敛以充进奉……岭南、黔中、福建风俗，多掠良人卖为奴婢，乞严禁止。”“闰三月三日，制降天下罪囚、蠲租税、出宫人、绝进奉、禁掠卖，皆如二人所请。十三日，果雨。”①《全唐书·禁岭南货卖男女敕》中有载：“如闻岭外诸州居人，与夷獠同俗，火耕水耨，昼乏暮饥，迫於征税，则货卖男女。奸人乘之，倍讨其利，以齿之幼壮，定估之高下，窘急求售，号哭逾时。为吏者谓南方之俗，夙习为常，適然不怪，因亦自利，遂使居人男女，与犀象杂物，俱为货财。”②

从以上《隋书》《全唐书》等记载中可知，岭南至隋唐时还有掠人为奴、货卖男女的现象，为此唐朝宪宗时的翰林学士李绛、白居易请求禁止“掠良人卖为奴婢”的行为，而容州刺史李去思则“禁人民之相虏卖者，并执而诛之”。当时的统治者在岭南禁止人口的掳掠买卖，客观上对保护与促进生产力、改变陋俗起到了重大作用。

二、国家对土官权力的制度约束

在实行羁縻制度的地方，土司代表国家行使统治权。这种治权不仅是行政权，而且是司法权。土司在这一地区就是最高长官，其所作所为应依据国家法律和中央政府授权而为，但土司的权力又是专断的，在缺乏像现代国家权力监督体系的古代社会，各地方的刺史行使的是对流官的监督权，而对土司的监督则往往流于形式。失去控制的权力必然会恣意行使，在前文所描述的土司对其土民实行严苛刑罚、随意生杀予夺的种种事例便是明证。为了约束壮族土司对其治下百姓的横征暴敛，中央政府及其派驻地方的官员都采取各种措施对各地土司或土官的权力进行规范和限制。以现代法治的观点看，这些规范与限制实际属于行政法限权的范畴，也是国家法律对壮族地方统治者的制度约束。以下列举若干例子：

安平土州《永定例规碑》③

广西太平府安平土州：

为檄委查审事，本年七月二日，奉本府正堂李奉驿盐道宪张准藩宪杨奉督抚部院

①② 《全唐文》。

③ 《广西少数民族地区碑文契约资料集》，民族出版社2009年版，第1页。

宪杨、鄂批准，本署司会同贵道呈详，安平土州每年规例银两米谷以及长短夫役，应革应留各项，理合逐一开列，镌石晓谕，永远遵行：

一项，承袭银两永革。

一项，每年准收七化田例共七色银一千二百五十二两六钱四分。

一项，八化折柴炭银永革。

一项，每年准收八化额例公用共七色银一千一百四十八两一钱五分。

一项，站马永革。

一项，每年准收八化额粮共七色银二百四十八两四钱零。

一项，三厢润月米永革。

一项，每年准照雍正十年之数收六甲米共五十三石六斗，谷六石七斗。

一项，每年准收州判柴马七色银六十三两。

一项，夫役除。

钦差经临，南关启闭，应用人夫，六甲照旧供役外，其余人夫，六甲每年缴钱二百四十串；上、中、食三化，每年另缴七色银二十七两五钱。听本官自行雇用。

一项，婚丧两项，凡本官本身婚丧，每次准收七色银一千两；长男长女婚嫁，每次准收七色银一千两；至次男次女，概行禁革。

一项，每年上、中、食三化，准令纳谷八石，免其看马送羊。

一项，硝磺银永革。

一项，额设土兵五百名，轮流把守九处隘口，捍卫地方，防守边界，仍照旧例。

一项，瓦草银永革。

一项，每年领销府埠四季余盐二万斤，每盐一斤，收小钱二十八文，变价归府。

一项，鱼花银永革。

乾隆十年七月□日立

以上这一《永定例规碑》是广西太平府对其辖下的安平土州每年的规例银两、米谷、劳役的规范，有的保留，有的永远革除，不允许再收取，类似上级给下级所确定的一份“权力清单”。

同样在太平州，也有类似限制土官权力的告示：

太平土州《合示勒碑》①

世袭太平州正堂加三级、纪录三次李、奉　两广督部会委总理广西边防全军营务

① 《广西少数民族地区碑文契约资料集》，民族出版社2009年版，第3页。

处二品御　广西抚部院太平归顺兵备道镇南监督蔡　为给示勒碑事，照得木道所属各土司，规例相沿已久。土司因不免额外浮收，土民亦往往呈刁抗缴。本道到任后，接据该土司民禀控土例之案，不一而足。官谓民刁抗缴，民则谓例外加征。若不重定章规，难杜加滋刁抗之辈。当经委员前往查明，禀□本道，分别应革应留，悉心核定，列摺咨请　藩司核明详办去后兹准，案奉抚宪，按准照办，刊刷例册，移送前来。除札发太平府转发各该土司官民，俾资遵守外，亟应给示勒碑，以垂永远。合行出示晓谕，为此示。仰所属各土司官民一体知悉。嗣后官民等，务须遵照后开各条款，征收完纳，勿再浮征抗缴。倘经此次定章之后，土官于已革之欵，仍敢违例滥征，许土民禀请参究。如土民于应征之欵，抗为不缴，亦必拘究惩办，决不稍事姑宽，毋得藉故刁抗，致于究办。切切特示。计开应留项下：

计开：

一、□粮银□旧例，尚无浮收，应照历年所收数目征收。

一、除土官自用之伕，照章给银外，本向章应派之伕，均只同不准折钱，尤不准于旧例外，多派一名。而土民亦不准抗，如遇军务紧急，由道府承审札饬传派，仍按伕饭食银。

一、考试文章科成主考卷钱五千文。文武童考试卷钱五十文，土考及厢考院考费用均在内。

一、土官在□，只用力伕役并与公钱。

一、□只用力夫役挑运，查究并无派钱。

……

应革事项：

一、首裁土官详办承袭署事，协理所派百姓帮费银两，查自承审以上各街门规费，概先裁革。

一、土官下乡，并因公赴府，向由百姓供应。

一、每年中各村缴芝麻、棉花、豆子等物。

以上各项，永远裁革，并有繁碎土例，洩未查出报明，及查出而有烦碎不便而未登载者，均于此次永革。

光绪六年四月□□立

太平州辖下土司额外加收钱粮，当地土民不断抗拒缴纳，因而经常具状投诉到府衙，为此太平土州不得不重新厘定保留与革禁项目，并以碑公示，要求土官与土民必须遵守，违者土官革职，土民究办。这种告示由上级官府颁布，在当地官民之间实施，全体成员都要遵守，实际上具有法律的性质。

三、国家对土官继承的制度控制

中央政府对土官制度的控制，不仅体现在土官的设立、官职的授予、地域的划定，还体现在对土官世袭继承制度的控制上。一任土官去世，继承其官职的亲属必须向朝廷上文请求世袭。在明初，土司的世袭与更替必须经中央政府的任命，即便远隔万里也须赴京朝见，以示臣服。后因广西距离京城太远，觐见不便，广西土官遂可呈表代替朝觐。《明史·土司列传》载："尝考洪武初，西南夷来归者，即用原官授之。其土官衔号曰宣慰司，曰宣抚司，曰招讨司，曰安抚司，曰长官司。以劳绩之多寡，分尊卑之等差，而府州县之名亦往往有之。袭替必奉朝命，虽在万里外，皆赴阙受职。天顺末，许土官缴呈勘奏，则威柄渐弛。成化中，令纳粟备振，则规取日陋。孝宗虽发愤厘革，而因循未改。"①

以下列举几例国家对土官世袭职位进行控制的文件：

具报顶遗父职文②

信伦州官男冯□□，为申报事，窃卑官男父亲冯□□，于咸丰□□年□月□日以病告休，随蒙代理府宪彭，复查无异，准情开缺。以卑官男系嫡长子，例应承袭，而于是年□月，檄委署理州事。卑官男曾将奉文视事日期，并父亲调治病症各情禀复，前承府二宪备案在案。讵知官男父亲病入膏肓，医药罔效，造至本年同治甲子年二月廿一日，在署病故。官男原属摘（嫡）长子，现任理合亟声明，仰恳宪台查核，转详备案，实为德便，为此备由具申。

这是广西天等县镇结土官关于土官职位继承的呈请文书。土官病故，嫡长子申请继承土官职位，没有中央政府的承认，土官职位的世袭便不合法。

呈报荐选应袭官职文③

敬禀者，本年十月十九日，奉宪札会同官妻张黄氏，查明应袭男张达尊是否年例相符，或尚未堪袭职，即于官族中选举贤能协理，以重地方。等因奉此，卑官男查结安土州张学峻于□年□月病故。蒙前署府世札委卑官男前往代理该州事务，并发给告

① 《明史》卷三一〇，《列传》第一九八。

②③ 《广西少数民族地区碑文契约资料集》，民族出版社2009年版，第120、109页。

示一道，饬该官妻张黄氏，将前府宪刘给赐结安土州戳记，呈缴涂销。所有应行公务，即与张许氏官母商办，以结安印信盖用。乃该官母张许氏，系属女流，卑官男鞭长不及，任内奸目□□与官妻张黄氏专权，不将戳记缴销。凡地方一切事务，均系奸目□□等与张黄氏横行舞弊。卑官男曾将前项事理禀明府宪世外，只因郡垣失机，未蒙饬行。迨至本年八月十九日，忽接结安土州官张达尊名帖，移封盖用结安土州戳记。称奉宪台檄委理该州事务，卑官男即具文申报承审苏禀卸该州事务。兹复奉前因，卑官男遵即移请该州查复，去后竟然置之不闻，并无只字回复。卑官男查该袭官男张达尊年来及□，况值地方多事之秋，非干谏（练）明白之人，似堪职守，于官族中惟有张振库人向明白，可任厥职。仰恳宪台札调赴辕看验可否，出自宪恩，为此具禀叩，恭请金安，伏乞慈照卑官男谨票。

结安土州土官张学峻病故后，其妻张黄氏按律应将前任知府刘给所赐官印呈缴涂销，此后办理公事时使用结安土州的印信。然而张黄氏却未将戳记缴销，反而与其手下之哨目横行舞弊。应世袭的张达尊年幼，并非干练之人，不是合适的人选，因此文中建议另选官族中的张振库来承袭张学峻的职位，认为其是合适人选。

太平土州《奉天承运碑》①

奉天承运，皇帝制曰：求治在亲民之吏……事隆褒奖，尔李乃广西太平府太平土州知州李光献之父，视躬仁厚，垂训端严……恩封尔为奉直大夫，锡之诰命……

光绪十五年月十七日颁

此诰乃光绪十六年九月内，先大夫奉到，因石碑未便，越十八年冬，而先大夫作古，开缺无嗣。玿系第二亲房嫡生次子，叨族目民，公举序应入嗣，承接大宗，亦承土知州职。迄二十三年，奉部颁到承袭号纸，越戊戌，山向利，始择吉扶，先大夫灵柩，来葬于先继王父祖茔之侧，并镌此先祖父诰封碑，竖于坟岭之前，并志始末，以垂不朽。时光绪二十四年仲秋月上瀚谷旦跪竖。

土学恩贡生候选直隶州欧相韩熏沐跪书

以上是太平土州关于继承土官职位的碑文，承袭人是第二亲房嫡生次子。国家通过限制土官的权力和世袭土官的批准程序，可以将土官控制在国家政权之下。

① 《广西少数民族地区碑文契约资料集》，民族出版社2009年版，第5页。

四、国家对壮族习惯法的影响

历朝历代中央政府对于边疆各少数民族都极其重视，通过教化、行政、军事等手段实现统治，对于早就进入中央政府版图的广西地区自然也不例外。如，元朝元贞元年（1295）七月，朝廷并左右两江道归广西宣慰司，置都元帅府，女真族人乌古孙泽为广西两江道宣慰副使、佥都元帅府事。“两江荒远瘴疠，与百夷接，不知礼法，泽作《司规》三十有二章，以渐为教，其民至今遵守之”①。在这段记载中，乌古孙泽就特别制定共32章的《司规》对壮族群众进行教化。

到了清代，武缘县（今广西武鸣县）县令余思诏在道光年间所修的《武缘县志》“序”中也说：

志者，史之一体，固周官小史外史类也。考山川，按图籍，揆文教，奋武卫，胥于是乎，赖志不綦重哉。武缘为古领方地。自汉唐以来，越在荒服，半事羁縻。至明弘治间，改隶思恩，制作渐备，教化渐沾。及圣朝，恬熙涵濡，日新月异。民遵道而遵路，士式玉而式金。浸浸乎，礼教名邦矣。旧志成于耿君昭需之手，迄今百有余载。其间，人才辈出，时事日增，不踵而修明之，则无以信今而传后。壬寅岁，予奉简命视篆斯土，适邑人士纂新志，其议创自前任世君纶，而邑绅詹君作述司编纂之事焉。书既成，就正于予。予披册而览之，其于天文、地舆、沿革、制置诸大端，大都皆本旧志而申述之，自可无论。独其艺文、人物诸志，凡所记载，类皆新采者，多因略为点定，而于列传之下为之立论，俾幽贞潜德不至湮没不彰，以俟輶轩采择云尔。顾其间，人多质朴，士近惇庸，较诸声名文物之邦，不遑逊让。然而良材盘错，根柢正深，璞石浑含，真精逾美，有心世道者，不得不加之意也。故虽幅员辽阔，汉土杂处，稽户版当思董率之宜勤，抚驭之宜密也；筹征输当知徭役之宜平，度支之宜裕也；正风俗当思礼教之宜先，振兴之宜力也。因地以制宜，因俗以敷政，则所资于志者，岂浅鲜哉？是为序。②

他认为：武缘县自汉唐以来尚处于荒服状态，到了明代弘治年间才逐渐有了教化，如今具备了“礼教名邦”的模样，而在各种教化中，“正风俗”是首当其冲的任务。

---

① 《元史》卷五〇。
② 《武缘县志》。

作为中央政权在广西实行统治的代表，广西地方政府也采取各种措施改变壮族的风俗及传统习惯制度。在许多情况下，政府是以强迫的方式改变壮族的风俗习惯及其法律制度。如，民国元年（1912）八月，龙胜县五种联合改良会发布劝各处兴学、饬妇女改装及整顿等意旨，并拟定改良章程分发各地。

简 章

第一条　本会定名为五种联合改良策进会。

第二条　本会以改良龙胜土俗习惯，劝兴学，正风俗，促地方人民进步为宗旨。

第三条　本会暂拟宗旨分列如下：

（1）扩充义务教育；

（2）化五种为一种；

（3）整顿习惯风俗；

（4）改正各种异服；

（5）开掘农桑实业；

（6）严禁烟赌非为。

民国七八年间，伪县长许某勒令改装时，侯家寨全玉去赶圩，就被捉住后按在地上剃去头发，自此受惊回家病了一场，逼得杀了一头牛来祭鬼。其他妇女因不便近身，只喊“剃头发”，使她们四处逃跑。民国二十二年（1933），平安屯廖海民娘72岁，被迫剃头，当老人哭时，被吓唬：你要头发还是要头？许多穿袜子的妇人去赶圩，被用铁钩钩烂衣服。类似的事情还很多。①

1931年，国民党政府广西龙州县政府设金龙特别区，意图用“特别”的手段来统治这里的傣人。他们除了加重税收和兵役，还实行民族压迫政策，强迫傣人剪发改装（也要侬人剪发改装）。他们不准傣人穿裙，不准留发结髻，不准吃蒌叶，不准唱山歌，不准赶“歌墟”，不准住上人下畜的楼房，不让不改装的“土人”赶金龙街。他们认为，“土人”不改装便是野蛮。他们在街上见傣人吃蒌叶，便用粪涂在傣人的口里；见傣人妇女穿长裙，便用剪刀剪烂；甚至将不改装的傣人妇女集中起来，将衣服、裙子一起剪烂，把头发剪断，弄得赤身裸体，然后再赶出墟场。伪区乡公所的警兵经常到村里剪傣人的衣服，拆毁傣人的楼房。傣人男女见之如遇猛虎，远远逃上山里去。1939年，板烟屯傣人农尚灰因吃蒌叶，被伪区公所拉去游街。② 这些傣人在其

① 《广西壮族社会历史调查》（一），民族出版社2009年版，第120页。

② 《广西壮族社会历史调查》（七），民族出版社2009年版，第89页。

后的民族识别中成为壮族的一员。

客观地说，各民族都有一些不利于生产、生活的陈规陋习，应予以改变或禁止。如，以下为天等县镇结土官关于禁止赌博的文告：

严禁赌博以靖盗源文告①

全御为严禁赌博，以靖盗源，以安民业。照得迩来数年，寇盗频仍，无处不遭其荼毒。是以举行团练，共卫乡里。稽查生面之人，禁绝不肖之辈，以固疆围。复查赌乃为盗源始，而狐群狗党，继而设局开场，引诱良家子弟，无知俗子见其满场之银钱，何难举手坠无涯之陷阱，不想极力尽以博输赢，夜以继日，而胜负，由寡及多，赢者贪得无厌，输者捞摸不休徒为破产荡家，失时农业。既而山穷水尽，必起不良之心，同赌博为盗之源，而奸易以流混其间，正可藉隐藏踪。迩闻□村多有游手好闲之徒，不思勤务本业，专一交结不肖之辈，终夜设场开赌，殊属有干例禁。为此示谕该村诸色人等，嗣后务各痛改前非。有产者，全家可享温（饱），即无产者，亦不废工夫自食其力。各安本业，不犯例禁，不遭刑法，何等快乐也。

壮族社会传统的婚姻都是以歌为媒，壮族青年男女在歌圩上通过对歌来寻找自己的意中人，确定关系之后禀告父母。这种婚姻关系中私订终身的做法在中央政府及其代表人看来，无异是对“父母之命，媒妁之言”这一基本婚姻制度的背离。因此，近代以来，各地官员采取多种措施对壮族婚姻制度进行影响与控制。以下略举几例：

严禁歌圩以正风俗特示②

为禁男女互歌诲淫，以正风俗事。照得夫妇关乎人伦，婚姻贵乎正。始古来，男女嫁娶纳采合卺，各有正礼，以成配偶，诚无可疑也。至采兰赠芍淫风滋起，在昔见刺于诗人，至今大干律法。本府下车之初，探风问俗，知土民有互歌定配之习尚，不遽信访知，每年三春时候，或穿红拖绿，三五成群，或携负淆，百十成队，平原席地而饮，高坡联坐而讴，彼唱此和，歌同下里者不愿分袂，或手相随；而并不见有父母之合，媒妁之言。此等廉耻，行同禽兽。本府不胜骇异，借此为名，男女混杂，淫欲苟行，伤风败俗，莫此为甚。合行出示禁为此示。仰府属各州县知悉，嗣后婚姻，务通媒妁，以正男女夫妻之伦，而归礼义之邦，毋得仍蹈前辙。倘有怙恶不悛，法难轻恕，律不能容，毋违特示。

这是天等县镇结土官为移风易俗而禁止歌圩所颁布的告示。告示认为：男女在歌圩上互歌诲淫、未经正礼而嫁娶，是“大干律法”的行为，因此应予以禁止。告示中

①② 《广西少数民族地区碑文契约资料集》，民族出版社2009年版，第128、130页。

还通告，如有违反，“法难轻恕，律不能容”。该告示明确地以国家权力及法律来改变壮族长期以来形成的传统婚姻家庭制度。

禁陋习歌圩告示①

为剖切晓谕，禁绝陋习，以厚风俗事。照得防微杜渐，可免噬脐之虞，移风易俗，并将“保甲长及村民人等提拿重加责处，绝不宽贷”，实属仁民之举。虽前代遗有成规，而今兹何妨易辙。查州属口口，离州僻远，村民旧习，每于季春初四、十四、二十四三日为期，男女聚集，相对行歌，名日歌好。不思男女有别，圣贤垂训，岂宜赠苟报桃，以桑中斗上，傅以私期相约，致攘闺阁之站，差恶廉耻，置心不顾。且其间有宵小不良之辈，藉以趁好为名，乘隙抢夺，酿事匪轻，不得不予先严也。合行出示晓谕。为此，示谕该好保甲以及邻近村民人等知悉，自示之后，倘有故意仍蹈旧习，强出歌好，定将该保甲长及村民人等提拿重加责处，决不宽贷。各宜凛遵勿违，特示。

这也是天等县禁止歌圩的告示。当地群众每年春季的初四、十四、二十四这三天都举办歌圩，男女聚集在一起，相互对歌并私下约会。在官府看来，这是“不思男女有别，羞恶廉耻”的陋习。为了移风易俗，并将“保甲长及村民人等提拿重加责处，绝不宽贷”。宣布强行参加歌圩的，将该保长、甲长及村民等人捉拿并加以重责。

改革风俗碑②

窃思：古比障身无赖，以羽皮为蔽体无露，法于羲黄以下，衣裳之制始兴，历代相传负矣。及至如今，巧女更幻，执其五彩为服，败坏绒系，奢华过费。老瞻视咸言：古道犹存，况遇猖狂轻眺，反则毁于议论轻谈，同人亦受乎耻。今有兴（安）龙（胜）两邑，爰集知事之士，书缄颁递各寨，举齐四民雷同会议，保护团体稽查，户之共乐升平，将思圣人云：殷因于夏礼，周因于殷礼，胥有损益，旧染漕汙俗，故有维新之念，从兹文明世代，岂不百道同风。章程议定，万无一失，永不朽败耳。

一、凡匪料抢劫人家财物者，拿获沉塘毙命。窝匪窝盗窝赃，地方查确，即将永业充公。

一、凡盗窃猪牛、仓谷、撬壁雕墙，拿获者，鸣团或则割耳刁目，或沉塘毙命。

一、凡偷盗鸡鸭、蔬菜、杂粮、物件、拿获者，罚八千文。

一、凡偷盗财物，不拘何人看见，许即拿获，倘有隐匿不报，与贼同罪。一人被盗，众人力盗（追），各无川资。

---

①② 《广西少数民族地区碑文契约资料集》，民族出版社2009年版，第129、197页。

一、凡雇工人，倘有风云不测及妇女悬梁自尽，不为人命案。

一、凡妇人喉圈、银炮、银带、银树四件，议决改除旧服，准限三年禁绝，如有不遵，公罚不恕。

一、凡古风服制五彩，从今改除，以青为服，不许编织彩衣。若不遵禁，鸣团公罚不恕。

一、凡人妻配不睦而改嫁者，不许转归原夫，有关风化，以免效尤。

一、凡托媒问亲，二比愿意，发出生庚，准其二人下定决礼钱六千正，不许加增，违者有罚不恕。

一、凡过聘之时，只许二人送礼钱二十千为准，女家送亲，只许亲族二十二人。

一、凡男家酒宴，无论新旧之客，共同一餐，早夜膳食，宵夜迎亲，酒肉礼物，依仍照旧勿违。

一、凡女家舅公，准办花被一床，草席一张，议决男家馈钱□千，备六亲尾酒二个。

一、凡女家既已婚娶，以订终身，不许异心反目，如有反情，由地方公议可否，如二比愿嫁，凭中与外家订财礼。

一、凡招赘入舍，视为骨肉一体，不得视作外人。不拘男女，或萌异心，即由地方公论，如有反情者，议决与钱四千文，如男家反情即着公议，与婚钱二千文面斥，各宜尊禁。

一、凡旧例每年送礼二节，过于繁浩，今去一节，外甥婚娶，请舅亲者，不许牵羊为礼，只用鸡鸭报期是也。

一、凡发方如有口角是非，各乡理落，如逢重大事务，即经团排解，若判不清，方可兴讼。

以上婚娶制服，改良各款条规，各宜遵禁，如有违犯，齐团公罚钱十二千文，决不宽恕。

水银塘团长余启富、余义方、王左才等 8 人

金坑团长潘大正等 14 人

潘内团长粟光德等 14 人

以上是在广西龙胜县龙脊所收集的改革风俗碑，涉及防劫匪、防盗、妇女自杀的处理。现在看来，该告示应分两类来看：一类是有助于维护社会治安和提倡节俭生活方式的。如：抢劫人家财物者，拿获沉塘毙命；已婚娶不许异心反目；招赘入舍，视

为骨肉一体，不得视作外人，等等。一类是强迫改变民族习惯的。如：喉圈、银炮、银带、银树四件，议决改除旧服，准限三年，三年内禁绝；古风服制五彩，从今改除，以青为服，不许编织彩衣，等等。

进入民国以来，广西省政府也以各种措施对壮族传统风俗习惯和制度进行强制性改变。以下列举当年要求改变风俗和习惯的“训令”“规则”，不可否认，其中的许多内容如禁止滥用夷猺名称等规定无疑具有进步性质。

广西省民政、教育厅1933年第15号训令

案奉省政府秘字第三二三五号训令开为令遵事案：

查前据核厅会同民政厅呈拟定期施禁各县香烛冥镪办法，连同分期施禁表请核示一案。业经指令如拟办理，并饬会衔通令各县遵办在案。现在迭据各县县长呈报窒碍情形，纷请变更禁期，又迭据各县商会先后呈请暂缓施禁，各等情前来查本案与各县地方教育经费及平民手工业有深切关系。自可斟酌情形分别先后施禁，所有香烛二项不乏正当用途，与冥镪之唯一迷信。迹近亵渎者，不容相提并论。既据商民纷请弛禁，所陈亦不无理由，应予保留香烛二物。暂缓施禁．以维地方教育经费，而裕平民生计，其冥镪仍应照前表依期禁售，为此令仰该厅即便会同民政厅通令各县遵照办理并咨财政厅查照，仍将遵办情形报查，此令等因，奉此自应遵照办理，除呈复并分别咨令外，合行令仰该县长即便遵照办理，仍将遵办情形报查，此令。

中华民国二十二年九月

广西民政厅厅长　雷　殷

广西教育厅厅长　雷沛鸿

香烛、冥镪是祭拜去世的人所用的，省民政厅和教育厅确定分期禁售。然而公布之后，各县商会纷纷提出意见，其后保留香烛，而冥镪仍然按期禁售。禁止售卖香烛，将使人们失去一直以来祭拜祖先的习惯用具，也使习惯无法延续，因此群众反映强烈，不得不进行修改。

广西省政府训令

查赌博贻害民生最为巨大，政府禁止早具决心。兹值二十年度开始，为缩小范围，减轻弊害起见，特改订禁赌办法另施行。除划定察里地点暨防务经费徵收章程另有规定，其他一切赌博，无论以财物为赌或以供人暂时娱乐之物为赌，均在严禁之列。本省政府令出必行，有犯必惩。凡我全省民众，各束身自爱，互相劝诫，务使此种障碍社会进化之赌害得以次肃清，是为至要，除分令外，合行令仰遵照，并布告所属一体知。此令。

中华民国二十三年七月七日

主席　黄旭初

赌博的确危害巨大，因此民国时期广西省政府为改变风俗而颁布禁赌训令。这一训令无疑对移风易俗、树立良好的社会风气具有积极意义。训令规定除了特许，不论以财物为赌，还是以供人暂时娱乐之物为赌，均在严禁之列，以肃清障碍社会进化的毒害。由此可以看出，国家对民族习惯法的影响，除了一些规定损害少数民族风俗习惯，也有许多规定对于社会风气有着良好的规范和指导作用。

广西省改良风俗规则

（民国二十五年十二月）

第一章　总则

第一条　本规则以崇尚节俭改良习俗为主旨。

第二条　凡婚嫁、丧祭、生寿，如有奢侈行为，及其他一切陋俗，悉依本规则取缔之。

第三条　本规则由省政府通令各县政府及公安局负责并督饬所属切实执行。如执行不力者，由省政府予以惩戒处分。

第四条　违反本规则之罚金。拨作地方改良风俗之用，每月由县政府或公安局将收支数目公布一次，并呈报省政府查核。

第五条　各县政府或公安局，每月应将办理情形呈报省政府备案。

第二章　婚嫁

第六条　订婚礼物，最多不得过二十元。结婚礼物（聘金在内）最多不得过银一百六十元。但男女之一方，均不得向他方强求。礼物妆奁，应用国货。

第七条　凡遇婚嫁，来宾致送礼物，至多不得过二元，主人不得回答礼物。

第八条　婚嫁之家，款待来宾以茶会为主，亦得酌设酒度，但每席不得过银三元，繁盛城市，不得过银十元。

第九条　凡违反本章各条之规定者，予以劝导或警告。如属公务人员，并由本管长官加以记过，或免职处分。

第三章　丧祭

第十条　凡丧葬所需衣衾等物，由当事者量力购置，但最多不得过银一百。

第十一条　死者入殓，除衣衾各物外，不得附用各种珍玩物品。

第十二条　丧家不准雇用僧尼道巫，以作法事。

第十三条　丧家或客祭品，以香烛蔬菜为主，亦得酌用三牲，但最多均不得过银五元。

第十四条　吊唁如送挽联挽幛。须用廉价之土布或纸张。如送奠仪，不得过银二元。但援助丧葬，致送赙仪者，不在此限。

第十五条　丧家接受奠仪等物，得用回贴致谢，不准回答银钱或物品。

第十六条　丧家对于吊客，如有留餐之必要时，务须力求节俭，应用素菜。

第十七条　丧家停柩在堂，以速葬为主，不得过五日。如有故障，城市应向县政府或公安局，乡村应向区乡公所报请展限，但仍不得过一个月。凡浮厝郊外者，应禁止之。寄居客死，未及归葬者，得于郊外筑殡室暂厝但不得过一年。

第十八条　凡违反本章各条之规定者，依第九条之规定办理。

第四章　生寿

第十九条　凡产生子女，外家致送礼物，不得过银十元，戚族邻友不得过银二元。

第二十条　凡生育子女，不准分送红蛋，并不准设席请客。

第二十一条　年满六十，始得开筵庆寿，但每席不得过银三元，繁盛城市，亦不得过银十元。

第二十二条　来宾贺寿礼物，每人不得过银二元。

第二十三条　凡违反本章各条之规定者，依第九条之规定办理。

第五章　陋俗

第二十四条　不得迎神建醮，违者没收其所醵集之捐款，并处首事者二十元以上一百元以下罚金，其在场僧道之法衣法器没收之。

第二十五条　不得奉祀淫祠，及送鬼完愿，违者处五元以上二十元以下之罚金。

第二十六条　不得操巫觋地师等业，违者处五元以上二十元以下之罚金，再犯者加倍处罚。

第二十七条　不准穿耳束胸，违者处一元以上二十元以下之罚金。

第二十八条　男子未满十七岁，女子未满十五岁，父母不得为之订婚，违者处十五元以上，五十元以下之罚金。

第二十九条　凡男子未满十八岁，女子未满十六岁，不得结婚，违者处其家长或当事人十元以上百元以下之罚金。

第三十条　嫁女之家，不得以婢女陪嫁，违者处一百元以上五百元以下之罚金。

第三十一条　凡婚事不得闹房，违者处一元以上五元以下之罚金。

第三十二条　女子嫁后不落夫家者，处十元以上五十元以下之罚金。家长纵容者，并罚其家长。

第三十三条　坠胎溺女者，依法惩处。

第三十四条　凡麇集歌圩唱和淫邪歌曲，妨害善良风俗，或引起斗争者，得制止之；其不服者。处以一元以上五元以下之罚金，或五日以下之拘留。

第三十五条　凡一切庆吊戚族邻友，非有襄助之必要，不得群往聚食，吊贺新宾饮宴亦不得沿袭陋习，携取饮食器物，违者处一元以上十元以下之罚金。

第三十六条　凡公务人员违反本章各条之规定者，除免职外，并照规定加重处罚。

第六章　服装

第三十七条　男女衣冠履带及一切服饰须购用国货。

第三十八条　男女留发不得过颈，女子留发过颈者。须结束，不得披散，并不得奇装异服，违者处一元以上十五元以下之罚金。

第七章　附则

第三十九条　本规则如有未尽事宜，由省政府修改之。

第四十条　本规则自公布日施行。

这一改良风俗的规则目的在于提倡节俭，禁止奢侈陋习，范围及于婚嫁、丧祭、生寿等方面。除了禁止歌圩和对个人装束要求过严，其他规定对于制止奢侈浪费都具有积极意义。

广西省政府训令

奉令禁止滥用夷猺等名称

行政院二十八年八月三十日吕字九八四一号训令开奉：

国民政府二十八年八月二十一日渝字四七。号训令开为令饬事案，据该院二十八年八月十五日吕字第九二二二号呈称。据教育部呈称，查我国民族文化血统混合，已久不能强为分析，历史记载斑斑可考，后因辗转迁移环境悬殊，交通隔绝语言风习遂生歧异。在专制时代，对于边疆同胞视为附庸化外实行其割裂封锁之政策。民国以来，国人复受敌方恶意宣传在心理上已遗留本国内有若干不同民族之错误观念，于是相沿成习往往仍妄用含有侮辱性质之蛮、番、夷、猺、猓、獞之称谓，加诸边疆同胞，在之者固易启藐视之心，而听之者尤易起愧恧之感，是无异自行分散我整个民族，殊与总理倡导民族主义之本旨相悖谬。国民政府前据蒙藏委员会委员格桑泽仁提议，曾通令禁止用番蛮等称谓加诸西藏人民，以纠正陋习，昭示平等。时逾十载，不独积习未除，益以近来国内人士，逐渐注意边疆问题之故，不妥名词之使用有日趋扩大之势。即以西南边地同胞而论。竟有二百余种不同之名称，广西省政府虽曾将猺、猓、獞等字改为傜、□、僮等以昭平等。但不同民族之痕迹，仍未见泯除，窃意若专为历史及科学研究便利起见，固不妨照广西省前例，将含有侮辱之名词，一律予以改订，而普通文告及著作品、宣传品等封于边疆同胞之称谓，似应以地域为区分。如内地人所称某某省县人等。如此则原籍蒙古地方者可称为蒙古人。原籍西藏地方者可称为西藏人，其他杂居于各省边僻地方，文化差异之同胞，似亦不妨照内地人分为城市人、乡村人之习惯，称为某某省边地或边县人民，以尽量减少分化民族之称谓。本部召集之第三次全国教育会议，对于边疆教育问题，认为应以恢复中华整个民族之信念，泯除界限为目的。凡足以妨害民族团结者，均应设法避免，以期纠正过去之错误观念。经大会决议，请本部转呈中央，通令全国，以后对于苗、夷、蛮、猺、猓、獞以及少数民族等名称，禁止滥用。纪录在卷，理合修文呈请鉴核，转呈采纳施行。实为公便等情。理合呈请鉴核，通令查禁等情。据此，应准照办，除指令并分令外，合行令仰该院查照，转饬所属一体查禁为要，此令等因。除分令外，合行令仰遵照，并仰转饬所属一体遵照，此令。

中华民国二十八年九月

主席　黄旭初

民国时期广西省政府颁布的这一训令无疑具有进步意义，它使其后所有的政府机关和社会组织都不允许再使用含有对少数民族具有侮辱性的族称，它使人们认识到国内和广西境内各民族的平等性。

FAZHI ZHONGGUO ZHUANGZU RENMIN FALÜ FAZHANSHI XINPIANZHANG

结束语

法治中国——壮族人民法律发展史新篇章

进入现代以来，壮族人民在中国共产党的领导下进行了反帝反封建革命斗争。广西在1929年至1930年建立了左右江革命根据地，即右江苏维埃政府、左江革命委员会，所辖地区共有27个县。当地的苏维埃政府都有审判机构，行使审判权。这是新中国成立之前所建立的革命的司法机关，为新中国成立后广西司法机关的建立积累了经验。新中国建立后，壮族人民与广西各族人民一道进入社会主义现代化建设，法制建设虽经“文化大革命”期间的浩劫，但随着国家的拨乱反正与社会主义现代化建设，壮族人民的社会主义法制建设取得了长足的进步。从国家法律在广西的实施情况看，广西壮族自治区立法机关依法制定并颁布了大量的地方性法律法规，自治区行政机关依法执行职务，自治区司法机关依据法律进行司法活动。从法律在壮族人民群众的地位与作用看，人民群众的法律意识不断提高，越来越多的群众在社会生活中运用法律手段解决纠纷，使用法律武器保护自己。同时，长期历史中形成的传统制度，或称之为与国家法律相对应的习惯法，仍然在发生作用。

一、当代广西司法机关的设置与变化

1950年2月8日，广西省人民政府在南宁市宣告成立。广西省人民法院于同年3月1日组建，11月15日正式成立。广西省人民法院属于广西省人民政府的组成部分，在最高人民法院、广西省人民政府的领导和监督下进行工作。

广西省人民法院建立初期，管辖桂林、柳州、梧州、郁林等4个省人民法院分院和南宁、武鸣、龙州、百色、宜山、平乐等6个专署司法科。1954年9月，根据《中华人民共和国人民法院组织法》的规定，撤销广西省人民法院，设立广西省高级人民法院。1952年，广西省人民政府设立以壮族为主的桂西壮族自治区。1953年3月成立桂西壮族自治区人民法院，1956年3月2日改为桂西壮族自治州，桂西壮族自治区人民法院亦随之改为桂西壮族自治州中级人民法院。1958年3月，广西壮族自治区成立，撤销桂西壮族自治州的建制，桂西壮族自治州中级人民法院变更为邕宁地区中级人民法院，百色、宜山两个地区中级人民法院由隶属于桂西壮族自治州中级人民法院变更为隶属于广西壮族自治区高级人民法院。

关于检察机关，广西从1951年6月开始筹建省人民检察署，1953年全省建立省人民检察署及5个市人民检察署、10个专区人民检察分署和桂西壮族自治区人民检察署及8个重点县人民检察署。1958年至1959年，各级检察机关先是与公安机关、人民法院合署或合并，又在其后的“文化大革命”期间被“砸烂”。1978 年 6 月，广西重建各级人民检察院，先是自治区人民检察院，随后建立地、市、县人民检察院。

二、当代国家法律在广西的司法适用

根据《广西壮族自治区高级人民法院工作报告》的统计，从全区来看，2014 年全区各级法院受理案件 353448 件，结案 312807 件，同比分别上升 13.04%，10.78%。一审案件服判息诉率 89.37%，生效裁判正确率达 99.83%，各项工作取得好成绩。同时，各级法院系统依法公正审理各类民生案件 81013 件，审结 73888 件，审结拖欠农民工工资、劳动争议和劳务合同纠纷案件 8294 件。保护弱势群体合法利益，如田林县人民法院为 7000 多户蔗农和 500 多名糖业公司职工追回被拖欠两年多的甘蔗款和工资 6500 多万元，维护蔗农和职工合法权益。① 以南宁市金陵镇这一壮族群众小聚居的乡镇来说，2010 年以来，南宁市西乡塘区金陵镇法庭年均受理各类案件 500 余件。② 2005 年至 2013 年，金陵法庭受理的各类案件年均上升 24%。鉴于乡村社会的特殊性，当地司法部门也非常重视村“两委”及传统习惯的作用，金陵法庭就聘请各村的村干部及村屯中有威望、讲诚信、有能力的村民为“司法联络员”，在纠纷处理中做到“民俗与法律”相衔接。③ 总体上看，包括壮族在内的广西各族人民群众的法律意识不断提高，越来越多的纠纷通过法律途径进行解决，直接的反映就是人民法院案件受理数量不断攀升。但与此同时，与国家法律有所区别的传统法律制度还在壮族群众当中继续发挥作用。

三、传统习惯法在壮族群众中的作用

应该说，习惯法与国家法律都是壮族地区社会必不可少的制度资源，两种制度相互配合衔接、相互支持是实现社会主义现代化及社会治理的一个重要内容。

对于一个国家或地区来说，社会秩序的稳定总会需要许多制度来维系。这些制度

---

① 《广西壮族自治区高级人民法院工作报告》，http：//www. gx. xinhuanet. com/gxzw/2015 - 02/06/c_ 1114274508. htm。

② 费文彬：《小法庭的为民情怀》，载 2014 年 10 月 22 日《人民法院报》，第 4 版。

③ 莫辉：《金陵法庭喜获“全国法院人民法庭工作先进集体”》，http：//gxfy. chinacourt. org/public/detail. phpid = 71921。

可以是国家法律，也可以是民间习惯法。尤其是在国家法律无法调整或影响较弱的领域，秩序的稳定依靠的主要是习惯法。新中国建立后，在全国范围内普遍建立健全了基层政权组织，第一次在全国范围内真正实现了从上到下的统一管理。中央法律政令在壮族地区得到贯彻实施、国家统治能力加强这一重大政治因素，必然对壮族习惯法的存在与变化产生重大影响。壮族习惯法的存在由来已久，具有明显的地域性特征，是壮族地区长期历史中具有强制力的制度。新中国成立后，其强制力虽然已经被国家法律所取代，但它的规范性作用仍然存在，以公众舆论为压力促使某个社区范围内的成员共同遵守。在国家法治建设尚未实现前，它就是指导人们日常行为方向的内心指南。比如，法律规定符合法定婚龄的男女只要履行登记手续就已经是合法的夫妻，但在许多壮族人眼里，结婚不按习惯举办一系列的仪式，不拜堂告慰祖先，不宴请亲戚朋友，即便登记了也不被人们认可；孩子再大，当地人还是不承认他们已经结婚，甚至不愿意跟他们同一桌子吃饭。再如，按法律，儿女对父母的财产有同等的继承权，但按习惯，对于有儿有女的家庭，女儿出嫁之后不再继承父母的财产，财产都由儿子继承。如果女儿非要主张继承权，就会被视为贪心，不守祖宗规矩。

当然，同是社会秩序的维系系统，国家法与壮族习惯法之间有冲突，也有配合。正如梁治平先生所言：习惯法与国家法之间的“配合”还有更深一层，即二者在长期演进和互动过程中彼此渗透。就国家法对习惯法的渗透来看，本地区所发生的每一起民事纠纷，其发生、发展、调解过程，尤其是法院的起诉、判决、执行，会对周边的壮族群众产生强烈的示范效应。长久以来按习惯法行为处世的村民对于自己所熟悉的行为规则与国家法律的不同与冲突会在思想中形成烙印，进而成为今后行为的指导。由于宗族势力在法律上已被消解，市场经济中人民对经济利益的追求越来越强烈，习惯法缺乏统一性及强制力，习惯法在纠纷化解的方面已不能满足社会治理的需要，推进纠纷化解法治化是必然的选择。在当前情况下，让壮族习惯法继续得到发扬，逐步推进法治建设，使国家法律成为壮族人民的行为指导准则，尤其是党的十八届四中全会提出要全面深化依法治国的背景下，培养人们以法治思维与法治方式解决矛盾纠纷，培育人民群众的法治信仰，将成为壮族人民法律发展历史的新篇章。

附录：壮族法制大事记[①]

秦

始皇二十六年（前221）

是年，秦始皇统一中国后，全国置36郡。其中长沙郡的零陵县，县治在今广西全州县西南，辖及今广西东北部的全州县、资源县以及灌阳县、兴安县的一部分。

始皇二十七年（前220）

是年，秦始皇命尉屠睢统率50万大军，分五路进攻百越。

始皇三十年（前217）

是年，秦始皇令史禄监修灵渠以通粮道。灵渠的开凿，将珠江水域与长江水域连接起来，使秦军从北方运来的军需物品能够直达岭南，也可灌溉农田。

是年，越人退避丛林抗击秦军，消灭秦军数十万，秦军统帅战死。后任嚣、赵佗任秦军统帅。

是年，秦军在今兴安县溶江镇境内修筑秦城，以作驻兵之用。

始皇三十三年（前214）

是年，秦军将领任嚣、赵佗率兵统一岭南。秦王朝在岭南设置桂林、南海、象郡，其中桂林郡和象郡包括今广西大部分地区，广西称“桂”由此而来。

始皇三十四年（前213）

是年，秦始皇调遣大军戍守越城等五岭，垦荒植田，筑道设关，与越人杂居，传播中原农耕技术和文化知识，并在中原征调15000名未婚女子至岭南，配给驻军为妻。

是年，秦王朝将“治狱吏不直者”发配至岭南。

---

① 壮族法制大事记根据广西地情网 www. gxdqw. com 中的《广西通志·大事记》整理、添加而成。

汉

高祖三年（前 204）

是年，秦已破灭，南海尉赵佗乘机击并桂林郡、象郡，建立南越国，自立为南越武王，定都番禺，控制了整个岭南地区。今广西地大部分属南越国。

高祖五年（前 202）

二月，汉高祖以衡山王吴芮有功，诏立吴芮为长沙王，统领长沙、豫章，遥领象、桂林、南海等郡。

高后五年（前 183）

赵佗析桂林郡地，于广信县建立苍梧王国，封族弟赵光为苍梧王，并修建苍梧王城。

元鼎六年（前 111）

是年，汉军大举进攻南越国。

十月，楼船将军杨仆、伏波将军路博德攻破南越国国都番禺，捕获吕嘉、赵建德等。南越国苍梧王赵光、桂林郡监居翁等谕骆越兵民归汉，均得封侯。汉武帝平定南越国后，在岭南地区设置南海、苍梧、郁林、合浦、交趾、九真、日南、朱崖、儋耳等九郡，又置牂牁郡、零陵郡、武陵郡。其时，郁林郡全部，苍梧郡、合浦郡、零陵郡、牂牁郡的一部分，武陵郡的少部分，均属今广西辖境。

元封元年（前 110）

是年，汉武帝对岭南各郡采取不改变当地民族风俗习惯、不征收赋税等政策，并鼓励南方引进黄河、长江流域的生产技术，提高了岭南地区的农业生产力。

元封五年（前 106）

是年，全国初置十三州刺史部，各设刺史一职。郁林、苍梧、合浦三郡属交趾刺史部监察，交趾刺史部先治羸，同年移治苍梧广信。

新莽时（9—23）

将苍梧郡改称新广郡，郁林郡改称郁平郡，合浦郡改称桓合郡，零陵郡改称九疑郡，武陵郡改称建平郡，牂牁郡改称同亭郡。新朝覆亡后，均复旧名。

建武十八年（42）

四月，汉光武帝拜马援为伏波将军，以扶乐乡侯刘隆为副将，领兵二万，南征交趾征侧、征贰。

建武二十年（44）

是年，马援班师回朝，与岭南官民申明旧制，为所经郡县修治城郭，凿渠灌溉。

三国

黄武五年（226）

是年，士燮病逝，终年90岁。士燮死后，吕岱请孙权将原交州分为交、广二州，交趾、九真、日南三郡属交州，苍梧、南海、郁林、合浦四郡属广州。

赤乌二年（239）

是年，征南都督廖式反叛，杀死临贺太守严纲等，自称平南将军，与其弟袭击零陵、桂阳二郡，波及苍梧、郁林等郡县，追随者达数万人。

永安五年（262）

是年，属今广西辖境设有东吴领属的郁林、苍梧、合浦、零陵、临贺、武陵六郡，领39个县，另有蜀汉领属的兴古、牂牁二郡。

永安七年（魏咸熙元年，264）

是年，孙吴析交州分置广州。广州辖郁林、苍梧、高凉、南海四郡及合浦北部都尉，治番禺；交州领合浦、珠崖、交趾、九真、日南五郡，治龙编。

宝鼎三年（晋泰始四年，268）

是年，今广西南部与西部，均为晋所有。

晋

太康元年（280）

三月，吴主孙皓降晋。

四月，吴广州牧滕修征讨郭马未克，闻孙皓降晋，回师与广州刺史闾丰、苍梧太守王毅各奉印请降。晋武帝诏命滕修为安南将军、广州牧，持节，都督如故。交州刺史陶璜经孙皓手书敕谕后，始派使者送印绶至洛阳，晋武帝诏令恢复其原职，封冠军将军。至此，广西归属于晋。

晋代（265—420）

属今广西辖境先后设有宁浦、永平、西平、合浦、苍梧、郁林、始安、临贺、桂林、晋兴等10郡，领57县。

隋

开皇九年（589）

是年，隋军进攻桂州，统一岭南。

十二月，原南陈桂州刺史钱季卿等谒见隋永州总管、岭南安抚大使周法尚，表示降服于隋。

开皇十年（590）

十月，隋以永州总管周法尚为桂州总管，仍为岭南安抚大使。

冬，给事郎裴矩奉隋文帝诏，在冼夫人陪同下巡视岭南 20 余州。途中，苍梧首领陈坦、藤州首领李光略等皆前来参谒，表示归附，隋仍令其统领原部落。

约开皇十年至十七年（约 590—597）

临贺郡虞子茂、钟文华等举兵攻郡城，当地大族首领、“岭南酋帅”之一的钟士雄欲起兵响应，被母亲蒋氏以死相谏而止。后虞、钟二人被官军打败。

开皇十七年（597）

二月，隋文帝命汴州刺史令狐熙任桂州总管十七州诸军事。令狐熙在桂五年，建城邑，设学校，善待各少数民族，深获各首领拥戴，从而使隋王朝的政令得以在州、县推行。原来“恃险骄倨”的钦州首领宁猛力，被令狐熙的惠政所感化，也归附隋王朝。

仁寿二年（602）

侯莫陈颖任桂州总管十七州诸军事。任职期间，他团结少数民族首领，“民夷悦服”，各溪洞首领归附隋朝的越来越多。

大业八年（612）

隋在今广西境内先后设置的县共有 85 个。

唐

武德五年（622）

四月，宁长真以宁越、郁林之地归附唐朝。

七月，隋汉阳太守冯盎以苍梧、高凉之地归附，唐在其地置白、林等八州，任命冯盎为高州总管。至此，岭南地区尽纳入唐朝版图。唐高祖任命李靖为岭南道抚慰大使、检校桂州总管。

贞观元年（627）

二月，唐分全国为10道，今广西属岭南道。

贞观四年（630）

是年，唐王朝开始在今广西少数民族地区推行羁縻制度，先后在今桂西、桂西南、桂西北少数民族聚居区设置羁縻州50个、羁縻县51个。

永徽年间（650—655）

广、桂、邕、容、安南府皆隶广州都督府统摄，称为“岭南五管”。

上元二年（675）

是年，原岭南五管、黔中都督府州县官吏可不经吏部选派，而委托都督选择当地人担任。唐高宗诏令此后改为每四年派遣五品以上清正官员与御史充当补选使，一同往当地选择官吏，时称“南选”。

长安三年（703）

十一月，桂州始安郡少数民族因不堪地方官吏压迫，在首领欧阳倩带领下，聚众数万人起兵反抗官府，攻陷附近州县。朝廷以裴怀古为桂州都督、招慰讨击使前往招抚、镇压。裴怀古至桂州，妥善处理民族矛盾，招抚了欧阳倩反唐军，当地各溪洞酋领也纷纷归顺。

开元二十一年（733）

是年，置岭南道经略使，统辖清海、镇海二军和桂、容、邕、交四管。

至德元年（756）

西原黄橙洞少数民族首领黄乾曜、真崇郁联合陆州、武阳、朱兰、金溪等100余洞，聚众20万人举行大规模反唐起事。

乾元二年（759）

是年，唐肃宗派遣中使魏朝灿为宣慰使，至岭南招抚各少数民族首领，许以官爵。

宝应元年（762）

是年，西原反唐军余部在张侯、夏永的领导下，与广州僚族首领梁崇牵、覃问以及西原酋长吴功曹等部联合，北上湖南，攻占道州，据城50余日。

大历十一年（776）

是年，西原少数民族在首领潘长安领导下，再次形成大规模反唐起事。潘长安自号“安南王”，率反唐军“连州跨邑”，占据州县，岭南震动。

大历十四年（779）

是年，唐代宗下诏取消邕州都督府每年进贡奴婢，并准予自由开采邕州金矿，官府不得禁止。

元和初年（约 806）

容州刺史韦丹兴学校，禁止买卖人口为奴婢。

元和四年（809）

闰三月，朝廷下令禁止岭南、黔中等地掠良民为奴婢。

元和八年（813）

九月，唐宪宗再次下诏：岭南、黔中等地多用男童作为赏赐、馈赠，或在市面买卖，今后要严格禁止，有违犯禁令者地方的主要官员要受处罚。

元和十年（815）

是年，柳宗元任柳州刺史。任内，他关心民众疾苦，在柳州实行释放债奴、凿井取水、开荒、植树、造船、整修城墙街道、革除陋习、兴办文教等一系列惠政。其中释放债奴之举，尤引起桂管各属争相仿效，一时获释债奴数以千计。

大中九年（855）

闰四月，唐宣宗下令，禁止岭南各地买卖人口。

咸通三年（862）

五月，唐懿宗准蔡京所奏，将岭南道分为岭南东、西两道，以邕州为岭南西道节度使驻地，下辖桂、容、邕三管，并任蔡京为岭南西道节度使。

后周广顺元年（951，南汉乾和九年）

十一月，南汉西北面招讨使吴怀恩发兵攻楚，今广西全境除全州外尽归南汉所有。

宋

开宝三年（970）

九月，宋太祖任命潘美为桂州道行营兵马都部署，攻占富州，占领贺州、昭州、桂州，西江流域各州先后降宋。

开宝四年（971）

二月，南汉亡，今广西全境统一归宋。

三月，宋太祖下诏：岭南各地有买卖男女为奴婢的，一律放免；原南汉的政令有为害于民众的，报奏朝廷加以废除。

七月，诏令收受民租一律使用省斗，革除原南汉政权私设大斗重敛于民的弊政。

是年，范曼知邕州兼水陆转运使。任内，他禁淫祀，禁有病求巫祝鬼陋俗，捐俸钱买药治疗病患百姓，痊愈者数以千计，并将验方刻石置于厅壁以方便百姓。其著有《邕管杂记》三卷。

开宝七年（974）

七月，南丹州溪洞酋长莫洪燕派使节奉表入朝要求归附。开宝九年宋太祖授予刻印。

开宝八年（975）

四月，宋太祖下诏：岭南民众犯盗窃罪，赃满五贯至十贯的决杖、黥面、配役，十贯以上的处死罪。

雍熙四年（987）

正月，朝廷禁止广南各州煮盐。

是年，南丹州莫洪燕族人莫淮阆聚族众起事，骚扰州县。宋太宗诏诸州发兵进讨，大兵未至，起事者已经归散。宋太宗派使臣前往，将引发事态的宜州牙校周承鉴处极刑，并宣谕宜、融、柳各州民户“革乃前非，安土厚生，保境延世”，事态遂息。

淳化元年（990）

二月，解除沿海各州渔禁。

八月，禁岭南杀人祀鬼陋俗。

至道三年（997）

是年，全国分为 15 路，置广南西路，治桂州，常简称“广西”。这是广西得名之始。广南西路辖 65 县。

咸平元年（998）

是年，宋真宗令派往安南的诏命册封专使自后改由广南西路官员充任。

咸平二年（999）

十月，因抚水州部分少数民族多次起事，宜州守将捉获其首领 30 余人送往京城面见皇帝。宋真宗不予问罪并赐给锦袍、冠带，遣送还乡。咸平三年至四年，酋长蒙顶、蒙瑛、蒙汉诚等先后入朝进献兵器、药箭等，发誓永不骚扰地方。朝廷委任蒙汉诚等为官。

景德三年（1006）

是年，左、右两江少数民族进攻邕州，邕州知府曹克明召集两江 36 峒酋长“谕以恩信”，各峒酋长表示愿意归附朝廷。曹克明予以“抚慰”，并赠给衣物。

大中祥符九年（1016）

是年，抚水州少数民族因饥荒向官府借粮，宜州官吏从中克剥侵吞，引起抚水州民数次起事，进犯宜、融二州。七月，宋真宗调平州刺史曹克明为宜、融等州都巡检安抚使，率大军镇压，大败起事队伍，抚水州酋领蒙承贵等人受降。十月，宋真宗诏准改抚水州为安化州、抚水县为归仁县、京水县为长宁县，愿迁居至汉族地区的少数民族分别安置，给予田粮。

皇祐元年前后（1049年前后）

建立广西土司制度。当时广西西部壮族地区全部实行土司制度，后来元、明、清几朝继续沿用。

壮族首领侬智高在安德州建“南天国”，势力逐渐扩大。

皇祐四年（1052）

四月，侬智高与广州进士黄玮、黄师宓以及同党侬建侯、侬智忠等谋划反宋。五月，率众攻陷邕州，杀知州陈珙、通判王乾祐等，建立“大南国”，自称“仁惠皇帝”，黄师宓以下皆封官拜爵。

皇祐五年（1053）

正月，狄青会合孙沔、余靖部共官兵31000多人，从桂州进至宾州。时值上元节，狄青令大张灯烛，夜宴将佐，麻痹侬智高军，随于次夜冒大风雪率部暗渡昆仑关，奇兵突至邕州北侧的归仁铺（今南宁市郊三塘）与侬智高军对阵。侬智高仓促应战，全军溃散，大败而逃。

皇祐五年后（1053年后）

宋朝廷在平定侬智高反宋事件后，参酌唐制，于左、右两江设羁縻州、县、洞，“推其长雄者为首领，籍其民为壮丁，以藩篱内郡，障防外蛮”。其首领世袭，隶属诸寨，总隶于提举，左江设四寨、二提举，屯永平、太平；右江设四寨、一提举，屯横山。有宋一代，先后在今广西地区设置羁縻州85个，羁縻县80个。

治平二年（1065）

是年，广南西路安抚司集左、右两江45溪峒知州、峒将，令相邻者互相支援，籍壮丁，补校长，给以旗号。每峒以30人为一甲，置节级，5甲置都头，10甲置指挥使，50甲置都指挥使，总定额44500人。各置兵器，遇事召集相议，两年检阅一次。

改羁縻智州所领的羁縻河池县为正县，隶宜州。此为广西改土归流的最早记载。

熙宁十年（1077）

六月，枢密院议定对邕州、钦州的峒丁加强训练并制定奖惩办法，以五人为保、五保为队进行训练，首领依等次发给俸禄，提举官武艺精强的给予奖励。峒丁按勇怯分为三等：有战功或武艺出众者为上等，免差役；强壮矫捷者为中等，免正税以外的赋税；其余为下等。同时，丁壮自备兵械，贫困的借给官钱置办。金鼓、旗帜由官府发给，隔年进行大检阅。

宋元丰三年（1080）

始置南丹土知州衙门（今属南丹县）。

崇宁二年（1103）

二月，安化州少数民族首领蒙光有聚众起事，广西经略使程节派将官黄忱等将其击败。

三月，黄庭坚被免职送宜州编管。在宜州期间，他设馆讲学、勤奋写作，崇宁四年九月十三日病故于宜州。

崇宁五年（1106）

置凤山土知州衙门。

大观元年（1107）

六月，在羁縻黎峒地设庭、孚二州，为正州。

十一月，桂州知府王祖道诬南丹州首领莫公佞阻文、兰州“归顺”，发兵攻打，擒莫公佞。莫公佞弟莫公晟联结溪洞攻城掠邑，杀刺史。蔡京隐匿实情，朝廷改南丹州为观州（正州）。

十二月，析广南西路融、柳、宜州，与由羁縻溪峒地新开置的平、允、从、庭、孚、观共九州别置黔南路，治融州。

大观四年（1110）

五月，广西黔南路依旧改称广南西路。

建炎元年（1127）

十月，以李棫提举广西左、右两江峒丁公事。建炎四年八月，罢提举广西峒丁。

绍兴二十四年（1154）

七月，南丹州酋长莫公晟献马30匹，派部落700余人至静江府与经略司属官歃血为盟，愿归附朝廷。宋高宗诏封莫公晟以南丹州防御使，致仕，封其子莫延沈为银青光禄大夫，使持节南丹州诸军事、南丹州刺史、武骑尉，其余各首领一并推恩授职。

隆兴二年（1164）

三月，诏减藤、容等州杂犯、死罪囚刑，释杖以下徒刑；免夏秋赋税。

乾道八年（1172）

十一月，朝廷拍卖广西等路官田。

乾道九年（1173）

二月，范成大任广西经略安抚使。其在广西任职三年，留下诗作近70首，并于淳熙二年（1175）奉调往四川途中写成《桂海虞衡志》13篇。

淳熙元年（1174）

是年，周去非任桂州通判。淳熙五年，其辞官东归，写成《岭外代答》一书。

淳熙十年（1183）

正月，两广复行钞盐法。实行钞法后广西财政收入困窘，官府乃将一路田租22万斛令民户折钱输纳，所输钱高达田租的五倍，然仍缺20余州的吏禄、军粮无以供给。于是，官府又再以“和籴”“招籴”之类的名目从民户手中低价买进粮食，较之法定赋税更为苛刻。

淳熙十二年（1185）

四月，宋孝宗诏令广西经略司、提刑司从严整收附销落之制入手，按实销注户口、人丁，从而革除了违法虚报人头、户口以向未成年男子或已超龄的老年男子、死亡人丁继续征收赋税的弊端。

宝祐二年（1254）

二月，宋理宗令吏部考核曾于两广为官而因贪赃被免官者，不得再任，并立为法令。

宝祐六年（1258）

正月，罢广西经略司，以经略使李曾伯为广南制置大使兼知静江府。其经略司官属，改充制置司官属。

景定三年（1262）

十月，归化州少数民族首领岑从毅向南宋朝廷纳土输赋。诏改其地为来安州，以岑从毅知州事，官职世袭。

元

至元十二年（1275）

十一月，宋权融、宜、钦三州总管岑从毅与沿边巡检使、广西节制军马李维屏等，至云南行中书省归降元朝。

至元十三年（1276）

十月，阿里海牙率元军围攻静江府，宋邕州知州、权广西经略使马暨固守静江府城，元军攻打三个月不下。阿里海牙遂命修筑堤堰，截断大阳、小榕两江，阻隔上游水下流，使静江府城失去屏障而被攻破，马暨遇害。随后，阿里海牙分兵攻占郁林、柳、浔、容、藤、梧、贵、宾、融、横、邕、庆远、象、钦等州。

设立全州、邕州、浔州、柳州、庆远、容州、象州、宾州安抚司。

至元十四年（1277）

三月，设置广南西路宣抚司于静江，属湖广行中书省。五月，改为广南西路宣慰司。

四月，原两江土官皆降云南，节度使史格遣使劝说各土官回归广西。宋知安平州李维屏、知来安州岑从毅等率所属州县溪洞147个、256000户归降。

是年，设立横州、融州、钦州、梧州安抚司，改全州安抚司为全州路总管府。

至元十五年（1278）

七月，设岭南广西道提刑按察司。

至元十六年（1279）

是年，改邕州、浔州、柳州、庆远、容州、宾州、横州、融州、梧州安抚司为路总管府。

至元二十八年（1291）

二月，诏改提刑按察司为肃政廉访司、岭南广西道提刑按察司为岭南广西道肃政廉访司。

五月，设立左右两江宣慰司都元帅府于邕州。

至元二十九年（1292）

乌古孙泽制定《司规》32章，以约束左、右两江土官。

至元三十年（1293）

九月，在廉州设立海北市舶提举司，取代沿海巡检司。次年，裁撤海北市舶提举司，复设立沿海巡检司。

元贞元年（1295）

是年，并左、右两江宣慰司都元帅府和广南西路宣慰司为广西两江道宣慰司都元帅府，以静江为治所，仍分司邕州。

泰定元年（1324）

九月，改邕州路为南宁路。

十二月，为安抚左、右两江土官，朝廷以来安路总管岑世兴为怀远大将军，遥授沿边溪洞军民安抚使，佩虎符；黄胜许为怀远大将军，遥授沿边溪洞军民安抚使，佩虎符，致仕。

至正二十三年（1363）

三月，设立广西行中书省（此为广西建省之始），以肃政廉访使也儿吉尼为平章政事，辖八路、一府、九州以及庆远、南丹溪洞等处军民安抚司及田州、来安两路军民总管府。

明

洪武元年（1368）

四月，明征南将军廖永忠、参政朱亮祖自广东进取广西，先后攻占梧州、藤州、郁林、浔州、贵州、容州、南宁等地。

七月，太平府土官黄英衍、田州府土官岑伯颜遣使赍元印章拜诣明湖广行省平章政事杨璟，表示归附。

九月，设广西卫指挥使司。

十一月，中书照磨兰以权赍明太祖的《谕广西溪峒官民诏》至左右两江，安抚边民。

是年，改廉州、全州、柳州、浔州、静江、梧州路为廉州、全州、柳州、浔州、静江、梧州府，庆远南丹军民溪洞等处军民安抚司为庆远府。

洪武二年（1369）

正月，改庆远府为庆远南丹军民安抚司。

三月，设置广西行中书省，以中书参政刘惟敬为广西行省参政。

置万承土知州衙门（今属大新县）。

置迁隆峒土巡检司衙门（今属宁明县）。

置上龙土巡检司衙门（今属龙州县）。

是年，因上思州土官黄英衍占据太平府，把持府事，朝廷治其罪，将黄英衍移泰州，以流官知府、知州治理太平府、上思州。

归德州土官黄隍城、果化州土官赵荣、结伦州峒长冯万杰、下石西州土官闭贤、上林县土官黄嵩归附，朝廷分别授以世袭知州和知县，设流官吏目辅佐。

洪武三年（1370）

三月，改庆远南丹军民安抚司为庆远府。

设置南宁、柳州二卫。

洪武初年

思明、利、茗盈、安平、养利、万承、镇远、全茗、上思、都结、左、江等州与罗白、罗阳、永康等县土官归附，朝廷各授世袭知州、知县、另设流官吏目辅佐。

废钦州七峒土司，改设流官。

洪武五年（1372）

六月，改静江府为桂林府。

洪武六年（1373）

十月，田州府总管黄志威招抚奉议等州117处民众归附。朝廷以黄志威招抚有功，以安州、侯州、阳县归其管辖。

田州少数民族起事，田州府土官岑伯颜率兵讨平。

洪武八年（1375）

十月，朝廷将在外各都卫指挥使司改为都指挥使司，广西都卫指挥使司改为广西都指挥使司。

洪武九年（1376）

六月，朝廷改诸行省为承宣布政使司，广西行省改为广西承宣布政使司，分广西为11府及3直隶州。广西行省参政改为广西布政使。

洪武十四年（1381）

二月，刑部更定徒罪煎盐炒铁例，凡徒罪煎盐者，广西人发两淮。

是年，朝廷设置各道提刑按察分司，广西设平梧、浔宁、柳庆三道。

洪武二十五年（1392）

八月，朝廷更定全国各按察分司巡按地区，共48道。广西有三道：苍梧道、南宁道、庆远道。

洪武二十七年（1394）

朝廷令：土官无子，允许其弟袭。

洪武二十八年（1395）

八月，置南丹、奉议、庆远三卫指挥使司。次年正月，改南丹、庆远卫为军民指挥使司。

十月，诏置龙州军民指挥使司。

是年，龙州、奉议、南丹、向武、都康等地土官反抗朝廷，朝廷命左军都督府左都督杨文为总兵官、广西都指挥使韩观为左副将军、右军都督府都督佥事宋晟为右副将军，率京卫精壮马步军三万人、广西都指挥使司和广西护卫官军二万人及田州、泗城州等地土兵38000人前往征讨。

洪武二十九年（1396）

六月，思恩县少数民族起事，攻打县城。都指挥同知姜旺、童胜率兵前往镇压，屠杀民众3000余人。

十月，改全国按察司为41道，广西设三道：桂林苍梧道，治桂林、梧州、平乐三府；左江道，治南宁、浔州二府；右江道，治庆远、柳州二府。

朝廷令：土官无子、弟，其妻或婿得民心者，准许一人袭。

永乐四年（1406）

是年，安南黎季犛、黎苍父子侵夺思明、宁远府地，朝廷令成国公朱能、新城侯张辅等人由广西、云南进兵征讨。六月，令广西总兵官都督同知韩观、大理寺卿陈洽调土兵三万于太平府听从征调。

宣德六年（1431）

十月，朝廷令左、右两江土官除军务重事直接报省外，其余土官之间纠纷均在附近卫所处理。

正统七年（1442）

朝廷令广西土官地区不通河道处，将每年所征粮米折收银两。利州土知州岑颜与泗城州土知州岑豹因土地问题相互仇杀，岑豹杀岑颜，夺利州印，朝廷派流官治理利州事。

景泰三年（1452）

七月，左都御史王翱总督两广军务。这是两广第一次设总督职务。

是年，田州土目吕赵杀知府岑鉴，自称“太平王”，冒袭知府职。次年三月，朝廷派官军讨伐，进占府城，杀吕赵，田州平息。

成化元年（1465）

是年，设两广总兵官，与两广总督、总镇同驻梧州，并称为“三总府”。

以两广总督兼巡抚两广。

成化十九年（1483）

是年，恩城州土官岑钦与田州府土官岑溥相互仇杀，岑溥败，岑钦进入田州，焚烧府治，大肆杀掠。泗城州土官岑应帮助岑钦攻田州，与岑钦分治田州。

成化二十二年（1486）

置永定土长官司衙门（今属宜州市）。

弘治五年（1492）

置永顺正土长官司衙门（今属都安瑶族自治县）。

置永顺副土长官司衙门（今属宜州市）。

弘治七年（1494）

三月，朝廷准予广西各巡检司增设土官副巡检各一员。

弘治九年（1496）

十月，裁革忻城县流官知县，只留土官知县掌印管事。

弘治十二年（1499）

田州土官岑溥被儿子猇所杀，猇亦自杀。土目黄骥、李蛮为争权而互相厮杀。思恩土官岑浚按原与土目黄骥之约索要六甲地，不得，遂联合泗城州土官岑接、东兰州土官韦祖铉攻田州。岑接率兵二万先入田州，纵兵劫掠，杀800余人，溺死者无数。岑浚率兵二万攻占旧田州，杀5300余人。副总兵官欧磐、参政武清带领官军奔往田州府，岑浚、岑接被迫率土兵撤退。

弘治十八年（1505）

八月，朝廷将思恩军民府和田州府改流，设流官知府掌府事，降原田州府土知府岑猛为福建平海卫千户。岑猛寻找借口，迟迟不赴任，占据田州府，拒绝田州府知府谢湖赴任。

正德十三年（1518）

为防范府江地区民众“反叛”，陈金征调柳州、庆远土民及田州土兵约4000人，将府江沿江一带田地拨与耕种，且耕且守；设守备衙门及分司于平乐县招平堡；增加昭平巡检官及弓兵、哨船等。

嘉靖二年（1523）

是年，田州府土官岑猛率兵攻泗城州，杀土官岑接并纵兵掳掠；杀归德州土知州王通；又连续杀上隆州、武隆州、安德州、旧田州守令，毁其印为统；强立泗城州官族岑诜为首领；毒死参将甘霖、指挥方震和通判龙进。

嘉靖六年（1527）

三月，改设田州府流官。

嘉靖七年（1528）

设置定罗土巡检司衙门（今属马山县）。

置旧城土巡检司衙门（今属平果县）。

置下旺土巡检司衙门（今属平果县）。

六月，改田州府为田宁府；另割八甲地设土田州，授岑猛子岑邦相为署州吏目；于四十甲地设置19个土巡检司，受流官知府约束。思恩府分立九个土巡检司，归流官知府管辖。

嘉靖十四年（1535）

是年，田州土目卢苏作乱，杀土官岑邦相，立邦相之子。岑猛第二子岑邦佐争立，镇安府土官岑真实、泗城州土官岑施、东兰州土官韦超云、那地州土官罗廷凤等合兵助岑邦佐，攻入田州，杀掠万人。

嘉靖三十三年（1554）

七月，朝廷征调田州、归顺、南丹、东兰、那地狼兵5000多人，至浙江抗倭。次年三月，瓦氏夫人率狼兵抵达浙江沿海，先后参加金山卫、漕江泾、王江泾、陆泾坝战役。因瓦氏夫人勇敢善战，战功卓著，朝廷封其二品夫人，并赏以银两。

嘉靖四十五年（1566）

九月，原两广只设提督两广军务兼理巡抚，因两广地方多事，复设巡抚于广东；改提督军务为总督两广军务兼理粮饷，只巡抚广西。

十月，以都察院右副都御史谭纶为兵部右侍郎兼都察院右佥都御史，总督两广军务兼理粮饷，巡抚广西。

隆庆三年（1569）

十一月，原以两广总督兼理广西巡抚，因两广事繁，于广西专设巡抚。以江西按察使殷正茂为都察院右佥都御史，巡抚广西。

隆庆五年（1571）

朝廷令广西巡抚殷正茂、总兵官俞大猷调土汉兵共10万，进攻古田，前后三个月，破营寨62处，杀古田起义军首领韦银豹等7400余人。为防范古田壮民，设立常安、桐木、富禄土巡检司，以东兰、南丹、那地三土州官族为土巡检；设立古田守御千户所；升古田县为永宁州；将遗田三万余亩分与诸兵士，且耕且守。

隆庆六年（1572）

十月，巡抚郭应聘与总兵官李锡率兵六万，镇压府江瑶壮人民起义。事后，将荔浦的峰门、南源以及修仁的丽壁、永安的古眉等巡检司改为土巡检司。

万历四年（1576）

十一月，倭寇攻打廉州府永安城，指挥张本固守。倭寇转攻打海川营和新寮闸，海北道兵备佥事赵可怀率兵抵御，狼兵首领韦真战死。

万历三十七年（1609）

九月，朝廷准予戴曜奏请，增兵防守钦州、防城、廉州府城等；给予钦州四峒峒长名色把总空衔，使之约束峒民，编立保甲，互相监督。

清

顺治九年（南明永历六年，1652）

四月，清军占有桂林、平乐、梧州、柳州4府全部及思恩、南宁、庆远、横州等22个府、州、县。

是年，清廷设置广西提督署。

顺治十年（南明永历七年，1653）

正月，清提督线国安率兵乘虚攻入桂林城。

清廷下令禁止永历通宝在广西流通。

顺治十二年（南明永历九年，1655）

是年，清廷“申洋禁”：廉州府严禁与洋商往来贸易，不准私造二桅以上帆船。

清廷蠲免顺治十年、十一年广西未纳完的钱粮。

顺治十三年（南明永历十年，1656）

是月，清军攻破南宁，擒南明阳春伯李先芳，斩参将杜纪等。李定国走安隆。

是年，清廷蠲免顺治十二年、十三年广西应纳之钱粮。

清廷令广西各府、州、县招商民开垦荒田、荒地。商民愿意承垦而缺乏资力的，官府给予牛具。

顺治十四年（南明永历十一年，1657）

十二月十五日，清廷以赵布泰为征南将军，命其统兵由广西前往贵州，相机进击南明孙可望与李定国。是月，孙可望降清。

是年，清廷令广西巡抚饬各州、县以每斤旧钱给银一钱的比价收购永历通宝及其他旧钱。

改泗城土州为泗城府。

顺治十六年（南明永历十三年，1659）

五月初二日，两广总督李栖凤奏报：已擒获南明江夏王朱蕴钔等，南宁、太平、思恩等府平定。

十一月初十日，贵州平定，原属广西的安隆等州县回归广西省统辖。

是年，苍梧守道陈宏业与知府祖泽润重建梧州城。

顺治十七年（南明永历十四年，1660）

三月十一日，在广西抗清的南明开武将军沈文崇与总兵蒋戴举、朱长兴等，各率部降清。

顺治十八年（南明永历十五年，1661）

九月十一日，清廷改两广总督李栖凤为广东总督，升广西巡抚于时跃为广西总督。

康熙元年（1662）

是年，清廷设左江镇，驻南宁。广西提督移驻柳州府城。

康熙二年（1663）

正月十七日，清廷设置泗城军民府流官同知、经历、儒学教授等职官。

八月二十六日，清廷改镇安土府为镇安府，设通判一员。

康熙三年（1664）

五月十八日，清廷命广西总督自梧州移驻省城桂林。

九月，恭城黄天贵率瑶民起义，富川、修仁、荔浦等县瑶民响应。清廷遣兵镇压，黄天贵被俘。

康熙四年（1665）

五月二十二日，清廷将广西总督裁并广东，不久以卢兴祖为两广总督。

八月初一日，广西盐引旧额为13490引，因丁少民贫，无力行销，清廷令减存至4490引，以康熙三年所存丁口均派定额。

康熙五年（1666）

十月初九日，两广总督卢兴祖奏准广西各土司子弟愿意学习经书的，允许在附近府、州、县考试，如文义通达，每县额取二名。

是年，清廷令从镇南关进出的货物免征关税。

康熙七年（1668）

是年，广西省钱局成立于桂林，开铸“康熙通宝”铜钱。

镇安府通判彭权创建镇安府学于府治东。

康熙八年（1669）

十一月初七日，清廷复设广西左江巡道、驿盐巡道。

康熙九年（1670）

是年，桂平杨其清等聚众起事，左江有僧人自称明宗室亦起事，另有莫扶化等率壮、瑶民众起事攻陷梧州、平乐二府。广西巡抚马雄镇遣官兵一一镇压。

康熙十二年（1673）

十二月二十二日，吴三桂已举兵反清，清廷授孙延龄为抚蛮将军、线国安为都统，令统兵固守广西。

康熙十三年（1674）

二月，广西将军孙延龄降吴反清，杀广西都统王永年、副都统孟一茂等，俘广西巡抚马雄镇。

四月，孙延龄自称安远大将军，通告平乐、梧州诸府州县。

六月二十日，孙延龄率兵进攻柳州，广西提督马雄请援。是日，清廷令平南王尚可喜、两广总督金光祖酌发广东兵前往接应。

九月初五日，清廷增设广西右江道，统辖柳州、庆远、思恩三府，驻柳州。

是月，广西提督马雄（驻柳州）、左江总兵官郭义（驻南宁）归附吴三桂，广西全省脱离清廷统辖。

康熙十五年（1676）

二月二十一日，广东讨寇将军尚之信反清，两广总督金光祖等叛清响应。

十二月，尚之信与金光祖等擒吴三桂所封的两广总督董重民，降清。

冬，傅宏烈移檄讨吴三桂。吴三桂令马雄杀傅在柳州的家人140多口。傅宏烈游说孙延龄、尚之信反吴，尚之信即反正。

康熙十六年（1677）

七月二十二日，清廷加广西巡抚傅宏烈抚蛮灭寇将军，命户部、金光祖各拨银10万两，解赴傅宏烈军前；又铸给广西各土司印信，命平南王尚之信速遣所属官兵与傅宏烈同定广西。

八月，吴三桂分兵进犯广东韶州，进入广西桂林等处。

傅宏烈率兵自广东西取广西，吴三桂的梧州守将赵天元督万余人迎战。清军水陆并进，大败吴军。赵天元逃遁，清军收复梧州。

十月，吴三桂侦知孙延龄欲反正，即派其从孙吴世琮率兵入广西，突入桂林，擒杀孙延龄及其儿子，又逼降马雄镇，马雄镇与其妻妾儿媳不屈而死。

康熙十七年（1678）

三月十五日，清廷令镇南将军莽依图驻镇梧州，又令平南王尚之信从广东支饷银20万两解赴广西。

康熙十八年（1679）

是月，广西巡抚傅宏烈收复桂林。

康熙十九年（1680）

二月二十八日，马承荫于柳州叛附吴世璠，缚捉傅宏烈送往贵阳吴世璠帐下。

五月，简亲王喇布、将军莽依图、总督金光祖统清军大举进剿马承荫，先后攻下武宣、陶登、象州、柳州，马承荫于柳州率叛军开城投降。不久，马承荫部下总兵刘应龙亦于梅寨接受招抚。七月，清廷令押解马承荫赴京。

八月二十八日，平南王尚之信与其兄弟欲谋反，清廷密令总督金光祖、提督哲尔肯等在武宣将其捕捉。是日，下诏将尚之信赐死，尚之孝、尚之璋、尚之隆等俱从宽革职枷责，尚之节等按律正法。

九月三十日，清廷蠲免广西各府、州、县于康熙十八年未完缴的额赋。

康熙二十一年（1682）

正月二十一日，广西地丁钱粮照旧征银。

十月初二日，裁广西分守苍梧道、左江道，分巡桂平道、右江道、郁林道。

康熙二十二年（1683）

三月十五日，复设苍梧守道，辖桂林、平乐、梧州三府；右江巡道，辖柳州、庆远、思恩三府。

康熙二十四年（1685）

二月十四日，广西巡抚施天裔擅自处理康熙二十年至二十一年存贮仓库的银米，谎称民欠上奏，被革职查办。

清廷开放海禁，设粤海关，廉州沿海一带的对外贸易逐渐恢复。

康熙二十五年（1686）

是年，整修兴安灵渠。

康熙三十七年（1698）

是年，广西巡抚王起元率全省府州各官捐俸修灵渠。

康熙四十年（1701）

四月初七日，按例广西采买熟铁、生铜解送京城，因路遥地远，于康熙三十九年已令停解熟铁，今又命停解生铜，折银解送户部。

雍正元年（1723）

八月十一日，清廷以两广总督杨琳专管广东总督事务，升广西巡抚孔毓为广西总督，兼巡抚事务。

十一月十八日，广西盐务改行官运官销，额定盐引5961引。

是年，将广西省钱局改为宝桂鼓铸局，局址设于桂林府城南门外，开铸“雍正通宝”钱币。

雍正二年（1724）

四月初四日，清廷复设两广总督，以广西总督孔毓任之。

雍正三年（1725）

八月初九日，改宾州为直隶州，辖上林、来宾、迁江、武宣四县；郁林州为直隶州，辖北流、博白、陆川、兴业四县。

雍正四年（1726）

冬，清廷命广西运谷30万石以备广东之用。

是年，清廷命拨云南铸钱二万串到广西发放兵饷，以资流通。

雍正五年（1727）

三月初三日，雍正帝诏谕天下：各省宜多植五谷以养民，少种果木、烟叶等；江西、广西不要“以米谷饲养豚豕”。

八月十二日，改西隆州为直隶州，辖西林县。

八月二十日，清廷授命云贵总督鄂尔泰划定广西与贵州交界之地：以红水河为界，河南属广西，河北隶贵州。

清廷令云贵总督鄂尔泰与广西巡抚韩良辅会剿泗城土官岑映宸，岑知罪缴印。是日，改泗城为流府，设流官。又裁泗城协副将一职，改设右江总兵官。

雍正六年（1728）

十月初十日，清廷以云贵总督鄂尔泰总督云南、贵州、广西三省，一应事务俱照总督之例管辖。

十一月二十八日，前广西巡抚李绂被诬入狱。是日，雍正帝指责李绂主修的《广西通志》。

是年，广西报准开禁采矿，征收矿税。此后广西各地时有开采金、银、铜、铅等矿。

广西已基本完成“摊丁入亩”“地丁合一”的赋役制度改革。清廷定广西地赋一亩征丁钱一钱三分六厘。

雍正七年（1729）

正月二十九日，清廷命云贵广西总督鄂尔泰将云南铜斤铸钱四万串解赴广西，照例以每钱一串换银一两领回。

二月二十日，清廷定南宁、庆远二府所有知府、同知、通判、知州、知县共23职，及新设的庆远府同知一职，均归入调：补题缺例，五年俸满即予升用。另太平府通判与泗城府知府、同知以及西隆州知州、西林县知县等五职，三年俸满即准升用。

六月十二日，雍正帝下谕蠲免雍正八年广西等省额征地丁银两。

九月十七日，清廷改思恩府属镇安土府为流府，设知府一员，裁原设通判，辖归顺、上映、都康、向武、小镇安五土属，奉议州一州。

雍正八年（1730）

是年，巡抚金招商开采铜矿，禁民往安南开矿。翌年，广西产毛铜13万斤。

雍正十二年（1734）

十二月十二日，复设两广总督管辖广东、广西。

雍正十三年（1735）

七月，广西提督霍升率两广兵7000余人前往贵州省古州，镇压苗民起义。

乾隆元年（1736）

三月初九日，以广西地瘠民贫，道路遥远，清廷令自本年度始，盐引按官价每斤减二厘销售。

是年，在合浦海角亭设立廉州口海关，隶属粤海关，征收进出口货物税和船钞。

乾隆二年（1737）

六月初五日，裁革广西各府州县诸种杂税。

七月初十日，减广西土司贡马折价，每匹马减银四两，定为八两，从翌年始实行。

是年，清廷减免广西盐课余平银两。

乾隆三年（1738）

四月二十一日，清廷增广西各营兵额，共添新兵2750名。

十二月二十九日，清廷议准两广总督马尔泰动支广东藩库余银59000两，采买广西谷米，运济广州、肇庆二郡沿江等地。又定柳州、庆远二府谷米专供贵州采买，梧州、桂林、平乐、浔州、南宁五府谷米专供广东采买。

是年，除苍梧芋荚山金矿官办外，广西各府、州、县金矿均允许商民开采。

乾隆五年（1740）

闰六月，义宁苗民起义，波及湖广，于两省交界的数县苗瑶民众纷纷响应。清廷命总督马尔泰并湖广提督杜恺、广西提督谭行义联合镇压。

八月三十日，广西提督谭行义奏报擒获义宁苗人起义首领吴金银等。

十二月，钦差大臣贵州总督张广泗剿平广西苗瑶起义。

乾隆六年（1741）

七月初二日，清廷拟定广西开垦田亩升科办法：地属平原，田成片段，水田一亩以上、旱田三亩以上，照例升科；水田一亩、旱田三亩以下，永不升科。民间开垦水田五亩以上，旱田十亩以上，照例升科；水田五亩、旱田十亩以下，永免升科。

乾隆七年（1742）

四月初十日，清廷议准广西开炉铸钱，并许广西矿铜留用。

十月十五日，清廷议准广西于桂林文昌门外设广源局；扩大广西鼓铸，开炉10座，允许试采临桂、永福等处铜矿，采买别省之铜斤等鼓铸原料。

是年，清廷议准采炼广西桂林等府、州、县铁矿54座，每座岁输银10两。

乾隆九年（1744）

六月二十九日，广西巡抚托庸奏准在原已开放平而、水口两关的基础上，增开由隘一处，允许与安南通商。至乾隆四十年，由隘关亦被封禁。

乾隆十年（1745）

七月十三日，广西因官价收买余铜过多，商人未能获利，开采者渐少，不敷鼓铸所需。

乾隆十一年（1746）

正月，商人李鸿等在阳朔开采石灰窑铜矿。是年，即产铜 38680 斤。

四月十八日，整顿两广盐务，颁发两广盐务章程。

七月二十九日，提高广西余铜官收银价，每百斤余铜给银 13 两；将来矿旺铜裕时，再据实核减。另定余铜官收一半，商卖一半。

十一月十八日，广西铜厂不敷鼓铸，清廷命于云南铜厂内每年拨铜 15 万斤运送广西。

乾隆十三年（1748）

十月二十日，清廷令拨广西 50 万两库银充四川省军需。

乾隆十四年（1749）

十一月二十九日，广西常平仓谷已充裕，定于翌年始，停止广西捐谷。

乾隆十五年（1750）

是年，广西巡抚舒辂奏准，借司库银 2400 两，修筑洛潢引水堤坝工程，引洛潢溪水灌溉庆远府属宜山县境内荒地。工程至乾隆十九年竣工。

乾隆十八年（1753）

四月十五日，清廷礼部议复，为节礼俭约，将会典律例所载五品以下官员应用礼数、服色各条，颁发南宁府 48 属土司遵行。

是年，广西坑冶经过多年发展，共有 11 县已建起炼铁炉 64 座。

乾隆十九年（1754）

十一月二十九日，清廷拨银整修兴安灵渠。

乾隆二十三年（1758）

五月二十五日，广东米价大涨，清廷命桂林、平乐、梧州、浔州等府，凡遇米船东行，随时放行。七月，又令广西近河道各属拨官仓谷 10 万石运广东。

乾隆二十五年（1760）

十一月初十日，清廷令各省赴广西购马的人均应报地方官存案，并照京城左右翼收税之例征税。

乾隆二十九年（1764）

四月，开始煎炼融县泗顶山白铅（锌）矿砂。至乾隆三十八年，年产白铅 47 万至 48 万斤。

乾隆三十年（1765）

清廷议准，严堵南宁、太平、镇安三府外通安南之要隘。

乾隆三十二年（1767）

二月初八日，以云南军务未竣，清廷令于广西产牛的地方购买数千头牛解送云南。

五月十四日，清廷命广西拣选营马2000至3000匹解送云南备用。后两广总督李侍尧查广西营马实有1489匹，即拨1000匹。翌年，广西又采购数千匹马解送云南。

乾隆三十四年（1769）

四月初十日，清廷命广西巡抚宫兆麟等于广西太平府购办净硝20万斤，由水路运至云南剥隘。

十月三十日，广西官钱已累积六万余串，清廷特准停铸乾隆三十五年配搭俸工及出易等钱，减炉七座，余十三座。至乾隆三十六年，仍复铸全炉。

乾隆三十五年（1770）

三月十七日，广西鼓铸局有存铅1705000多斤，除两广需用外，尚余铅1102000斤。另是年冬季尚有应抽厂课等铅，是日，清廷命分批拨运存铅120万斤至湖广汉口等地接济各省。

是年，广西巡抚陈辉祖令全省盐埠、当店、行铺、矿厂交易处、关口税局等领新钱收买小钱、古钱，将所收小钱、古钱解赴桂林省局改铸。

乾隆三十七年（1772）

是年，清廷准许广西免税采矿两年，有成效后报准征税。至乾隆末年，全省先后有临桂、苍梧、贺县、怀集、恭城、河池、南丹、宣化、思诚、果化、思恩、罗城、天保、博白、永福、阳朔等州、县、土州获准开矿，各种矿厂最多达31座。

乾隆三十八年（1773）

八月，上林县民陆李能等聚众起事，两广总督李侍尧、广西巡抚熊学鹏率官兵征伐。二十六日，陆李能被捕。

十二月二十三日，清廷接受广西商人李念德等、洋商潘振承等各捐银20万两，用于四川军务。

乾隆四十年（1775）

五月十五日，清廷整饬广西沿边，严禁私越边界，行商贩货者发给凭照由平而、水口两关验照出入，封闭由村隘口一卡。六月二十八日，又定禁止商民出口贸易。

乾隆四十一年（1776）

二月，革职道员秦廷基犯罪拟斩监候，因不行监禁，秦在寓所自缢，道员黄邦宁派员移尸牢狱，谎报病死。为此，黄邦宁被处死，巡抚熊学鹏、布政使苏尔德、按察使广德等被革职查处。

广西成立军械总局，负责火药、枪械制造和管理。

乾隆四十五年（1780）

是年，平南生员吴英草拟策书到桂林拦官轿请求代奏，清廷以策书“书词狂悖”“叠犯御名”，令将吴英凌迟处死，其妻妾儿女及侄儿等人均遭牵连。

乾隆四十八年（1783）

是年，土田州知州岑文栋之子岑照于乡试舞弊得中解元，一时议论纷起。广西巡抚孙士毅审实后，将岑照处以重刑，主要犯案人均被正法。

乾隆五十年（1785）

是年，广西绿营经制历康熙、雍正、乾隆三朝，至此定型。

乾隆五十六年（1791）

是年，两广总督福康安制定并颁布《开关通市章程》16 条。此为历史上第一个关于中越边境小额贸易管理文告。

乾隆五十七年（1792）

正月十五日，重开平而、水口、由隘三关，恢复与安南的贸易。

是年，在宣化开办边境贸易牙税。

乾隆五十九年（1794）

十一月二十九日，清廷议准广西收买小钱：十千以内每斤给银二分，十千以上每斤给银三分，限一年内缴尽。至十二月，户部议定通行各省：每斤换大钱六十文。

乾隆年间（1736—1795）

南宁府城开有梁仁济制药作坊（此为广西第一家制药作坊），产品有万应药膏和保婴丹，驰名两广，远销东南亚各国。

嘉庆二年（1797）

六月，两广总督吉庆与广西提督彭承尧兵分两路，镇压西隆苗寨起义。

闰六月十九日，清廷缓征承办兵差的苍梧、藤县、桂平等 14 个州、县及果化等四土州、白山等四土司本年额赋。

嘉庆九年（1804）

十月十八日，武缘县令孙廷标包庇杀人罪犯、诬陷被害者家人，经两广有关官员会审查明，是日将孙廷标等处以绞刑。与此案有关的原广西按察使公峨、知府湍东额、署知府朱宗枋与知县张弟、金毓奇、石方川以及州判薛人麒等，均被革职惩处。

嘉庆十五年（1810）

是年，宣化苏义兴聚众结天地会，自称万户侯。

嘉庆十九年（1814）

是年，富川、贺县、昭平、宜州等州、县天地会活动频繁。

嘉庆二十五年（1820）

九月十三日，广西巡抚赵慎畛奏准修葺桂林城垣，并城楼、窝铺、炮房。

是年，广西各地民众起事增多，天地会活动范围愈来愈广，两广总督阮元亲至灌阳讨伐。

南洋华侨将产于巴西的木薯引进广西。

道光三年（1823）

是年，元记银号在南宁开业，是为广西最早成立的银号。

道光九年（1829）

七月初二日，广西巡抚苏成额奏准开采崇善县陇矿、熙旺、岜吉等山铁矿，每年照例征税。

十月十六日，议准借银12万两给盐运商李念德承办广西临（桂）全（州）等埠盐运，15年内归还本息。

道光十年（1830）

是年，忻城土司衙门按清朝工部营造法式重修，规制宏大。

道光十一年（1831）

九月二十七日，制定广西查禁鸦片烟章程。清廷严令浔州、梧州、平乐等与广东毗连的各府知府会同营督官员严饬所属及委派查河的文武官员，实力巡查，如能查获鸦片，立即烧毁。

道光十二年（1832）

六月，瑶民3000多人推盘均华（一作金华）为瑶王，在贺县祭旗起义。二十五日，起义军行至芳林渡，被参将满承绪追击。双方激战至翌日黎明，起义军死伤千余人。后盘均华于湖南江华县被俘遇害。

道光十三年（1833）

十月初七日，广东省城因水灾而米价大增，清廷命拨司库银采买广西米石，并购入洋米平价出售，免关税。

道光十四年（1834）

广西统一制定精制火药《加工程式条》。自此，广西所制火药威力比旧法大增。

道光十六年（1836）

四月十二日，给事中朱逵吉参奏广西省官员营私渎职等劣迹。经查实，清廷将南宁同知庆吉、浔州知府孙世昌、镇安知府恒梧、广西巡抚惠吉、前任巡抚祁贡、布政使郑祖琛、前署盐法道卞斌、前按察使阿勒清阿等交部议处严惩。

十月初七日，广西提督陈阶平奏报广西加工制造军用火药试有成效。清廷命两广总督、广西巡抚督饬各营，按提督所奏条款办理。光绪二十年，清廷将广西精制火药的经验推广全国。

道光十八年（1838）

十二月初二日，广西查禁栽种罂粟花。

是年，广西报开金银铜铁铅等矿已达126家，官府实行统购，照例征税。

道光十九年（1839）

是年，广西巡抚梁章钜以连环保甲法查禁鸦片。梧州知府刘锡方因家丁张镐受贿私放过境鸦片，又从其家中缴获烟土、烟膏30089万两，烟枪1030杆，而被革职。又对查禁栽种罂粟不力之左江道卞斌、镇安知府恒梧、庆远知府文辉、思恩知府王文凤、署镇安知府周三锡、署泗城知府李闲，以及“失于觉察”的巡抚梁章钜，均交部议处。

道光二十年（1840）

三月二十八日，清廷命巡抚梁章钜严查平乐、柳州会党。

五月，鸦片战争爆发后，广西奉命募勇援粤。

是年，梧州成立升平社学，并组织武装开赴广州与广东军民抗击英军入侵。

道光二十一年（1841）

二月二十三日，英军进犯广州，清廷调广西兵2000名赴广东。后又调省城及南宁营所存旧炮12门，连同各营500斤以上大炮数十门，解赴广东。广西副将周枋在保卫广州门户乌涌炮台战斗中殉国。

三月十五日，巡抚梁章钜请旨带兵到梧州布防，办团练，并查奏琦善等卖国罪行。

八月十五日，清廷命广西等已停铸钱文的省份，务必按照每年应铸之额，迅速购置铅斤开铸，以便流通及搭放兵饷。

道光二十二年（1842）

三月，鸦片战争中所募兵勇，除清廷令留1800名备防外，其余被裁兵勇相继自广东沿西江回广西，与会党结合。

道光二十三年（1843）

十二月初五日，清廷议准永宁州开设崇庆铁厂，采炼铁矿，照例输税。

道光二十四年（1844）

四月初五日，洪秀全与冯云山自广东封川沿江上广西戎圩，经藤县、平南、桂平。是日，到达贵县赐谷村，宣传组织拜上帝会。

四月初九日，清廷命广西等省有民间愿意开采银矿的，准照现开各厂之例，予以开采。

五月十五日，清廷议准北流县大牛岭设厂开采铁矿。

七月二十五日，冯云山到桂平，后转入桂平紫荆山、金田一带，发动百姓，组织拜上帝会。

十月初九日，洪秀全自贵县到桂平，访冯云山不遇，即回广东。

道光二十五年（1845）

是年，冯云山在桂平紫荆山发展拜上帝会，杨秀清、萧朝贵、韦昌辉、石达开加入。洪秀全再次在广东花县设馆授徒，并开始撰写《原道救世训》《原道醒世训》《原道觉世训》。

道光二十六年（1846）

秋，桂平李观保与广东水手任文炳领导水上会党起义，组织艇军，活动于黔江、浔江上。此后，艇军遍及西江。

是年，冯云山设上帝会总部于桂平紫荆山。

北海商人开辟了北海至澳门、香港的定期帆船运输航线。

道光二十七年（1847）

三月二十九月，清廷命两广总督耆英于广西操练劲旅二三千人。

七月初十日，洪秀全由广东到达贵县赐谷村。

七月十七日，洪秀全到达桂平紫荆山，与冯云山会合。

七月二十三日，清廷以广西银价日涨，暂停广西钱局鼓铸。

是月，洪秀全制定拜上帝会的各种仪式和《十款天条》。冯云山在紫荆山一带已发展拜上帝会信徒2000多人。

九月十八日，洪秀全、冯云山率众捣毁象州甘王庙。

十一月二十一日，桂平生员王作新捕捉冯云山解官。曾亚孙、卢六等拜上帝会信徒将冯云山截回。

冬，雷再浩在湖南新宁与广西全州交界的黄坡峒率众起义，后率部与广西李世德联合，占领全州咸水等地，数次击败清兵。广西提督马殿甲督军镇压，李世德阵亡，雷再浩退回湖南新宁继续抗清。

罗大纲在荔浦马岭以开设染房为名，组织天地会，活动于桂平、武宣一带。

道光二十八年（1848）

一月，王作新再捉冯云山等送交大湟江巡检司，转解县署究办。

三月初三日，桂平人杨秀清假托"天父"下凡传言，团结会众。

是月，钦州天地会秦兴晚（一作香晚）率众与宾州黄启珍赴武宣，会合陈亚贵，在东乡起义，攻击修仁、荔浦等地。至八月，被清军镇压。

天地会黄维业、黄天送在天保县和归顺州交界地起义，击毙天保县知县沈毓寅。

五月，广西会党活动频繁，横州南乡墟商船20余艘被张家祥部所劫。

九月初九日，萧朝贵托言"天兄"下凡，团结会众，坚持抗清。是月，上帝会会众捣毁桂平、贵县神像，清官员派兵拘捕，会众抗拒。

道光二十九年（1849）

四月至五月，天地会张家祥、杨捞祥等率众进攻南宁府属之左江、柳州府属之右江等地。

十月十三日，湖南新宁县李沅发率众起义，杀知县，广西全州、灵川等地民众响应。当月，李沅发率700多人攻击兴安、灵川、永福等县。后清廷调广西、湖南、湖北、贵州等省清兵及团练进剿。

十一月，张家祥为左江镇总兵盛筠、浔州知府顾元凯招抚。

十二月，李沅发义军活动于桂西北一带，大败湖南提督英俊，击毙守备熊钊等官兵。当时广西约有数十股会党响应。

是年，钟敏和等在苍梧聚众起义，控制抚河，苍梧戒严。

道光三十年（1850）

正月，博白人刘八聚集数千人在粤桂边区起义，官兵闻风溃散。

二月初十日，李沅发义军于龙胜与清军激战，击毙参将玛隆阿等官兵。后李沅发入湖南，被俘，就义于北京。

三月，陶八、韦添芬、覃石养等率众起义，攻打上林、武缘、来宾、贵县等地。

六月十九日，清廷命两广总督徐广缙、广东巡抚叶名琛、广西巡抚郑祖琛迅速派兵分路缉拿两省会党。

六月二十一日，天地会陈亚贵等率3000多人攻克武宣县城，又连克修仁、荔浦，直逼桂林。清廷命徐广缙速赴广西，并调贵州、云南、湖南三省6000名兵丁前往镇压。

是月，拜上帝会总机关由紫荆山高坑冲迁金田村。洪秀全下总动员令，平南、贵县、武宣、陆川、博白各地上帝会开始聚集桂平金田村，编组军队，准备起义。

七月十三日，石达开召集贵县龙山上帝会众1000多人聚集于白沙圩，立辕门，开炉铸炮。后赴金田与大队会合。

秦日纲率领贵县平天山银矿矿工3000人，到达金田团营。

八月初七日，太平府潘宝源率农民起义军攻克龙州、果化土州等地，击毙龙州同知王淑元。

九月初八日，清廷命湖南、贵州两省各调兵2000名速赴广西镇压会党。另命户部拨解广西饷银30万两。

九月十三日，清廷命林则徐为钦差大臣，赴广西主持军务。十月，林则徐病故于途中。

九月二十七日，清廷调云南兵2000名赴广西。

是月，贵县发生大规模的来人与土人之争，双方均有数万之众卷入，械斗40多天。来人势弱，被土人烧毁屋宇，无家可归。十一月，许多来人携家带口奔赴桂平，加入上帝会。

十月初十日，赖九率郁林州上帝会众数千人于蒲塘击败北流县知县阮正惠，随后与杨秀清等会合。

十月十四日，清廷命巡抚郑祖琛等悉心办理团练。郑祖琛即命在籍官绅朱琦、龙启瑞联络乡绅，董办桂林团练。

十月二十七日，天地会罗大纲、苏三娘、张钊、田芳、侯志、关巨等率众投奔上帝会。后张钊、田芳、侯志、关巨率所属降清。

十一月二十二日，总兵周凤岐遣副将伊克坦布率清军渡江，进犯金田。洪秀全等于金田、新圩一带分三路布防，设伏迎敌，大败清军于蔡村，击毙伊克坦布等官兵

300余人。

是月，洪秀全、冯云山住于平南花洲山人村胡以晃家，被清兵围困。杨秀清派蒙得恩统兵自金田突攻平南思旺，大败清军，斩巡检张镛。二十五日，迎洪秀全、冯云山回金田。

十二月初十日，洪秀全38岁诞寿，于桂平金田村举行隆重的祝寿庆典，万众齐集犀牛岭。洪秀全正式宣布起义，建号太平天国，起义军称太平军，颁军令五条。

十二月十二日，太平军从金田东出大湟江口，攻占桂平江口圩。

咸丰元年（太平天国元年，1851）

正月初五日，清廷命总督徐广缙于广东关税等款内筹拨饷银20至30万两，速解广西。

正月十八日，广西提督向荣率总兵李能臣、周凤岐等，分三路进攻桂平大湟江口牛排岭，被洪秀全、杨秀清设伏兵击退，死伤数百人。

二月初六日，太平军撤离江口，取道新墟、紫荆山，向武宣进军。

二月二十一日，洪秀全在武宣东乡即太平天国天王位，封五军主将：杨秀清为左辅正军师，领中军主将；萧朝贵为右弼又正军师，领前军主将；冯云山为前军副军师，领后军主将；韦昌辉为后护又副军师，领右军主将；石达开为左军主将。

二月二十四日，清廷缓征广西全省本年额赋。

二月二十九日，天地会凌十八联合梁二十等4000多人围攻郁林州。四月初五日解围。

三月初二日，巡抚周天爵、提督向荣督清军6000多人分四路进攻太平军。洪秀全、冯云山亲自督战，击退清军。

三月初五日，清廷再令云南、贵州、海南、安徽各选兵1000名，调赴广西。

三月二十五日，清廷继先前两次拨饷银180万两赴广西后，再令内务府拨100万两。四月，又从各地拨银73万银。

是月，钦州、灵山农民起义军万余人，活动于上思、宣化一带。石城刘八等领导的万余名农民起义军进入博白县。

四月十六日，太平军突破清军包围，自武宣东乡经大林往东北走入象州庙旺。翌日，攻占象州古城。

五月初八日，刘八义军头目黄锦泗、冯子材率950人投降清军。

五月初十日，太平军在象州中坪圩、梁山村、马鞍山等地连续大破乌兰泰所部清军，设伏诱斩参将马善宝等官兵250多人，乌兰泰羞愤自杀未遂。

五月十三日，清廷调湖北兵2000名赴广西。

贵县桥圩天地会女首领邱二嫂率2000余人攻占贵县覃塘圩。后邱在贵县石龙战死。

六月初四日，太平军被清军围攻，被迫自象州中坪折回武宣东乡，趋桂平紫荆山、金田、茶地、大坪村、新圩。乌兰泰、向荣督清军追击。

六月十六日，会党首领刘八在合浦被俘，后被杀。

六月二十日，清廷命广东为广西准备饷银100万两。

六月二十七日，乌兰泰等督数路清军力攻桂平新圩等地，被太平军击退。

七月初三日，清廷豁免广西道光三十年民欠地丁钱粮。

七月十五日，提督向荣、都统巴清德与总兵刘长清、松安分路进攻桂平紫荆山后路，夺占猪仔峡、双髻山，包围太平军。

是月，设广西团练总局于桂林。

八月十六日，太平军乘夜撤出桂平新圩、金田一带，东走进入平南鹏化里，攻下思旺圩。乌兰泰督军来追，向荣则向北疾进，欲与乌兰泰夹攻。

夜，清军血洗金田村，全村村民除随太平军外，均遭惨杀，房屋亦被烧光。

八月二十日，萧朝贵、冯云山率太平军回师，于平南宫村大败向荣追兵，缴获大批军械、粮饷、衣物等，向荣逃入平南县城称病。

闰八月初一日，萧朝贵、冯云山、韦昌辉、石达开等率太平军攻占永安州城，击毙代知州吴江、平乐协副将阿尔精阿。

九月，清军屡攻永安州不破。

十月十八日，清廷命再由内务府拨银100万两解赴广西。

十月二十五日，太平天国在永安州封王建制，改州衙门为“天朝”。天王洪秀全封杨秀清为东王、萧朝贵为西王、冯云山为南王、韦昌辉为北王、石达开为翼王，又以秦日纲为天官丞相、胡以晃为春官丞相、罗大纲为总制。

十一月十九日，永淳13个屯的佃户不堪富户收租盘剥，会集那河圩抗租，推举李文彩为首领，宣布起义。

十一月二十六日，清廷蠲免临桂等54个州、县及万承等22个土州、县、司上年未完额赋。翌日，又抚恤桂平等19个厅、州、县并所属土司民众。

十二月十五日，太平天国壬子元旦，在永安州颁行太平天历。该历法在一定范围内实行，历时14年后废止。

十二月下旬，钦差大臣、大学士赛尚阿亲临永安督战，以数万清兵包围州城，向荣从北路，乌兰泰从南路大举进攻。永安州城内外不通，接济断绝。

咸丰二年（太平天国二年，1852）

正月十一日，清廷拨饷银200万两解赴广西。

二月十六日，太平军以罗大纲为先锋，乘深夜雨后突围永安州城，向古苏冲撤走，秦日纲率所部殿后。

二月十八日，清军数千追太平军至平冲，秦日纲军失利，战死男女老幼近千人（一说二千多人）。

二月十九日，洪秀全等率太平军于平冲、旱冲、崩冲至黄草岭一带设伏，大败向荣、乌兰泰等追兵，斩天津镇总兵长瑞，凉州镇总兵长寿，河北镇总兵董光甲，郧阳镇总兵邵鹤龄，副将成林等官兵4000多人。随后杨秀清传令太平军绕道出荔浦马岭，上六塘圩，直趋桂林。

二月二十八日，太平军自临桂进攻桂林城。向荣绕道先入城内，会同巡抚邹鸣鹤、官绅龙启瑞及朱琦等力守。翌日，乌兰泰率数百清兵追击，在将军桥一战中，乌兰泰受炮伤，后死去。

春，任文炳艇军围梧州城，守城清军出银两万两，艇军解围改攻浔州。桂平团勇与艇军战于平南古雍滩，艇军受阻而去。

四月初一日，太平军乘夜由桂林斗鸡潭等处渡漓江北去，撤桂林之围。

四月初四日，太平军抵兴安县，县城不攻自破。

四月初六日，太平军抵全州。冯云山督后军过境时，被清军在城上发炮所伤，洪秀全、杨秀清令太平军回师攻城。

四月十六日，太平军攻克全州城，杀知州曹燮培等文武官员及兵勇1000多人。

四月十八日，太平军退出全州城，分水陆两路沿湘江北上。

四月二十三日，太平军水路一军行至全州北部的蓑衣渡，为知州江忠源督湘勇所阻，激战中，冯云山中炮身亡。太平军遂随之舍弃水路，南撤转入湖南。后转战湖南、湖北、安徽、江苏等省，于咸丰三年二月定都南京，建立太平天国政权，颁布《天朝田亩制度》等。至同治十年，太平天国革命历时19载始告结束。

是月，壮族人吴凌云在新宁州率众起义。

任文炳率艇军攻占浔州府城，向县署索银四万两后溯江进攻贵县。

五月，任文炳率艇军攻克贵县后回师再攻浔州府城，与按察使杨彤如等所率团练战于岭头铺。艇军失利，走梧州，与两广总督徐广缙大战，艇军溃败，任文炳等战死。

八月，以朱洪英、胡有禄为首领的天地会在南宁起义。

咸丰三年（1853）

正月初八日，清廷蠲免广西全省咸丰元年缓征额赋十分之五，另免永安、桂平等15个厅州县咸丰二年应征额赋十分之三。

二月，贵县张阿琛等率3000多人于瓦塘起义，先后进攻郁林、北流等地。张阿琛在北流一战中阵亡。

四月，吴凌云率起义军攻打南宁。

五月十八日，清廷令广西广办团练，镇压反清武装。

五月二十二日，兴安武举人张凤岗等率1000多人起义，攻陷县城，烧毁衙署，俘杀知县。后袭击灵川等地，直指桂林。

七月，宣化县天地会首领梁昌等率千余人攻占南宁，不久即被左江道吴德征调团练收复。

十二月十一日，清廷命停广西本年土贡。

冬，贵县会党黄鼎凤等在覃塘率众起义，攻占县城。

是年，奉旨成立广西官钱局，招商承办、经理宝钞、大钱的发行和汇兑业务。开始使用钱票（纸币）。

咸丰四年（1854）

四月，张高友率众在荔浦北门圩起义。后与黄亚居、黄金豹、胡元窿等起义军联合，曾先后攻占荔浦、修仁、永安等州城。

六月二十八日，清廷蠲缓永福等22个州、县及万承等14个土州、县遭兵灾、蝗灾地方新旧额赋。

八月十八日，天地会首领朱洪英、胡有禄联合桂北会党，先后攻陷恭城、灌阳县城。是日，在灌阳建立"升平天国"，奉"太平天德"年号，朱洪英称镇南王，胡有禄称定南王。此后该起义军活动于湘桂两省边地。

九月初六日，贵县天地会首领黄鼎凤等率一万余人，围困桂平县城。十月初二日，官兵出击，双方战于西关口，互有进退。后天地会撤围。

冬，左江道张敬修在梧州设卡抽厘。

咸丰五年（1855）

四月初六日，升平天国朱洪英、胡有禄率起义军撤出灌阳，进入湖南。

四月初八日，广东陈开、李文茂等率起义军四万多人，乘船千余艘，自封川逆江而上，冲破梧州清军的堵截，攻克藤县、平南，直抵浔州府城下。

是月，巡抚劳崇光按照户部有关章程，在梧州办盐厘。

七月十一日，清廷蠲缓临桂等28个厅、州、县及忠州等38个土州、县、司、堡地方额赋。

七月二十三日，巡抚劳崇光奏准今后广西捐输（卖官）按照筹饷之例减三成办理。

八月十二日，朱洪英、胡有禄在湖南作战失利，胡有禄被俘，随之被害。后朱洪英亦阵亡。

八月十七日，陈开、李文茂、梁培友等率义军攻占浔州府城，俘杀知府刘体舒等文武官吏数十人，改浔州为秀州，府城为秀京，建立“大成国”，年号“洪德”，陈开称浔王，李文茂为平靖王，梁培友为平东王，梁昌为定北王，区润为平西王。随即发行“洪德通宝”货币。

是月，李文茂率船数百，顺江东下平南、藤县，攻克苍梧、梧州。之后，李文茂、梁培友等又率义军数万人溯郁江西上。

九月，黄全义、黄鼎凤率所部加入大成军，联合攻克贵县，改贵县为怀城县。

咸丰六年（1856）

正月十四日，李文茂率大成军自浔州府攻占武宣，杀右江道黄辅相、知县茅本惠。

正月二十四日，法国神甫马赖网罗不法之徒作恶多端，西林知县张鸣凤依法审讯，罪证确凿。马赖拒不认罪，大闹公堂，无视中国法律，张鸣凤传令斩首。后张鸣凤被革职。法国等借此事端发起第二次鸦片战争，清政府战败，向法国天主教会赔款。

二月，李文彩率部参加大成军，被封为定国公。

是月，大成军向清军水师发起进攻，大战于盘石江面，清水师全军覆没。

七月二十九日，李文茂攻占平南县，杀知县李载文，改平南为武城。

八月二十二日，清廷蠲缓永福等44个厅州县旧欠额赋。

是年，李文茂率大成军进入柳江，联合天地会首领张高友，先后于五月、七月、九月三次进攻柳州府城，均未成功。

咸丰七年（1857）

二月初七日，天地会范亚英率众攻占北流，杀知县萧煊。

李文茂率大成军攻克柳州府城，改柳州府为龙城府，设平靖王府，改马平县为瑞龙县，铸“平靖通宝”铜钱。

是月，英国兵舰入侵梧州港，沿途测绘海图。

四月初五日，李文彩率部攻克永淳县城。

五月初五日，李文彩率军攻入南宁，改南宁府为“南安府”，宣化县为永宁县。八月十五日清军收复南宁。

五月初八日，杨秀全、张龙祥等率众攻陷平乐府城，击毙知县华元超。十月二十四日张龙祥捉杨秀全降清。

是月，蒋益澧率湘勇入驻桂林，造船60艘，招募水师，整顿城内外治安。

闰五月初一日，大成国陈开、梁培友、区润等率军围梧州城。至七月，城中粮尽，城内人饿死大半。知县彭昌集往东安乡办粮被俘杀。八月十日夜，知府陈瑞芝弃城逃脱，按察使黄钟音出城被杀，大成军入城，提学使沈炳垣等被处死。又改苍梧县为秀平县，梧州府为绣江府。

六月二十六日，黄鼎凤等率万余人攻克宾州城，击毙清兵练勇1500多人，擒杀知州翟景禧。

九月初二日，清廷蠲缓广西遭兵灾的兴安等39州、县及万承等四土州上半年额赋并应征兵米。

十一月，李文彩率部攻克灵山县城，杀知县胡国逵。

大成国陈开率军自梧州沿桂江而上，连克沿途各州县，直抵临桂、阳朔交界之桂鱼塘。同时，李文茂亦率部由柳州北上，攻克永福，兵抵桂林郊外重镇苏桥。大成军随之与清军激战于桂鱼塘，大成军失利，陈开被迫退回苍梧，李文茂负伤后退回柳州。翌年四月，李文茂撤出柳州，后病故于怀远山中。

是年，湘勇入桂缺饷，巡抚劳崇光令于桂林、平乐、梧州三府交通要处设卡抽厘，以济军饷。

咸丰八年（1858）

四月十七日，广东提督昆寿统清军克复梧州，随之进克藤县。

是月，黄鼎凤率部再克宾州州城，杀署知州任秉钰。二十九日，清军收复州城。

八月初八日，清廷蠲缓广西马平等42个州、县及万承等五个土州、白山等4个土司咸丰七年新旧额赋。

九月十二日，广东三合会元帅郑金攻占贺县，杀知县王康济。随之驻柳州清军驰赴贺县，陈开遣大成军乘虚攻克柳州府城。

十月，巡抚劳崇光奏准按章在桂林、平乐、梧州、浔州、郁林等府州设厘金局卡。同治二年，又推及柳州、庆远、南宁三府。

是年，清廷在梧州设立上、中、下三关（海关），称府关，后改称常关。

咸丰九年（1859）

正月二十二日，英、法两国火轮载兵1000由广州驶至肇庆，分乘船只三艘于是日驶至梧州，20名兵丁登岸，测量街道，登山绘画地图。翌日，开船离去。

七月二十四日，太平天国石达开率部十余万人陆续自湖南退入广西。

七月二十九日，石达开率部围攻桂林，广西巡抚曹澍钟督清兵力守。九月十日，石达开率部撤围，开往庆远。

八月二十日，太平军陶金汤率部联合张高友攻占永安。不久陶金汤为张高友所杀。

八月二十四日，清廷命将四川应解广西饷银145000两及湖南绅商在四川捐输的银两速解广西。

九月初二日，清廷蠲缓广西贺县和广东灵山（今属广西）等44厅、州、县并忠州等13土州、司地方新旧额赋。

九月二十日，石达开攻占庆远府城。

咸丰十年（1860）

正月初九日，广西布政使刘长佑率清兵收复柳州。

二月十四日，石达开部将石镇吉、石镇常等率太平军围攻百色厅，一个月后撤围，石镇常战死。后石镇吉被俘，遇害于桂林。

三月十七日，大成国陈开率部围攻柳州城。二十五日，布政使刘长佑督清军解围。

四月初三日，石达开率部放弃庆远，经忻城于十九日到达迁江，与原驻该地的部属会合，然后分两路攻占武缘、上林等县。

六月二十四日，石达开部将赖裕新联合宣化李青靛围攻南宁，左江道吴德征督清军死守，月余未克。

八月初七日，天地会首领吴凌云遣部将黄万年等率义军攻占太平府城，俘知府刘作肃，击毙副将多禄等。

十月初一日，清廷蠲缓贺县等 49 个厅州县地方额赋。

十二月，吴凌云在新宁陇罗建立延陵国，自称延陵王。

是年，两广总督劳崇光在桂林创设同善官局，以便平民典当。

咸丰十一年（1861）

五月，石达开部将彭大顺、朱依点、吉庆元等率大部队伍离开广西赴天京（南京）。

六月初九日，石达开率军进驻贵县。

是月，大成军被巡抚刘长佑追水陆各军合攻于平南，阵亡 8000 多人。

七月十六日，清军攻陷大成国京都秀京（桂平）。不久，陈开在横州大滩被俘遇害。此后，大成国余部约十余万人在容县、北流、岑溪、平南、藤县、贵县、郁林、横州、宾州等地继续反清斗争。

是月，石达开率部离开贵县，走南宁，所过之处均被团练截击，连战失利。

九月，石达开率部经罗城、融县、怀远进入湘黔境内。随之李文彩亦率部走贵州，加入石达开部。同治二年四月石达开于四川大渡河一战中诈降被俘，遇害于成都。

十月二十八日，清廷蠲缓永安等 42 个厅、州、县及归德等七土州地方上年钱粮兵米。

同治元年（1862）

四月十六日，大成军黄鼎凤等自贵县率部东下，至距浔州府城不远的岭头铺，与清军激战月余，失利，退回贵县。

十月二十八日，清廷蠲缓永安州等 42 厅、州、县及归德九土州新旧额赋。

十二月至同治二年正月，清军围攻陇罗，吴凌云率部突围中弹牺牲。其长子吴亚终率余部与灵山农民起义军小张三联合，转战于镇安、归顺一带。

是年，在濛江开办饷捐、护商经费。同治九年，增加长安勇饷。

英国黄埔轮沿西江而上驶入梧州港，又深入浔江至藤县航段，沿途进行勘测活动。

同治二年（1863）

春，苍梧、藤县、岑溪、平南、桂平、容县等六县会党集会于容县自良，推覃亚帅为盟主。

是年，思恩府斋党入宜山，劝人素食，一时间庆远府以南100里以内无食肉的人。

清廷首次准许英轮在北海临时停泊，用民船上下货物。

同治三年（1864）

四月，黄鼎凤于贵县平天寨建造宫殿，自称建章王。

五月二十一日，广西布政使刘坤一督清军攻陷贵县平天寨，黄鼎凤等被俘。

同治四年（1865）

正月，吴亚终、小张三围攻镇安府城。左右江农民纷纷起义，群推吴亚终、小张三为首领。

同治五年（1866）

正月初九日，清廷蠲缓岑溪等39州、县及太平、安平二土州被旱地方新旧额赋。

是月，吴亚终率众入据归顺，并分兵屯驻新圩、旧州、养利、向都、剥隘等地，横亘数百里。

钦州人刘永福率领200多人加入吴亚终部，自制七星黑旗一面，在归顺安德圩北帝庙举行祭旗仪式，称黑旗军。

八月，吴亚终率众攻陷泗城府城，俘杀知府陈夔埏。

十月，大成军余部在清军及团练的围剿下，全部溃散，部分转投吴亚终。

十二月初七日，广西巡抚张凯嵩遣总兵黄仲庆督清军、团练收复泗城府城，吴亚终退据归顺州。

清廷以广东肇庆府等地土人与客人构衅多年，经派兵弹压，将客民遣送至高、廉、雷、琼及广西的贺县、容县、贵县、平南、戎墟等处安插，并准许客民落籍考试。

同治六年（1867）

正月，巡抚张凯嵩派道员覃远琎督清军、团练万余人围攻归顺州，被吴亚终率部击退。

刘永福率300余人脱离吴亚终部，走入越南六安州。

清廷令驻梧州的广东水师划归广西绿营建制。

是年，广西提督冯子材围剿进入思恩、南丹的贵州苗民起义军。

同治七年（1868）

三月，吴亚终率部分主力退入越南牧马。小张三坚守归顺，至四月二十一日，左江道覃远琎率清军猛攻归顺州，小张三战死。

六月，广西督抚委派查粮委员会同各州县官绅开始在浔州等地逐村清丈田亩，建立新的田赋户册。

八月，吴亚终率主力军入镇南关，攻陷凭祥土州。

十月，提督冯子材率清军与吴亚终会战于凭祥土州、彬桥一带。

十月三十日，清廷接越南国王进表，是日即令广西巡抚苏凤文、提督冯子材督清军分道并进，会同越南兵两面夹击吴亚终部。

十二月，吴亚终放弃凭祥，退入越南。

是年，广西厘金总局在桂林成立，专司全省厘税事务。又设军需局主管军饷的筹措和支出。

同治八年（1869）

三月，冯子材督清军六路进入越南，大举进攻吴亚终。

九月二十七日，吴亚终在越南北圻作战负伤，不久死去，所部瓦解。

是年，北海税卡员役因买担头米同货主互相争论，放枪恐吓，误毙对面铺伴邓振基，百姓怒将该卡委员沈茂林拉出来殴打，并将税卡捣毁。数日后，沈毙命，清廷将北海税卡撤销。

同治九年（1870）

七月，冯子材率入越会剿吴亚终的清军撤回关内。

是年，北海创设“森昌成”号民信馆，随后梧州、桂林、南宁等地亦相继设立，开办民间通信、汇兑、寄递物品事务。

同治十年（1871）

二月二十五日，吴亚终余部复起，越南请兵，清廷命署巡抚李福泰增兵布防，令冯子材带防兵16营驻扎龙州。后冯子材督军出关“助剿”。

十月初七日，清廷命巡抚刘长佑、提督冯子材整饬边关内外各军，并量加裁并。

是年，北海常关正式成立。

同治十二年（1873）

九月二十八日，巡抚刘长佑命道员覃远琎会同地方官员履勘修整久废的太平、镇安等沿边关隘。

同治十三年（1874）

是年，黑旗军刘永福派人回东兴募兵数百赴越南抗法，钦州杨著恩等加入黑旗军。

光绪元年（1875）

是年，清廷革去土田州知州世职，改为恩隆县，隶百色厅。

光绪二年（1876）

七月二十六日，中英签订《烟台条约》，辟北海为通商口岸。

是年，改广西军需局为广西善后总局，职掌军饷的支发报销、官衔捐输等事。

光绪三年（1877）

二月十八日，北海关正式开关通商，归粤海关管辖，税务司由英人吉德担任。

是月，英国在北海设立领事馆。

光绪四年（1878）

三月十九日，清廷命广西提解库存银100万两供左宗棠西征军。

九月二十八日，广西记名总兵李扬才以奉命募勇出关为号召，招集一万余人，在钦州、灵山起事。是日，经上思、防城开入越南。

十二月，清廷应越南国王之请求，命冯子材带兵出关追剿李扬才。

光绪五年（1879）

九月初三日，李扬才在越南向清军投案。随之被解回桂林处决。清军撤兵入关。

冬，英轮“海南”号开辟香港至北海的定期客货轮航班，是为北部湾通航轮船之始。

是年，英国派人勘测北海港，并绘制北海港图。

光绪六年（1880）

八月，抽调绿营兵六个营（3000人）改为练军。

是年，灵川县乡民李世林等兴办七都炼铁厂（后改名宝兴铁厂），采矿炼铁，年炼铁30吨。

光绪七年（1881）

三月初十日，清廷命广西巡抚庆裕督办广西农桑。

光绪八年（1882）

正月初十日，因法越交战，清廷令广西沿边加兵增防。

是月，记名提督黄桂兰率广西清军进入越南谅山一带布防。

四月十四日，清廷增派两粤、云南等省兵力入越抗法。令拨天津、江宁所存后膛洋枪3000杆、过山洋炮10门，各配弹药，交黄桂兰边防营领用。

五月初十日，已革道员赵沃率广西防营入越，会合在越北的黄桂兰部，分左右两军扼扎桂越边境。随后署两广总督曾国荃命广东陆路提督黄得胜统兵布防于钦州、水师提督吴全美率兵轮八艘巡防北海。

五月二十七日，清廷命署两广总督曾国荃、署云贵总督岑毓英统筹滇桂边防。

七月二十九日，吏部主事唐景崧奏准亲赴越南联络刘永福等华人武装力量。

北海海关兼办邮递事务。

光绪九年（1883）

二月二十六日，越南国王请清廷派兵援助抗法。清廷命李鸿章节制广东、广西、云南军务。

是月，广西巡抚倪文蔚拟定设立省河（即抚河）、梧州、浔州、柳州、南宁水师5营，巡船135艘，防勇1820名。

三月二十日，广西布政使徐延旭奉命出关，督率桂军抗法。

四月十三日，刘永福率黑旗军于越南河内纸桥设伏，大败法军，击毙法军统帅李威利等。黑旗军骁将杨著恩阵亡。

五月十六日，黑旗军在越南山西丹风县左风河口再败法军。

五月二十一日，巡抚倪文蔚募兵四营，增援驻越南北宁一带桂军。

六月，两广总督张之洞以越南事急，派兵驻防北海，并修筑冠头岭等炮台。

九月三十日，清廷令于广西藩库拨银10万两资助黑旗军。

十一月十五日，法国驻东京海陆军总司令孤拔率部进攻由黑旗军和桂、滇清军驻防的越南山西，中法战争爆发。

十一月二十五日，法军已攻破越南山西省城，桂、滇边疆吃紧。清廷急令两广总督张树声选派得力兵将增援镇南关。

十二月十七日，总督张树声奏准筹款10万两展接广州至龙州电报电线。翌年五月，该线架设竣工。

是月，在上思的天主教法国籍传教士率教徒将武器等偷运入上思州城教堂，又阻止当地教徒群众援越抗法，激起公愤，愤怒的群众将教堂拆毁。

是年，思恩会党首领莫梦弼率众起义，清廷防勇不战而走。

光绪十年（1884）

二月初七日，福建布政使王德榜楚军、贵州记名提督方友升威远军抵达龙州。

二月十五日，在法军水陆夹攻下，北宁失守，援越桂军全线溃退。

二月二十九日，清廷查办巡抚徐延旭，提督黄桂兰、赵沃等，不久黄桂兰在越南谅山自杀。

三月二十四日，清廷命记名提督苏元春、总兵杨玉科各率兵赴广西。

是月，广州至梧州电报支线架设竣工，梧州府创办官电分局。其后线路延伸至龙州，又先后在浔州府城、南宁府城、龙州设置官电分局。

四月初四日，清廷令广西巡抚潘鼎新整顿出关援越的50营溃送桂军，分别撤留。

四月十二日，清廷令苏元春、李秉衡督军镇压思恩莫梦弼起义军。

四月十七日，李鸿章与法国代表福禄诺在天津签订《简明条约》。《条约》规定法国要解除北海的封锁，清廷同意将驻防北圻清军撤回广西、云南境内。

闰五月初一日，法军强行到谅山掠防，并攻击驻防观音桥（北黎）桂军，桂军奋起还击，击退法军。随之法国政府以此为借口将战火蔓延至中国沿海，强索巨额赔款。

六月二十日，广西清军撤入镇南关。

六月二十七日，法军不断挑衅，攻击中国东南沿海台湾基隆炮台等地，清廷以和议无望，是日命岑毓英饬刘永福进兵收复北圻，并令滇军、桂军陆续出关。

七月初三日，清廷命云南、广西督抚迅速将广西有线电报线架至云南。

七月初六日，以法舰无端攻击马尾港，清廷下诏对法宣战。

七月初七日，清廷调集桂、粤、鄂、湘各军从广西出关，进扎谅山。

八月十四日，唐景崧率新建景字军自龙州开赴越南宣光，以实力援助黑旗军。

是月，苏元春督所部两败法军于越南陆岸。

十月十六日，冯子材奉命在钦州组建萃军。

十二月初五日，冯子材率18营萃军自钦州抵达龙州。

十二月十五日，总兵王孝祺率勤军8营到龙州。

十二月二十日，北海关兼办电报局。

十二月二十八日，侵越东线法军大举北犯，王德榜、苏元春相继失利。是日，潘鼎新放弃谅山，退回镇南关。翌日，东线清军纷纷溃退入关，粮饷枪炮丢失殆尽。

光绪十一年（1885）

正月初九日，法军进攻镇南关，轰毁关门，镇南关失陷，记名提督杨玉科等阵亡，潘鼎新退匿龙州海村。

正月十一日，法军大肆焚掠镇南关后，退出关外。

正月十六日，冯子材萃军、王孝祺勤军挺进镇南关前线。李秉衡等推举冯子材为前线总指挥。

正月十八日，冯子材督军在镇南关附近的关前隘东西高山之间挖沟筑墙，部署纵深防线。

正月二十一日，法国军舰开始对北海实行军事封锁。北海戒严，居民疏散，贸易中断。

二月十九日，法国军舰炮击北海口岸连续两三小时。四月九日，法军宣布解除对北海的封锁。

二月初五日，冯子材萃军与王孝祺勤军夜袭文渊州，战至翌日中午始退回。

二月初七日，东线法军分三路大举向镇南关进犯，并猛攻关前隘清军阵地，冯子材萃军失落东岭三座炮台仍坚守长墙。

二月初八日，冯子材、苏元春调集各军迎击法军，大败法军于关前隘，伤毙敌军百余名，缴获枪炮、弹药、辎重甚多。

二月初十日，冯子材率各军追击逃敌，攻克越南文渊州。

二月十三日，冯子材、苏元春、王德榜兵分三路克复谅山，法军司令尼格里重伤，法军退至郎甲一带布防。

二月十九日，清廷命英人金登干为代表与法国外交部在巴黎草签《停战撤兵简约》。

二月二十二日，清廷下令规定各地清军停战、撤军日期，并命岑毓英妥为安插奉诏回国的刘永福黑旗军。

三月二十一日，苏元春将从关外撤回之清军部署在广西边防段上。两天后，清廷命苏元春督办钦廉一带防务。

四月二十七日，李鸿章与法使巴德诺在天津签订《中法会定越南条约》。《条约》规定："法兵永不过北圻，中国亦不派兵赴北圻。"另《条约》第三款规定："限六个月期内，应由中、法两国各派官员，亲赴中国与北圻交界处所，会同勘定界线。"

五月二十二日，两广总督张之洞拨银10万两作为广西第一批边防建设经费。

七月初一日，岑毓英奏准筹设云南蒙自至广西南宁的电报电线。光绪十四年竣工。

七月二十日，清廷命鸿胪寺卿邓承修、内阁学士周德润为界务大臣分赴广西、云南，会同当地督抚与法国代表会勘中越边界。

八月二十九日，清廷允准试采贵县、临桂、义宁、平乐各府州县的金、银、铜、铁各矿。

是月，苏元春率边防各营开始修复镇南关，并建筑第一批炮台。

十月初八日，刘永福率部回抵南宁，奉令将3000将士裁汰2000。

十月二十一日，界务大臣邓承修等到龙州，与护抚李秉衡、提督苏元春商议划界事宜。

十一月二十九日始，邓承修、李秉衡、王之春等与法使浦理燮轮流在镇南关、越南文渊州商议划界事宜。

长沙有线电报接通桂林城。

光绪十二年（1886）

正月，护抚李秉衡遵旨筹办裁兵节饷布防事宜。裁减后广西常驻防军为20营，11000人，每年军饷银51万两。

四月二十七日，以梧州关税弊窦太多，清廷令免抽梧关经费、裁禁浮收规费、严禁书吏、整饬厘务。

八月十六日，清廷允准广西提督府自柳州移驻龙州，提督兼任边防督办。又于柳州府设置柳庆镇。

邓承修到达广东东兴（今属广西），法国代表到达越南芒街，双方继续会议中越勘界事宜。后按地图分定两广与越南的界线。

德国在北海设立领事办理商务，开设森宝洋行和捷成洋行。其后奥匈帝国和法国亦相继在北海等地设立领事。

光绪十三年（1887）

正月十二日，清廷撤销两广开采铁矿禁令。

三月初五日，中法在越南芒街签订《广东、广西、云南中越勘界议定书》。

四月十五日，桂林至梧州的电报线架设竣工，在桂林文昌门城楼设官电分局。

五月初六日，中法在北京签订中法《续议商务专条》《续议界务专条》，辟龙州为通商口岸，确定将江平一地划归中国。初十日，清廷设太平归顺道兼管龙州通商口岸，办理中法划界及边境事务交涉事宜。

六月，北海开始有外国轮船专载华工出口。

是年，清廷裁撤阳江镇改设北海水陆镇，驻廉州府。

广西开征土药税。

光绪十四年（1888）

正月初九日，岑毓英奏准将云南省电报电线与广西南宁接通。四月，设百色官电子局正式与云南剥隘接口。

正月初十日，广西洋务局在桂林设立，统管全省内地的中外交涉事务，由按察使张联桂负责。

是年，巡抚沈秉成、布政使马丕瑶在桂林成立官蚕局，组织人员编印种养蚕桑及缫丝等书籍，发动各府州县大力兴办蚕桑。

光绪十五年（1889）

五月初三日，龙州海关正式开关通商，同时在镇南关、平而、水口设分关，以太平归顺道兼海关监督，税务司由美国人柯尔乐担任。按《中法会议越南边界通商章程》减税规定，该关出口税率比其他口岸减三分之一，进口税率减五分之一。后按《中法续议商务专条》改为进出口税率均减四成。

光绪十六年（1890）

正月，边防重镇龙州城建成，共用银八万两。

闰二月二十六日，清廷派钦州知州李受彤与法国代表拉巴第会勘广东防城段（今属广西）与越南界线，是日签订《广东越南第一图界约》。

十一月初九日，太平归顺补用道向万，与法国参赞法兰亭开始会勘广西与越南东路界线（自平而关向东至吞仓山）。光绪十七年三月，双方签订《广西中越东路立界图约》。

光绪十七年（1891）

七月初三日，清廷将上思州升为直隶厅，改归太平归顺道统辖。

光绪十八年（1892）

四月初二日，广西沿边第二批炮台开始构筑，同时沿边防御工事全线兴工。

五月十三日，太平归顺道蔡希邠与法国代表西威仪会勘桂越西段界线（自平而关向西至各达村）完毕，是日双方签订《广西中越西路立界图约》。

十二月，太平归顺道改为太平思顺道。

是年，广东商轮定期航行广州—梧州。此为梧州港正式通航轮船之始。

光绪十九年（1893）

十一月二十二日，中法订立《广东越南第二图界约》，中越边界广西西路开始立碑。

光绪二十年（1894）

五月，桂越边界线绘图立碑完毕。十六日（一作十八日），蔡希邠与法国代表在龙州签订《中法桂越界约》。至此，两广与越南勘界工作历时10年宣告完竣。

七月十四日，中日战争已爆发，清廷通令各省筹款，广西巡抚张联桂上奏筹银10万两备解。

十月二十六日，清廷命冯子材于钦州招募旧部成立萃军10营，速赴江南布防。十二月，冯子材率所部离钦州北上。

十一月初一日，两江总督张之洞电令原黑旗军部将黄守忠于广西招集抗法旧部3营，成立广忠军，火速北上。十一月，该军乘轮船赴上海。

光绪二十一年（1895）

五月二十八日，法国迫使清廷签订《中法续议商务专条附章》，其中规定：将越南铁路接进滇桂境内；“中国将来在云南、广西、广东开矿时，可向法国厂商及矿师人员商办”，法国有在广西等三省矿业开发的优先权。

光绪二十二年（1896）

是月，根据《中越边界会巡章程》，中法双方开始办理广西、越南边境对汛事务。在凭祥大连城（1898年迁至龙州）设广西全边对汛督办署，提督苏元春任督办。

光绪二十三年（1897）

五月初五日，根据是年正月初三日中英政府签订的中英《续议缅甸条约附款专条》，开放梧州为通商口岸，是日梧州关正式设立。六月五日，开埠通商，英国人阿岐森为代理税务司。

十二月，天地会刘三金、梁才、韦四等率领数千人在马平县三都圩起义，击溃柳防左营。后向柳州府城进军，被清军击败，梁才、韦四阵亡，刘三金被俘杀，会众散落各地。清军前后共残杀6000多人，此事波及广西四府七县。

光绪二十四年（1898）

三月十五日，广西巡抚黄槐森奏报广西将五金、煤炭、铁路招商集股开办。

闰三月初一日，象州龙女村天主教堂法国教士苏安宁路经蒙山县古排塘村，见酒店贴有禁教乡约，遂砸毁酒店，强拉店主沿路燃放爆竹赔罪。村民鸣锣追来，苏安宁开枪射击，引起群众愤恨，将苏安宁及两名随从打死。事后法国大肆要挟，清廷将永安知州何臻祥等革职，以“凶手”三人抵命，拨白银四万两赔偿法国。

七月二十日，清廷令广东、广西一个月内实行团练。之后巡抚黄槐森到郁林清乡，捕杀会党首领200多人。

光绪二十五年（1899）

四月初六日，巡抚黄槐森将郁林州清乡建保甲的做法推广全省，拟定《严查保甲、整顿团练章程八条》。

光绪二十六年（1900）

闰八月，广西各地会党纷纷起义，清廷命唐景崇督办广西团练。唐景崇在桂林设团练局，招练成营。同时，南宁亦设立团防总局。

是年，南宁知府惠荣与边军统领马盛治大举清乡，强拉数万头牛羊给官办农垦场，南宁每日杀人三四次。蒲庙等地邕江两岸人烟全无。

光绪二十七年（1901）

一月，发布“整顿政事”的诏书，推行“新政”，视警察为“内治要政”。

七月二十五日，清廷与德国等十一国签订《辛丑条约》，令广西光绪二十八年（1902）分担30万两白银赔款。

七月三十日，指令广西巡抚，废除原来的保甲制度，建立行政专职警察制度。广西遂以绿营制兵抚标两营在省城桂林担负巡查任务（光绪三十二年二月将绿营改为巡警）。

广西桂平县设看守专押未决犯，而用监狱押已决犯，率先推行已决犯、未决犯分押制度。

光绪二十九年（1903）

广西、云南、贵州开始全面会剿游勇。云南白金柱、龙济光率军入广西袭击西林、镇边；黔军进击西隆、西林；苏元春、黄呈祥率部至百色攻击。游勇频频失利，损失惨重。

广西将保甲总局改为巡警总局，下设左、右、南、北、东渊五个分局。

在桂林成立广西省（省城）警察总局。尔后，梧州、南宁、柳州等地也相继开办警察，各厅、州、县设城治巡警区。

光绪三十年（1904）

十一月初二日，法国以广西动乱有害商务，声言出兵平乱。是日，岑春煊电奏清廷，严止法兵进入龙州。

光绪三十一年（1905）

七月二十日，中国同盟会在日本东京成立，广西籍人士马君武、邓家彦、卢汝翼、蓝德中、曾龙章、谭鸾翰、朱金钟、曾彦、欧晃九人出席成立大会。是年，加入同盟会的广西籍学生共31人。

七月二十一日，巡抚李经羲奏报广西各府属均设立罪犯习艺所。

八月十九日，清廷严令岑春煊派兵清乡，搜捕会党人员。此后地方官吏与团绅挟怨报仇，枉杀邀功。据南宁知府潘江估计：十年战乱，广西约死亡100万人。

光绪三十二年（1906）

正月，黄兴自桂林南下龙州，劝钮永建、秦毓鎏起义，未果，遂出越南。

是月，法军侵占太平府属金龙峒。

五月十九日，岑春煊、林绍年奏请将省城移治南宁，将钦廉划入广西。朝臣多有阻止，广西京官唐景崇等反对尤力。七月，清廷议定不准移治省会，可将广西提督移驻南宁，原驻南宁之左江道改为海关道，并于南宁添设督抚行署。

十一月十七日，清廷照会各国公使，宣布南宁开埠，订立《南宁开埠章程》，声明南宁为自开商埠，外国不得设立租界。遂之因关员未到延期。宣统二年（1910）法国在南宁设立领事馆。

龙津、凌云、融县等州县设待质所、全州置班房，专押未决犯，而用监狱押已决犯，推行已决犯、未决犯分押制度。

光绪三十三年（1907）

二月初四日，南宁海关正式成立，开关通商。税务司是德国人斯泰老，海关监督为关道丁乃扬。

是月，广西旧军开始改为巡防队，按地区编列，分中路、左江、右江、边关巡防。翌年编就。

十月二十七日，孙中山策动镇南关起义。是日零时，黄明堂率革命军300多人由越南入国境，在守军内应下，占领了三个炮台，缴获了一批武器，控制了镇南关。

十一月初五日，镇南关起义后，清廷命右江道龙济光重赏督攻，参将陆荣廷率所部猛攻起义军。经过七昼夜的血战，是日，起义军安全撤回越南燕子山休整。

十一月十一日，张鸣岐奏准设立广西土司学堂于桂林城内崇善庵，翌年七月正式开学。

光绪三十四年（1908）

二月二十五日，黄兴率革命军200多人由越南进入东兴，击溃清军两营。接着进攻钦州，转战于合浦、上思一带。三月下旬，革命军在小董镇被龙济光、郭人漳率重兵包围，战斗失利。黄兴领30多人经南宁下广州湾。

十二月十二日，为禁止革命党人在中越边境进行武装起义，清廷外务部和法国公使巴思德签订《中越交界禁匪章程》。

宣统元年（1909）

广西改巡警总局为巡警道署，设巡警道于桂林。各厅、州、县成立警察所。

一月，广西依照清廷谕旨开始筹建检察机关。

是月，经广西抚宪核准在桂林设立“广西审判筹备处”，设立审判研究所，培养审判、检察人员，筹备设置高等、地方、初级三级审判厅和检察厅。

四月初一日，遵照清廷谕旨，在桂林成立广西审判筹备处，按察使王芝祥为总办。

临桂县成立第一个地方自治筹办公所。省方限令各府属次第设立。

七月初五日，广西复选咨议局议员，全省选出议员57名。时属广东的廉州府选出议员二名，钦州直隶州一名。

十二月二十五日，南丹土州民众疑查户口钉门牌为加税，杨天喜等当晚率众攻占州城。右江道沈秉炎等督清兵分路围攻南丹，数天后克复州城，杨天喜等26人被捕杀。

宣统二年（1910）

二月，广西高等审判厅、桂林地方审判厅、临桂初级审判厅三级审判机构同时成立。又成立梧州地方审判厅和苍梧初级审判厅。在未设置审判厅的府（直隶州、直隶厅）、县（州）两级，均由行政长官兼理司法，实行司法和行政合一。民国初期，广西沿袭清末司法体制。

清廷颁行《大清现行律》规定，军流徒发配到指定地点后，一律收入罪犯习艺所习艺。这是中国监狱监禁制度上的一次大变革。同年，广西模范监狱在桂林建成后，即按新狱制要求建立起正规的监禁制度。

二月初九日，广西宪政筹备处在桂林成立，广西布政使、提学使、按察使充任总办。

三月十八日，巡抚张鸣岐发布招考司法官文告。四月十五日开考，录取最优等法官、优等法官、中等法官共32人。

四月初一日，张鸣岐与英国葆林公司签订《桂林全州铁路勘测合同》，由该公司勘测桂林至黄沙河段线路。后被咨议局否决。

五月十三日，清廷派巡抚张鸣岐监临广西法官考试，以署提学使李翰芬、按察使王芝祥为广西法官考试官。

六月初三日，在桂林正式成立省会高级审判厅、桂林地方审判厅、临桂初级审判厅。

宣统二年六月至十一月，先后在桂林、临桂、梧州、苍梧建立高等、地方、初级三级检察厅，依法开始独立行使检察权，开展办案活动。

九月初十日至十月二十一日，广西咨议局举行第二次全体会议，选出新议长甘德蕃。会议员指责巡抚张鸣岐没有执行第一次会议提出的禁烟案，全体辞职，轰动全国。经资政院请旨批准，仍按原议案执行，议员始回局复会。

是年，广西省改提刑按察使司为提法使司，设提法司，专掌全省司法行政事务，不再审理案件及兼理其他事务。

八月十九日，武昌新军起义。在武昌陆军第三中学堂学习的广西学生160多人参加了起义。

九月初十日，梧州各界集会于梧州中学堂，宣布梧州独立，市民纷纷剪去辫子。

九月上旬，广西各地同盟会代表集中柳州高塘岭垦殖公司开会，议定十九日在桂林、柳州、梧州、浔州同时起义，以响应武昌起义。

九月十六日，广西同盟会支部长耿毅与布政使王芝祥谈判，达成“广西独立，新军北伐”的协议。晚上，广西巡抚沈秉堃召集司道等官员会商，最后被迫接受广西独立的要求。

九月十七日，广西军政府向全国发出独立通电，省议院及正副都督相继向全省军、民、各级官员发出独立通电。

九月二十一日，边军统领陈炳焜、太平思顺道李开侁致电省议院，以都督沈秉堃下落不明为由，推举陆荣廷为广西都督。翌日，陆荣廷通电全国接受广西都督一职。

九月三十日，陆荣廷在提督署召开广西军民联席会决定：推陆荣廷为广西都督，率兵北伐，由革命党人在南宁组织军政府；通电驱逐王芝祥离桂等。

十月初八日，陆荣廷在南宁通电就广西都督职，又于梧州、南宁、柳州、龙州设立军政分府，颁布《应行照办者十条》《应行禁止者六条》。

是月，广西军政府派张其锽参加在武汉（十二日移址南京）召开的独立省份代表大会。会议商讨成立中华民国，通过《临时政府组织大纲》，定南京为临时政府所在地，推选孙中山为中华民国临时大总统。

民 国

民国元年（1912）

1 月 1 日，孙中山领导的辛亥革命推翻了清王朝几百年的封建统治，在南京建立了临时国民政府。

广西军政府民国元年二月二十五日颁布了辛亥光复时期之广西临时约法，对法院的设置、活动原则和审判工作制度做了原则规定，并接管了清王朝建立的审判机构，设置了广西高等审判厅、桂林地方审判厅和临桂初级审判厅。

2 月，由陆荣廷任都督的广西军政府通谕改革官制，在军政府内设司法司，将提法使司裁撤，其主管事宜归司法司办理，10 月省会迁往南宁后，司法司仍留在桂林。

广西设置广西高等检察厅、桂林地方检察厅、梧州商埠地方检察厅和临桂、苍梧初级检察厅。

5 月 1 日，恢复了在宣统三年（1911）停办的梧州地方审判厅和苍梧初级审判厅。

民国二年（1913）

1 月，广西军政府将全省的审判机构分为三级：初级审判厅、地方审判厅、高级审判厅及其分厅，并在原有高等审判厅与桂林、梧州地方审判厅以及临桂、苍梧初级审判厅的基础上，增设了广西高等审判厅南宁分厅与南宁地方审判厅、南宁初级审判厅以及龙州地方审判厅、龙州初级审判厅。

司法司改为司法筹备处，仍专掌司法行政事务。

9 月，广西司法筹备处撤销，其所辖事务分由省高等审判厅及高等检察厅办理。

民国三年（1914）

4 月，袁世凯宣布废除资产阶级民主共和制，恢复帝制，明令撤销全国的地方审判厅及初级审判厅，继续实行行政兼理司法制度。桂林、梧州、南宁、龙州四个地方的审判厅及其所辖的临桂、苍梧、南宁、龙州四个初级审判厅，以及廉州地方审判厅、合浦初级审判厅，先后被裁撤。

北京政府颁布了《省官制》和《道官制》，依此制度，广西巡按使（民国五年改称省长）受中央政府特别委任，有监督司法行政、稽核司法经费及考核司法官吏之权。

民国四年（1915）

广西高等审判厅在原清广西模范监狱建立广西第一监狱，把该监之集治监、地方监和女监改为男监、女监和病监，而保留独居、杂居两种监房，以推行阶级、混合杂居的监禁制度。

民国八年（1919）

于南宁东门外建立广西第二监狱，全监容量600名。

9月20日，广西决定分期分批筹备省道治高等审判厅分厅及道治地方审判厅。同时，将广西省高等审判厅随省政府由桂林迁至南宁。

民国九年（1920）

分批筹设道治高等审判厅分厅，在桂林道治设立广西高等审判厅第六分厅，在南宁道治设立广西高等审判厅第一分厅，在邕宁设立邕宁地方审判厅，在苍梧设立苍梧地方审判厅，在桂平设立桂平地方审判厅。

民国十年（1921）

在苍梧道治设立广西高等审判厅第二分厅，在龙州设立龙州地方审判厅，在平乐设立平乐地方审判厅，在桂林设立桂林地方审判厅。

民国十一年（1922）

在柳江道治设立广西高等审判厅第三分厅，在马平设立马平地方审判厅，在宜山设立宜山地方审判厅，在武鸣设立武鸣地方审判厅。

民国十二年（1923）

在镇南道治设立广西高等审判厅第四分厅，在崇善设立地方审判厅。

民国十三年（1924）

在田南道治设立广西高等审判厅第五分厅，在百色设立百色地方审判厅，在天保设立天保地方审判厅，在凌云设立凌云地方审判厅。

民国十五年（1926）

1月，武汉国民政府对普通审判机关进行改革，实行两级两审制，将审判厅、检察厅合并，一律改称法院，废止清末及北洋军阀政府对审判厅称谓。

8月，广西省政府将原来设置的广西省高等审判厅改为广西省高等法院，将设在邕宁的广西省高等审判厅第一分厅改为广西省高等法院第一分院；设在苍梧的广西省高等审判厅第二分厅改为广西省高等法院第二分院；设在马平的广西省高等审判厅第三分厅改为广西省高等法院第三分院；设在龙州的广西省高等审判厅第四分厅改为广西省高等法院第四分院；设在百色的广西省高等审判厅第五分厅改为广西省高等法院第五分院；设在桂林的广西省高等审判厅第六分厅改为广西省高等法院第六分院。将桂林、邕宁、苍梧、桂平、龙州、平乐、武鸣、郁林、马平、宜山、崇善、百色、天保、凌云等14个地方审判厅，改为地方法院。高等法院、地方法院均设院长，地方法院的院长仍兼刑庭庭长职务。原属广东省的合浦地方审判厅亦改为合浦地方法院。

民国十六年（1927）

6月，全省的司法行政事务主要由高等审判厅兼管，实行审判与司法行政合一的体制。

南京政府提出在县一级普设法院及改良旧监狱，力图改变审判依附行政的状况，司法行政事务随之增多。广西省政府增设司法厅，专门负责司法行政事务，恢复了省一级审判与司法行政分立的体制。

7月1日，广西司法厅正式成立，设于省会南宁马草街（今中山北路）原税务学校旧址。

8月，广西省政府将广西省高等审判厅、高等检察厅合并，改称广西省高等法院。

9月，南京国民政府规定全国设置三级法院，即地方法院、高等法院和最高法院，实行三级三审制。广西省保留了原有高等法院、地方法院的建制。

10月15日，广西省政府设立广西特种刑事地方临时法庭。特种刑事地方临时法庭的任务，是审判关于反革命及土豪劣绅之刑事诉讼案件。

10月25日，国民党政府公布《最高法院组织暂行条例》，地方各级审判厅一律改称法院、各级检察厅改称各级法院检察处。

10月29日，国民政府为使各省“司法行政权完全属于中央”，下令裁撤各省司法厅，实行高等法院院长制度，“由中央司法部分寄其权之一部于高等法院院长”，防止各省“法官任用及司法行政等事，俨然省自为政”。

11月，广西高等检察厅改为广西高等法院检察处。

民国十七年（1928）

4月，广西司法厅正式裁撤，所有事务移交广西高等法院。

民国十八年（1929）

随着土司制度的全部改土归流，全省奉行全国统一的监狱制度。

原属广东省管辖，新中国成立后划归广西管辖的钦廉地区，设置有广东省高等法院第二分院（院址在北海）。

民国二十一年（1932）

在基层政权内先后设立了“息讼会”“调解会”，专事民间纠纷的调解。

民国二十一年（1932）以后

增设高等法院分院、地方法院、地方法院分院、地方法院分庭。在没有设立地方法院、分院、分庭的县，设立司法处。

民国二十五年（1936）

10月，广西省高等法院随省会迁移到桂林，以广西省辖境为其管辖区域。

又在苍梧县河滨镇富民坊（现梧州市看守所址）建广西第三监狱。

民国二十六年（1937）

8月，广西省政府委员会颁布《广西各县乡（镇）调解会权限规程》及《广西各县村（街）调解会权限规程》，令全省各地遵照执行，并以此作为县政考绩的一项内容。

民国二十八年（1939）底至民国二十九年（1940）

日军第一次入侵广西时，部分地方的调解会组织处于瘫痪状态。

民国三十年（1941）

8月，省政府颁布的《广西建设计划大纲》，要求各地在进行“基层建设”中，应“设立息讼组织，调解人民纷争”。

广西计有邕宁、柳江等18所地方法院看守所附设监狱。

民国三十二年（1943）

10月，省政府将民国二十六年公布的两项调解会规程略为修改，重新公布施行。但民国三十三年一月，省政府又电令撤销这两个规程。民国三十三年九月至三十四年八月，日军第二次入侵广西，大部分调解会“无形消灭”。

民国三十三年（1944）

秋，日本侵略军第二次入侵广西，桂林等地紧急疏散。

12月，省高等法院迁移百色高等法院第八分院，设立高等行署，暂时办公。

民国三十五年（1946）

7月，省政府转发中央内政部的电令，称“战事结束，复员伊始，各种民刑事如土地、婚姻纠纷必多，为减少诉讼案件，以期节省人力财力起见”，要求各地普遍成立区、乡（镇）调解委员会。

新中国

1949年

秋，国民党广西省政府迁往南宁，省高等法院随迁南宁。

1949 年 10 月 1 日，广西根据中共中央的指示和《中国人民政治协商会议共同纲领》的规定，建立人民法院或司法科。

12 月 4 日，南宁解放，省高等法院由中国人民解放军军事管制委员会接管。

1951 年

9 月，实施《中华人民共和国人民法院暂行组织条例》，初步统一了人民法院的组织体系。

1954 年

9 月，广西从上至下逐步建立健全人民法院的组织机构，形成了全省具有高级人民法院、中级人民法院、基层人民法院和专门法院的格局。

1978 年

12 月，人民法院的组织机构设置进一步健全和完善。

1996 年

全自治区有人民法院 126 个、专门法院 3 个，共 129 个。其中，高级法院 1 个，中级法院 16 个（含铁路运输中级法院 1 个），基层法院 112 个（含铁路运输法院 2 个）